Hoeck · Fußballheimat Rheinland

„Für alle Fans des Fußballs
in den 1980er-Jahren“

Holger Hoeck

Fußballheimat Rheinland

100 Orte der Erinnerung

Arete Verlag Hildesheim

Der Autor
Holger Hoeck, Jahrgang 1968, arbeitet neben einer Tätigkeit als Erziehungswissenschaftler als freier Journalist für diverse Zeitungen in Köln und Umgebung. Seit 2019 ist er Mitglied des Redaktionsteams von „Zeitspiel – Magazin für Fußball-Zeitgeschichte" und durfte seinerzeit an den beiden Auflagen „Das große Buch der Fußball-Stadien", herausgegeben von Werner Skrentny, mitwirken. Er ist seit 1980 Fan von Eintracht Braunschweig und weiß daher nur zu gut, welche emotionale Achterbahn-Fahrten Fans von Vereinen jenseits der Dauer-Europapokal-Teilnahmen erleben können.

Bibliografische Information der Deutschen Nationalbibliothek
Die Deutsche Bibliothek verzeichnet diese Publikation in der Deutschen Nationalbibliografie; detaillierte bibliografische Daten sind im Internet über http://dnb.ddb.de abrufbar.

www.arete-verlag.de

Layout, Satz und Umschlaggestaltung: Composizione Katrin Rampp, Kempten
Grafiken: Matthias Hunger
Druck und Verarbeitung: Westermann Druck Zwickau GmbH
ISBN: 978-3-96423-071-3

Inhaltsverzeichnis

Vorwort

Morgen sollte es soweit sein. Erstmals wollte ich das „weit entfernte" Düsseldorfer Rheinstadion besuchen. Eine unruhige Nacht lag schließlich hinter mir, als ich den Nahverkehrszug in Köln bestieg, bald darauf in der Linie 78 saß und vor der gigantischen Betonschüssel ankam. Auch andere Kultstätten wie etwa den Bökelberg oder den alten Tivoli, die längst nicht mehr da sind und teilweise durch moderne, aber sehr langweilige Neubauten ersetzt wurden (wie eigentlich überall im Land), besuchte ich Anfang der 1980er, was dank DB-Junior-Pass auch Heranwachsenden mit geringem Taschengeld gut möglich war.

Bis auf vier Jahre im nordfriesischen Exil habe ich mein gesamtes Leben in der „Fußballheimat Rheinland" verbracht (auch wenn mich der Süden Deutschlands zugegebenermaßen mehr fasziniert). Meine Fußball- und Fan-Biographie basiert überwiegend auf Besuchen in Stadien, die noch nicht „Arena" hießen oder nach Wirtschaftsunternehmen benannt waren. Lange Zeit verloren sich nur wenige tausend Zuschauer in oben erwähnten Sportstätten wie auch in Müngersdorf, der Grotenburg und sogar dem Westfalenstadion.

Schon lange habe ich mich inzwischen nahezu vollständig vom Profifußball mit seiner Gier nach Geld und noch mehr Geld abgewendet. Spiele in unteren Ligen, wo mir weder Verein noch Polizei den Alkoholgehalt meines Biers vorschreiben, sowie fußballhistorische Örtlichkeiten sind mir inzwischen wichtiger. Deshalb freue ich mich, die Leserinnen und Leser zu relevanten Orten und Stellen der Fußballregion Rheinland mitnehmen zu können. Und bitte gleichzeitig um Nachsicht, dass die eine oder andere bestimmt erwähnenswerte Stätte keinen Platz im Buch fand.

Anfangs beschäftigte mich die Frage, wo die geographischen Grenzen des Rheinlands für dieses Buch gezogen werden sollen. Orientiert an der alten Oberliga Nordrhein fiel die Wahl letztlich auf die NRW-Gebiete Mittel- und Niederrhein einschließlich des Bergischen Landes und dem „Ausreißer" Bocholt (eigentlich schon Münsterland). Schön, damit auch das Solinger Hermann-Löns-Stadion posthum ehren zu können, das, wie das Rheinstadion, ebenso Teil meiner Fußball-Jugend war.

Köln, im Herbst 2021

Alter Tivoli

Abriss wegen hehrer Ziele

Als die Abschlussfahrt der 10. Klasse nach Aachen führte, musste ich nicht lange überlegen, welches Bauwerk ich ansteuern würde. Sollten die Klassenkameraden doch Dom und Einkaufsstraßen wählen – mein Ziel war der Tivoli. Es war auch kein Problem hineinzukommen, und so nahm ich Platz auf der sog. Stehhalle und ließ meinen Blick von der Gästekurve über die Sitztribüne zum legendären Würselener Wall mit seinen mehreren Dutzend Stufen schweifen.

Legendär wie das Stadion, das 1928 von der Alemannia bezogen wurde und bis 2011 ihre Heimat blieb, war auch die Stimmung, die besonders bei Flutlichtspielen ins Unermessliche schoss. Der „Tivoli", dessen Name vermutlich an das Ausflugslokal „Gut Tivoli" angelehnt war, war berühmt für seine Streichholzparaden, als unzählige Holzstäbchen und Feuerzeuge kurzzeitig das abgeschaltete Flutlicht ersetzten, und für den jahrelang obligatorischen Konfettiregen der Heimfans. Bei Gästespielern und -fans war er indes gefürchtet, und den damaligen FCN-Trainer Wolfgang Wolf erwischte 2003 gar ein Gegenstand am Kopf, was ein Wiederholungsspiel und das erste deutsche Geister-Profispiel nach sich zog (3:2).

3.700 Sitzplätze umfasste die Tribüne, die als Besonderheit eine Seitenverglasung aus Sekuritglas aufwies. Die dort eingebaute Stadionuhr wurde glücklicherweise in den neuen Tivoli integriert. Seinen bis heute gültigen Ruf als Hexenkessel erwarb sich der alte Tivoli indes durch die lautstarke und frenetische Anfeuerung seiner Fans auf den Stehrängen, die den „Kartoffelkäfern" zahlreiche Punkte und überraschende Pokalsiege (etwa 2004 gegen die Bayern, 2:1) bescherte. Auch am Bundesligaaufstieg 2006 (nach 36-jähriger Abstinenz) hatte der Tivoli zweifellos seinen Anteil.

Dieser sowie das erreichte Pokal-Endspiel 2004 mit anschließender Europacup-Teilnahme läuteten jedoch das Ende des Stadions ein. Nun große Pläne schmiedend, genügte der Tivoli nicht mehr den sportlichen Zielen. Am 26. September 2011 begann der Abbruch. Geblieben sind zu erahnende Ausmaße des Würselener Walls; Namen des neu entstandenen Wohngebiets (u. a. „An der Haupttribüne") erinnern an das Stadion.

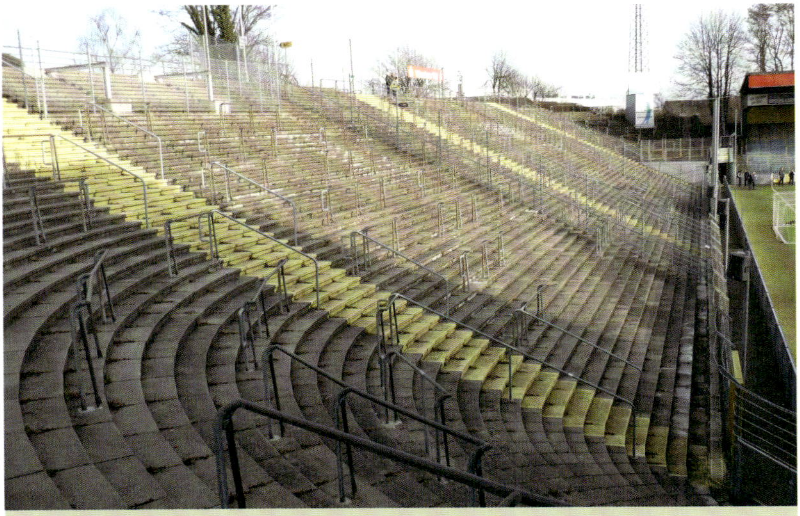

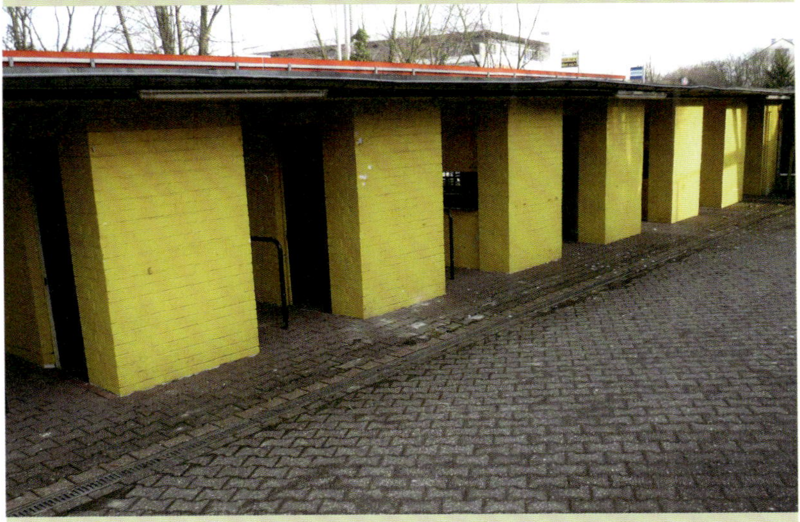

HARTE 4 FAKTEN

Flutlichtanlage und Tribüne: Einweihung 1953

Einweihung nach Ausbau: gegen Espanyol Barcelona am 28. 8. 1957 (2:4, 35.000 Zuschauer)

Überdachung Gegengerade: Februar 1980

Letztes Spiel: Alemannia Aachen II gegen SW Essen am 7. 5. 2011 (3:1)

Neuer Tivoli

Hochmodern in der Viertklassigkeit

Die Zukunft versprach paradiesische Zustände. 2004 hatte Alemannia Aachen das DFB-Pokal-Endspiel erreicht (2:3 gegen Bremen) und sich damit für den Europapokal qualifiziert; kurz darauf erfolgte die Rückkehr in die Erstklassigkeit nach 36 Jahren. Es ging also voran bei den gelb-schwarzen „Kartoffelkäfern", und zum sportlichen Aufschwung sollte selbstverständlich auch ein neues, modernes Stadion gehören. Trotz des sofortigen Wiederabstiegs begannen im Februar 2008 die Vorarbeiten zum Bau des neuen „Tivoli" (in unmittelbarer Nähe zum damals noch existierenden alten Tivoli), und bereits ein Jahr später wurden die letzten Tribünenteile des annähernd 33.000 Plätze bietenden Bauwerks eingesetzt.

Zur Saison 2009/10 war alles angerichtet im neuen Areal, doch bereits die Pflichtspiel-Premiere versprach Unheil: Mit 0:5 gegen den FC St. Pauli, zugleich Alemannias höchste Heimniederlage in der 2. Liga, ging das Tivoli-Debüt so richtig daneben, und am Ende stand nur der 13. Platz. Doch es sollte noch schlimmer kommen: 2012 Abstieg in Liga 3, ein Jahr später der Durchmarsch in die viertklassige Regionalliga West, die auch jetzt noch die Spielklasse des weiterhin unter Profibedingungen arbeitenden Vereins ist. Statt den Bayern oder gar europäischer Vereine schauen seitdem Teams aus Straelen, Bergisch Gladbach oder Lotte vorbei; ruhmreichere Clubs tauchen lediglich mit ihren Nachwuchs-Kadern auf. Kein Zweifel: Alemannia hat sich mit dem Neubau gründlich verhoben.

Geblieben sind den Gelb-Schwarzen indes ihre immer noch in stattlicher Zahl erscheinenden Fans, die auch nach zwei Insolvenzverfahren (nicht zuletzt ein Ergebnis des Stadionbaus) und häufig eher fußballerischer Magerkost Treue beweisen. Schon allein ihretwegen ist der Alemannia ein Aufstieg zu wünschen.

Von 2009 bis 2011 wurden mehrere Länderspiele der Männer und Frauen im neuen Tivoli ausgetragen. Am 7. Februar 2015 fiel zudem der Zuschauerrekord in der Regionalliga, als Alemannia vor ausverkauftem Haus RW Essen 1:0 besiegte.

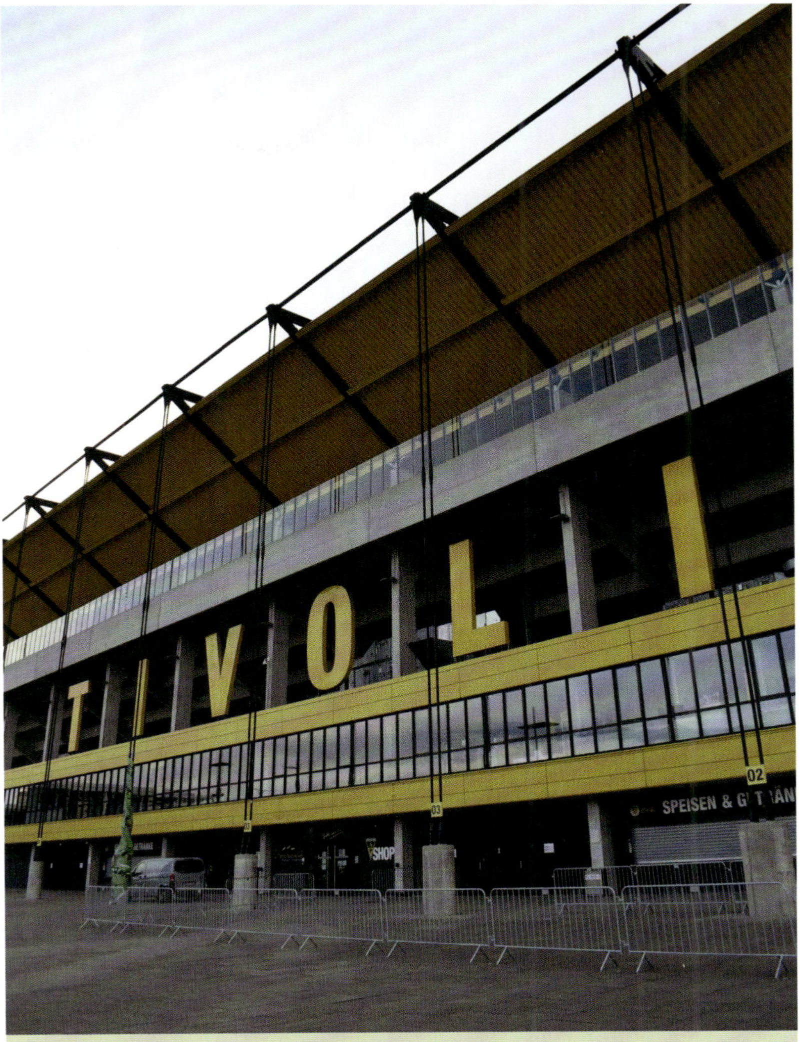

HARTE 4 FAKTEN

Baukosten: 50 Mio. Euro

Vom Neubau betroffen: Post-Telekom-Sportverein Aachen (nun am Eulersweg zu Hause)

Offizielle Eröffnung: gegen Lierse SK (2:2, 12. August 2009)

Abstand zum Spielfeld an den Längsseiten: 6 Meter

Waldstadion

Spielort um die Deutsche Meisterschaft

Wunderschön am Rande des Aachener Waldes liegt es da und kann bereits auf eine fast 100-jährige Historie zurückblicken. Doch nur kurzzeitig stand das im Süden der Stadt gelegene Waldstadion im Mittelpunkt glanzvoller Fußballspiele. Hauptsächlich wird die unter Denkmalschutz stehende Anlage von Leichtathleten und Freizeitsportlern genutzt.

Bevor das schmucke Areal am 15. Oktober 1927 mit einem Sportfest eröffnet wurde, existierte an gleicher Stelle ein Fußballplatz, der offiziell „Waldspielplatz im Aachener Stadtwald" gerufen wurde und vorübergehend auch Spielstätte der erst wenige Jahre zuvor gegründeten Aachener Alemannia war. Nach dem Ersten Weltkrieg wurden jedoch neue Tatsachen geschaffen und die Umgebung zum Waldidyll umgestaltet. Zunächst wurden in der Nähe zum Sportplatz der Kupferbachstauweiher mit Restaurant angelegt sowie danach der Wald- als auch der umliegende Siegel-Sportplatz erneuert. Während auf letzterem Fußball gespielt wurde, war das Waldstadion Leichtathleten vorbehalten.

Doch Alemannia kam noch einmal zurück: Nachdem 1938 zum entscheidenden Spiel gegen den SV Beuel 06 um die Gauliga-Mittelrheinmeisterschaft nur 12.000 Zuschauer am Tivoli zugelassen waren, entschied sich der Verein, die anschließenden Gruppenspiele um die Deutsche Meisterschaft gegen Hannover, Nürnberg und Hanau 93 im größeren Waldstadion auszutragen. Mindestens über 13.000 Besucher sollen den Spielen beigewohnt haben, nach denen Alemannia letztlich als dritter Sieger durchs Ziel ging.

Aus der Zeit des Zweiten Weltkriegs ist bis heute ein kleiner, indes nicht zugänglicher Hochbunker auf dem Stadionvorplatz erhalten, der einigen Anwohnern bei Bombenangriffen Schutz gewähren sollte.

Ab den 1970ern erhielt das Waldstadion sein aktuelles Aussehen. Neben Laufbahnen und Leichtathletikanlagen (Weit- und Stabhochsprung, Diskus- und Speerwurf) verfügt es seitdem auch über eine Tribüne für 1.200 Zuschauer, von denen 400 überdacht sitzen können. Sogar Opernsänger Placido Domingo gab hier ein Konzert. Fußball findet jedoch nur noch selten statt, etwa bei Kreispokal-Endspielen oder außergewöhnlichen Testspielen.

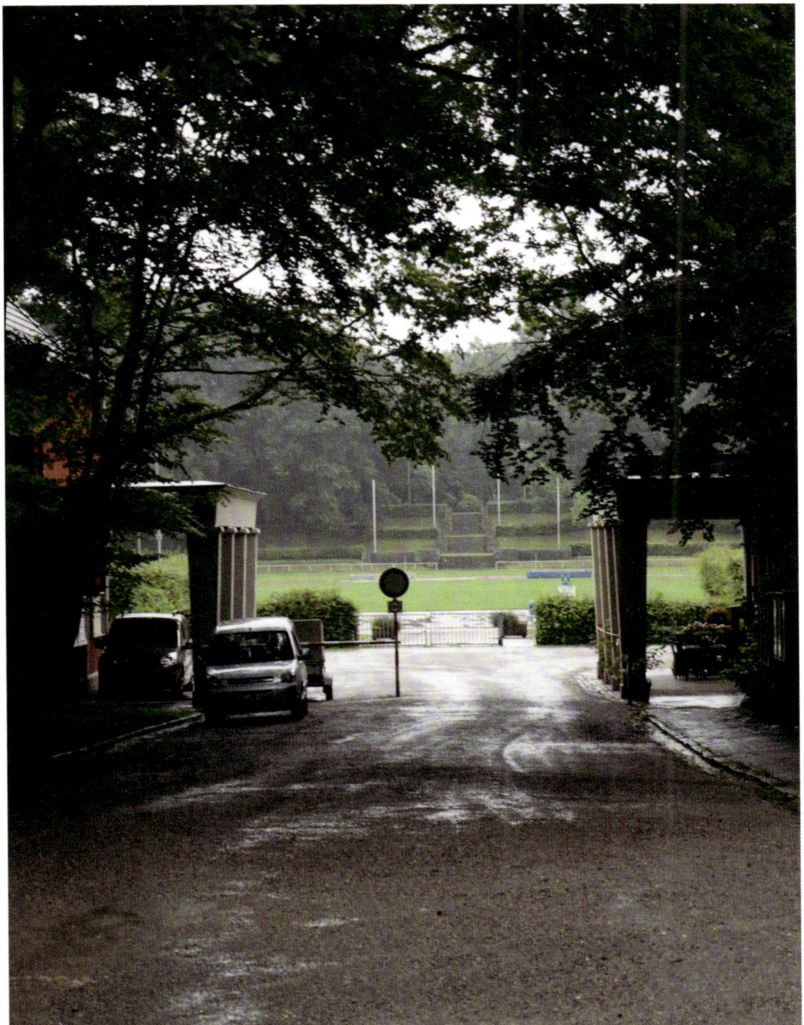

HARTE 4 FAKTEN

Aktuelle Kapazität: 11.200 (1.200 Sitzplätze)

Auftritt Placido Domingo: 1993

Alemannias Heimbilanz DM-Vorrunde 1938: 1 Sieg, 2 Niederlagen

Besonderheit: Hochbunker aus II. Weltkrieg auf dem Vorplatz

Bad Honnef 004

Stadion an der Menzenberger Straße

Ursprung zahlreicher sportlicher Karrieren

Zugegeben, Wolfgang Wiesner muss man nicht unbedingt kennen. Die sportliche Karriere des ehemaligen Zweitliga-Torhüters von RW Essen und Stahl Brandenburg, die ich vorwiegend aufgrund einer zweijährigen gemeinsamen Schulzeit verfolgte, weist aber Gemeinsamkeiten mit bekannteren Spielern wie Franz Brungs, Horst Heldt oder Heinz Hornig aus: Sie alle liefen für den Bad Honnefer Fußballverein von 1919 auf oder standen für ihn am Spielfeldrand. Nahtlos lässt sich diese Liste ergänzen. Arno Glesius (Karlsruher SC), Wladimir Ljuty (Schalke), Andreas Rettig und auch Jean-Pierre de Keyser (Bayer Leverkusen) starteten ihre Fußballer-Laufbahn bei den Grün-Weißen oder ließen sie dort allmählich auslaufen.

Die Wurzeln des FV Bad Honnef finden sich im 1898 gegründeten Honnefer Turnverein, der im Jahr 1919 eine Fußballabteilung gründete. Als Fußballplatz diente anfangs ein Gelände der ehemaligen Ziegelei der Firma Rings, das umgangssprachlich als „Et Loch an der Rheinau“ verschrien war. 1932 eröffnete der Klub seine eigene Sportanlage an der Asbacher Straße (heute Schmelztalstraße), die 2008 Kunstrasengrün erhielt und als Heimstätte für die Zwote und die Jugendmannschaften dient. Das Aushängeschild des reinen Fußballclubs ist natürlich die aktuell in der sechstklassigen Landesliga antretende Erste, die im städtischen Stadion an der Menzenberger Straße spielt.

Die sportliche Hoch-Zeit des FV begann 1977 mit dem Aufstieg in die Verbandsliga Mittelrhein, wo die Saison auf einem siebten Platz endete, der, bedingt durch die Einführung von bundesweit acht Oberligen unterhalb der zweiten Liga, einen Startplatz in der Drittklassigkeit erlaubte. Was anfangs wohl nur die Wenigsten erwarteten, wurde zum Dauer-Traum. 19(!) Jahre hielten sich die Grün-Weißen dort, und auch wenn die Oberliga wegen der Einführung der Regionalliga ab 1994 nur noch viertklassig war, schwärmen viele Aktive und Zeitzeugen noch heute von den Spielen gegen Gegner wie Essen, Oberhausen oder Duisburg.

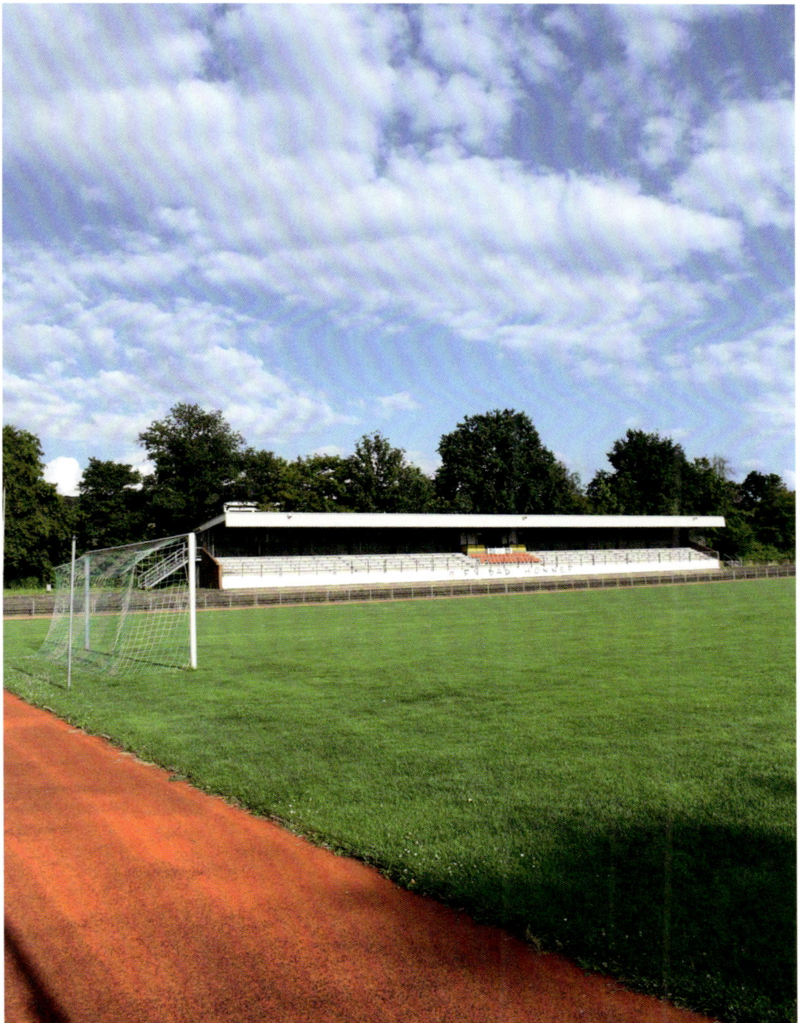

HARTE 4 FAKTEN

Beste Oberliga-Platzierung: Platz 3 (1991/92)
Schlechteste Oberliga-Platzierung: Platz 13 (1981/82)
Stadionkapazität: 4.000
Letzte Sanierung: 2020

Baesweiler 005

Sportpark

Warten auf die sportliche Reinkarnation

Floverich, Loverich oder auch Puffendorf heißen einige der Stadtteile, in denen ein Bruchteil der über 27.000 Einwohner der Stadt Baesweiler zu Hause sind. In fast jedem der insgesamt sechs Ortsquartiere existiert auch ein Sportplatz, doch nur in Baesweiler selbst lädt ein Sportpark (an der Parkstraße gelegen) zur Kurzweil ein. Hier warten Freizeitbad, Minigolf, Tennisplätze und auch das Stadion auf Besucher.

Wer den imposanten Eingangsbereich passiert hat, wird schnell merken, dass der Fußball in der ehemaligen Bergbaugemeinde keine unwesentliche Historie aufzuweisen hat. 1909 gründete sich Superior Baesweiler und ging elf Jahre später nach einer Fusion mit Alemannia im Sportverein 09 auf. War der Verein in den 1920ern und 1930ern schon erfolgreich (anerkennend wurden die Kicker als „Wunderknaben" bezeichnet), ging es nach dem Krieg so richtig los. Ab 1947 hielten sich die Grün-Weißen bis zu ihrer konkursbedingten Auflösung 1999 mit kleineren Unterbrechungen stets in der höchstklassigen Amateurliga. Größter Erfolg war dabei der Gewinn der Mittelrhein-Meisterschaft 1960, wo sie in den Aufstiegsspielen zur II. Division (Unterhaus der erstklassigen Oberliga) am BV Osterfeld scheiterten. 1978 waren die 09er bei der Einführung der Oberliga Nordrhein dabei und ergatterten gleich einen respektablen sechsten Platz.

Mit dem Jugend-SV 09 Baesweiler wurde zum Erhalt der erfolgreichen SV-Jugendarbeit nach dem Konkurs schnell ein Nachfolgeverein gegründet, der sich spätestens 2009 mit dem Erreichen der Landesliga anschickte, in die Fußstapfen seines Vorgängers zu treten. Doch daraus wurde nichts. Aktuell spielt sowohl die Erste als auch die Zweite in der untersten Kreisliga.

Das Stadion hat indes weiterhin höherklassiges Niveau. Eine überdachte Tribüne auf einer Längsseite, langgezogene Stehtraversen auf der gegenüberliegenden Seite, dazu ein Rasenplatz mit Flutlicht – der Sportpark wäre zweifellos bereit für eine sportliche Renaissance. Doch statt RW Oberhausen, Viktoria Köln oder Wuppertaler SV geht es aktuell gegen die Reserveteams von Falke Bergrath und Fortuna Beggendorf.

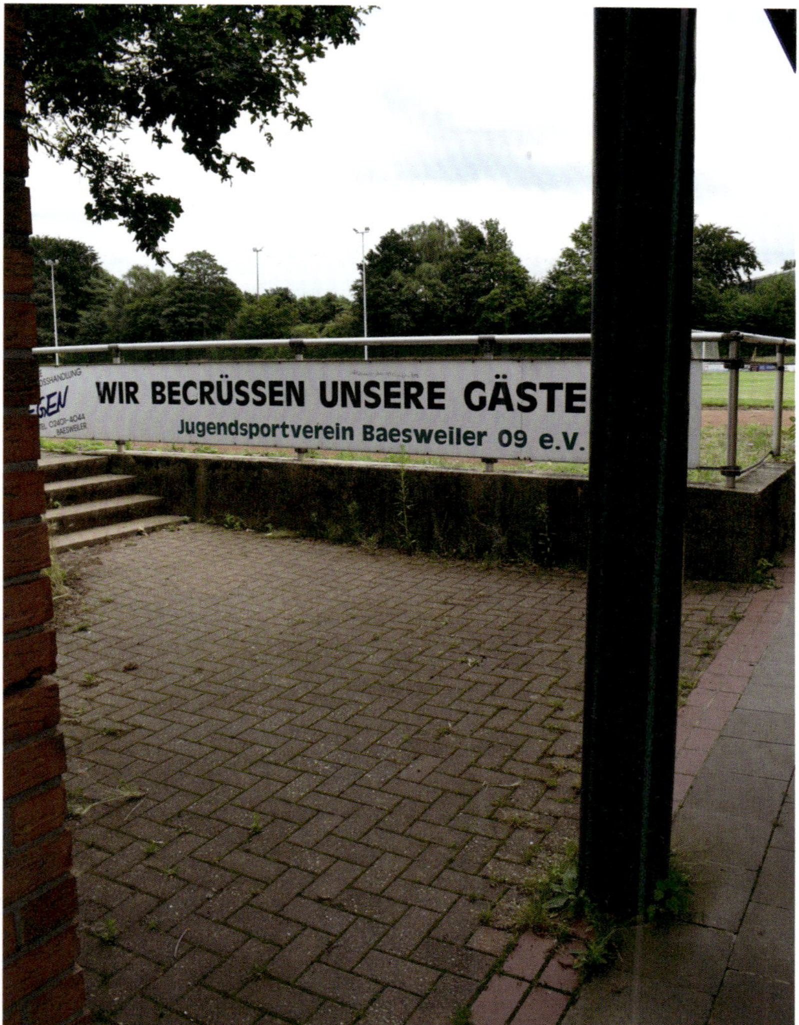

HARTE 4 FAKTEN

Teilnahme an der Dt. Amateurmeisterschaft: 1978
Spätere Bundesligaprofis: Jörg Beyel, Hans-Peter Lehnhoff
Erzielte Tore als Mittelrheinmeister 1960: 80
Beitritt SV Oidtweiler zum SV 09: 1922

Lukas-Podolski-Sportpark

Huldigung für den Botschafter der Stadt

Es waren nur die allerersten Fußball-Erfahrungen, die der kleine Lukas Podolski auf dem Sportplatz des Sportparks Süd-West in Bergheim sammeln konnte. Denn bereits mit zehn Jahren wechselte der spätere Nationalspieler, der 1987 mit seiner Familie aus dem polnischen Gliwice in die Rhein-Erft-Kreisstadt westlich von Köln übergesiedelt war und dort von 1991–95 die Erich-Kästner-Hauptschule besuchte, in die D-Jugend „seines" Eff-Zehs nach Köln und verließ die untersten Jugendteams des FC Jugend 07 Bergheim, der sich im Jahr 2000 mit dem CfR Kenten 1926 und der Fußball-Abteilung des BSV Zieverich zum FC Bergheim 2000 zusammenschließen sollte. Trotz seiner zahlreichen Profi-Stationen, unter anderem in Istanbul, London und bei den Münchner Bayern, blieb „Poldi" seiner einstigen Heimatstadt stets verbunden und schenkte ihr zum Ausbau der Anlage neben Toren und Bänken auch einen Kunstrasenplatz im Wert von rund 160.000 Euro, der somit seit Anfang November 2010 neben dem Rasenplatz zum Sportpark gehört. Aus Dank trägt dieser seitdem seinen Namen.

Als „Glücksfall für Bergheim" bezeichnete Maria Pfordt, Bürgermeisterin von 2004 bis 2017, Podolskis Spendierfreudigkeit bei der feierlichen Umbenennung und sah in ihm eine Art Botschafter, der die Stadt in aller Welt bekannt gemacht habe. Der Gelobte blieb hingegen bescheiden und wollte mit seinem Wirken nur einen Teil für bessere Bedingungen für die Fußball-Jugend beitragen, „als die, die ich damals hatte".

Auf Poldis Geschenk fühlt sich seit vielen Jahren der marokkanische Verein Hilal Maroc Bergheim heimisch, der von 2012–14 und von 2016–18 in der Mittelrheinliga an den Start ging, inzwischen aber nur noch Bezirksligist ist. Auch der FC Bergheim 2000 nutzt den Kunstrasenplatz, durfte aber auch bisweilen den daneben liegenden Rasenplatz bespielen. Die Blau-Schwarzen erlebten ihre Hoch-Zeit, als ihnen zwischen 2011 und 2014 drei Aufstiege mit einem einjährigen Aufenthalt ebenfalls in der Fünftklassigkeit gelangen. Zwischenzeitlich finanziell kollabiert, ist aktuell nur noch die Kreisliga C die sportliche Heimat.

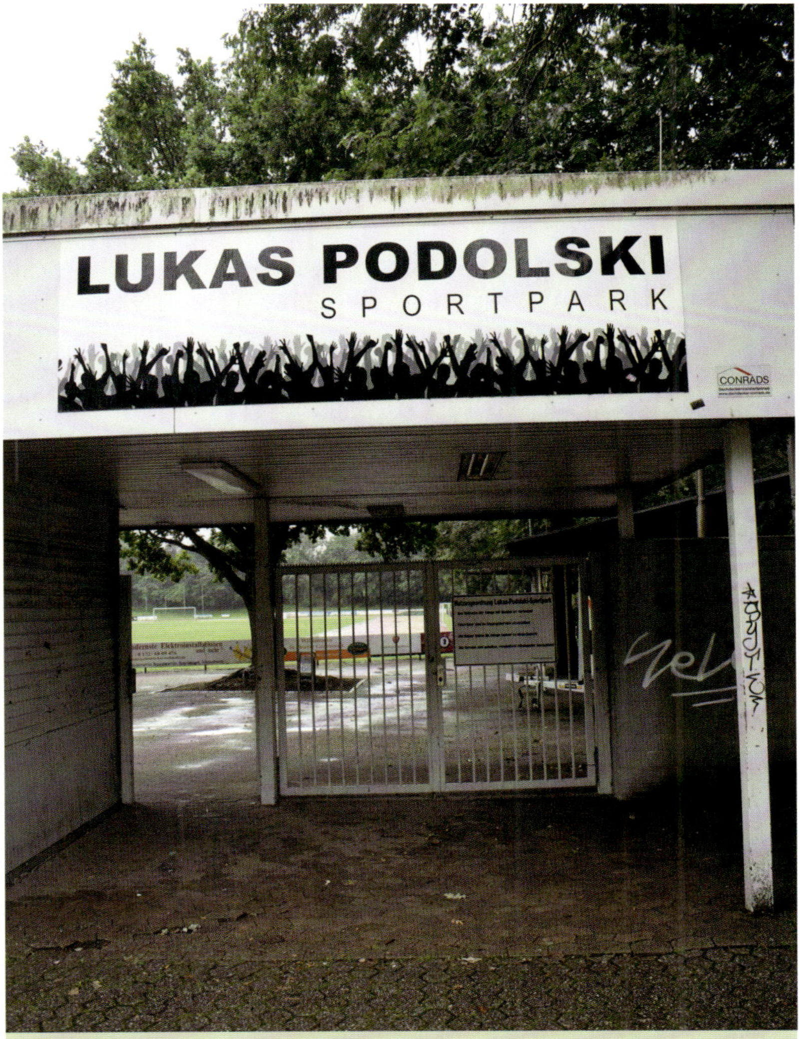

HARTE 4 FAKTEN

Kapazität Rasenplatz: 6.000

Kapazität Kunstrasenplatz: 1.000

Länderspiele Lukas Podolski: 130

Aktuelle Teams FC Bergheim: 1 Senior-, 10 Jugendteams

Bergisch Gladbach 007

Belkaw-Arena

Ein Boden voller Geld

Die Stadionursprünge in Bergisch Gladbach, rund 15 km östlich vom Kölner Dom entfernt, lassen sich bis in die 1930er-Jahre zurückverfolgen, als am 19. August 1933 das damalige Waldstadion an der Paffrather Straße mit einer Kapazität für wenige hundert Zuschauer eröffnet wurde. Nach völliger Zerstörung im Krieg erstand es in den 1950ern als Kreisstadtstadion mit einer Kapazität für nun 12.000 Gäste wieder auf und war im Juli 1955 Gastgeber für das Rheinische Bundesturnfest.

Seinen größten Tag erlebte das Stadion am 24. Juni 1979, als die Frauen der SSG 09 Bergisch Gladbach ihren zweiten von insgesamt neun deutschen Meistertiteln durch ein 1:0 im Endspiel gegen den FC Bayern aus München vor ausverkauftem Haus holten. Noch viele Jahre erinnerte sich der damalige Kassierer angesichts eines riesigen Haufens Geldscheine auf dem Boden des einzigen und unterdimensionierten Kassenhäuschens sehr gerne an diesen Tag. Überhaupt repräsentierte das erfolgreiche Damen-Team zu jener Zeit de facto den deutschen Frauenfußball und gewann 1984 in Taiwan sogar den Weltpokal, die Vorgängerveranstaltung der heutigen Weltmeisterschaft.

Durch einen städtischen Beschluss entstand in den 1980ern ein modernes Stadion mit 1.700 überdachten Sitzplätzen und Flutlicht, das am 27. September 1986 mit einem Volksfest als „Städtisches Stadion an der Paffrather Straße“ eingeweiht wurde. Seit 2005 heißt das Stadion „Belkaw-Arena“, benannt nach dem 1914 gegründeten ansässigen Energieversorger „Bergische Licht-, Kraft- und Wasserwerke“. Aufgrund Beschädigungen der Leimbinderbalkenköpfe mussten die 13 bemerkenswerten Satteldach-Elemente der Tribüne 2015 durch ein Pultdach ersetzt werden.

Traurig: Sowohl die Herren des Hauptnutzers SV 09 Bergisch Gladbach als auch der Eine-Saison-Gast SV Herkenrath 09 lockten in ihren jüngsten Regionalliga-Zeiten stets nur wenige Zuschauer ins immer noch schmucke Areal. Während der WM 2006 trainierte der damalige Weltmeister Brasilien unter Ausschluss der Öffentlichkeit im Stadion; tausende Neugierige standen enttäuscht vor den Einlasstoren.

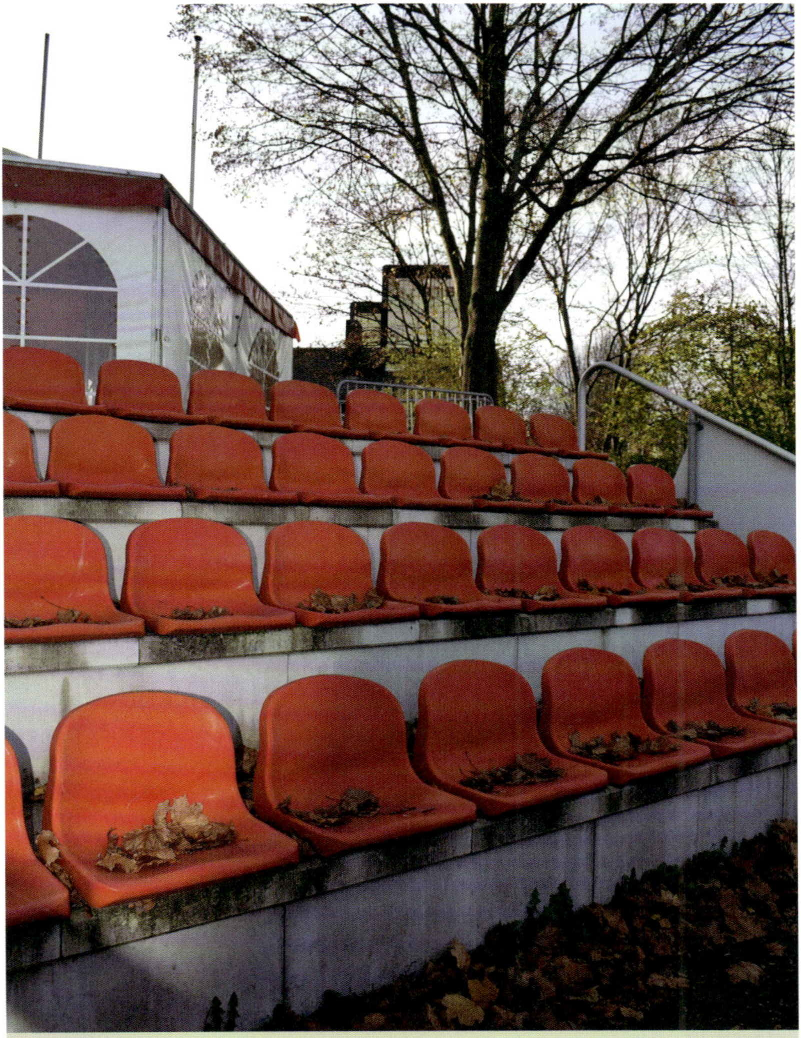

HARTE 4 FAKTEN

Verlust: Frauen-Team wechselt 1986 geschlossen zum TuS rrh. Köln

Neugründung Frauenfußball-Abteilung: 2009

Aktuelle Kapazität: 10.500 Plätze

Besondere Stadiongäste: Real Madrid, Chelsea London, Nationalmannschaft Brasilien

Bergisch Gladbach 008

Sportplatz Kradepohl

DFB-Pokal auf Asche

Eigentlich ist Michael Höller Groundhopper, auch wenn er sich selbst inzwischen nur noch als „Gelegenheitshopper“ bezeichnet. Doch Höller will mehr als eine Vielzahl der üblichen Sammler und Häkchensetzer. Er interessiert sich insbesondere für nicht mehr existierende Sportplätze und Stadien mitsamt ihrer Historie. Als Bergisch Gladbacher ist ihm natürlich auch die ehemalige Heimstätte „Kradepohl“, heute eine zugewachsene Brachlandschaft am Parkplatz der S-Bahn-Station Duckterath, des SV 09 bekannt. Und dank seines Einsatzes erinnert seit über acht Jahren eine Gedenktafel an den früheren Spielort der „Roten Teufel vom Krötenteich“.

Der „Kradepohl“ war lediglich ein einfacher Sportplatz mit Aschenbelag, der nur von wenigen Stehstufen umgeben war. Doch dieser erlebte am 2. August 1953 seinen Festtag. Als Deutscher Amateurmeister hatten sich die rheinischen Teufel für den DFB-Pokal qualifiziert, in dem ihnen der VfB Stuttgart, immerhin Deutscher Meister 1950 und 1952, zugelost wurde. Ein Umzug nach Köln-Müngersdorf stand für den Verein nicht zur Debatte, und so wurde der heimische Sportplatz für den großen Besuch hergerichtet. Selbst Sitzplätze waren für dieses Ereignis einmalig zu erwerben, die im Lokal Josef Rienus abgeholt werden mussten. Aufopferungsvoll kämpften die Einheimischen, erreichten sogar die Verlängerung, und am Ende stand ein viel umjubeltes 1:1, das ein Wiederholungsspiel in Stuttgart zur Folge hatte, was dann 0:6 verloren ging.

1997 wurde der Kradepohl aufgrund Kieselrot-Belastung geschlossen und fünf Jahre später abgetragen. Und wo früher packende Spiele stattfanden, parken nun Autos von Berufspendlern.

Motiviert durch die Gedenktafel für den geographischen Nachbarn Preußen Dellbrück initiierte Michael Höller bald darauf seine Idee. Verein und Stadt zeigten sich ebenso begeistert, und Ex-Bundestagsabgeordneter Wolfgang Bosbach unterstützte die Aktion sogar mit einer 50 Euro-Spende. Seit dem 29. November 2013 hält nun eine Tafel die Legende der Kradepohl-Teufel wach.

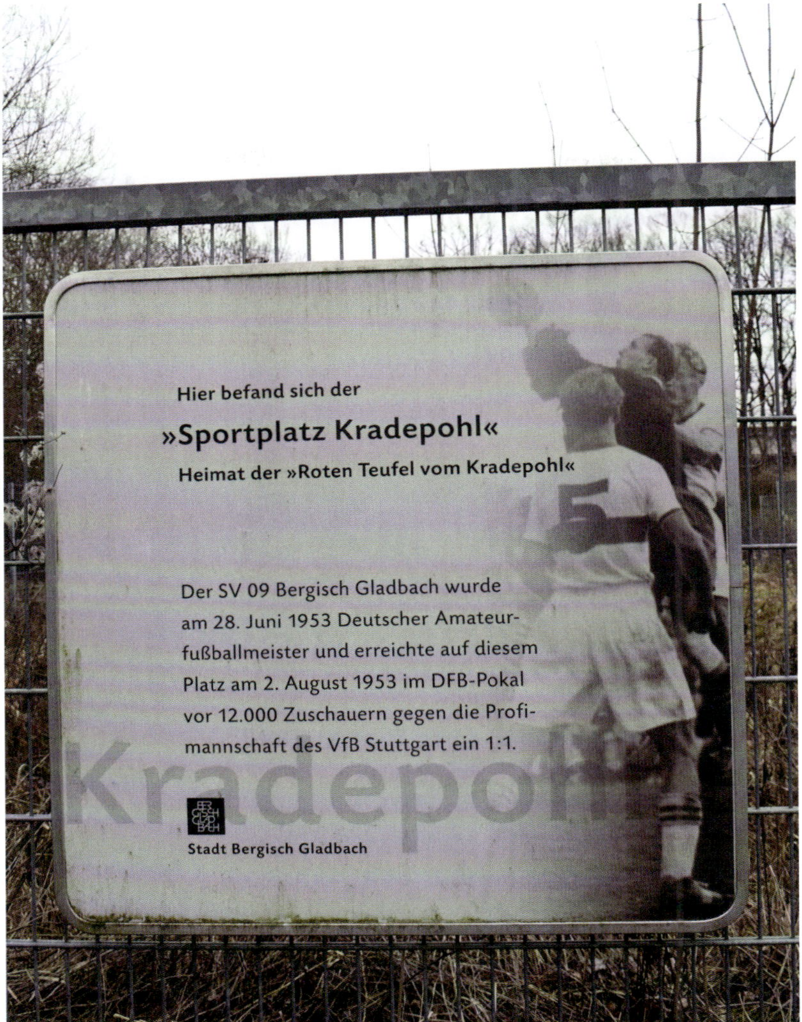

HARTE 4 FAKTEN

Besucherzahl DFB-Pokalspiel: 12.000, 15.000 oder 18.000

Ehrengast: DFB-Präsident Peco Bauwens

Torschütze zum 1:0 (102.): SV-Spielertrainer Jupp Werheid

Parkplatz: linkerhand der Haltestelle (Fahrtrichtung Berg. Gladbach)

Bocholt 009

FC-Stadion „Am Hünting“/ Gigaset-Arena

Endlich wieder überdachtes Sitzen

Viktoria oder Bocholt? Als im frühen Jugendalter die Oberliga Nordrhein mein Interesse fand, war dies die entscheidende Frage beim Zweikampf der finanzstärksten Vereine um den Meistertitel und der damit verbundenen Qualifikation zur Zweitliga-Aufstiegsrunde. Mit Blick in den Atlas symbolisierte die westmünsterländische Stadt an der nahen holländischen Grenze für den damals 13-Jährigen die „weite Fußballwelt“.

Der 1. FC Bocholt, 1900 als Bocholter FC gegründet und umgangssprachlich „die Schwarzen/Schwatten“ getauft, hatte bis dahin schon je einjährige Gastspiele in der 2. Bundesliga hinter sich. Mit dem Ersten, 1977/78, begann der Ausbau des Stadions „Am Hünting“, das seit 1948 an jetziger Stelle die Heimat des Klubs ist, der 1946 auf Anordnung des britischen Militärs seinen 1937 durch Zusammenschluss mit dem BV 1909 Bocholt erhaltenen Namen „Ballspielverein 1900 Bocholt“ wieder hatte ablegen müssen. Nach dem Wiederaufstieg 1980 war auch die schmucke Tribüne mit rund 2.200 Sitz- und 3.100 Stehplätzen fertig, die mit einem Spiel gegen Borussia Dortmund eingeweiht wurde.

Rund 18.000 Zuschauer fasste nun das Stadion, das sich gleich neben der Heimstätte des Lokalrivalen FC Olympia Bocholt befindet. Diese kamen dann auch, als die „Schwatten“ 1984 nach Siegen gegen Kickers Stuttgart und Bundesligist Eintracht Braunschweig (jeweils 3:1) im DFB-Pokal-Viertelfinale standen, dort den großen FC Bayern zugelost bekamen und sich mit 1:2 mehr als achtbar hielten. Doch der Zenit war erreicht. Nach drei Regionalligajahren (1994–97) und vielen durchschnittlichen Oberliga-Erfolgen ging es bis in die Landesliga (2008); bis zum Saisonabbruch 2021 spielte der FC eine gute Rolle in der fünftklassigen Oberliga Niederrhein.

Im Juni 2012 musste die Tribüne aufgrund statischer Mängel abgerissen werden; unüberdachte Stehtraversen ersetzten sie für viele Jahre. Seit 2020 haben 384 Sitz- und 159 Stehplatz-Besucher endlich wieder ein Dach übern Kopf im Stadion, das nun den unschönen Namen „Gigaset-Arena“ trägt.

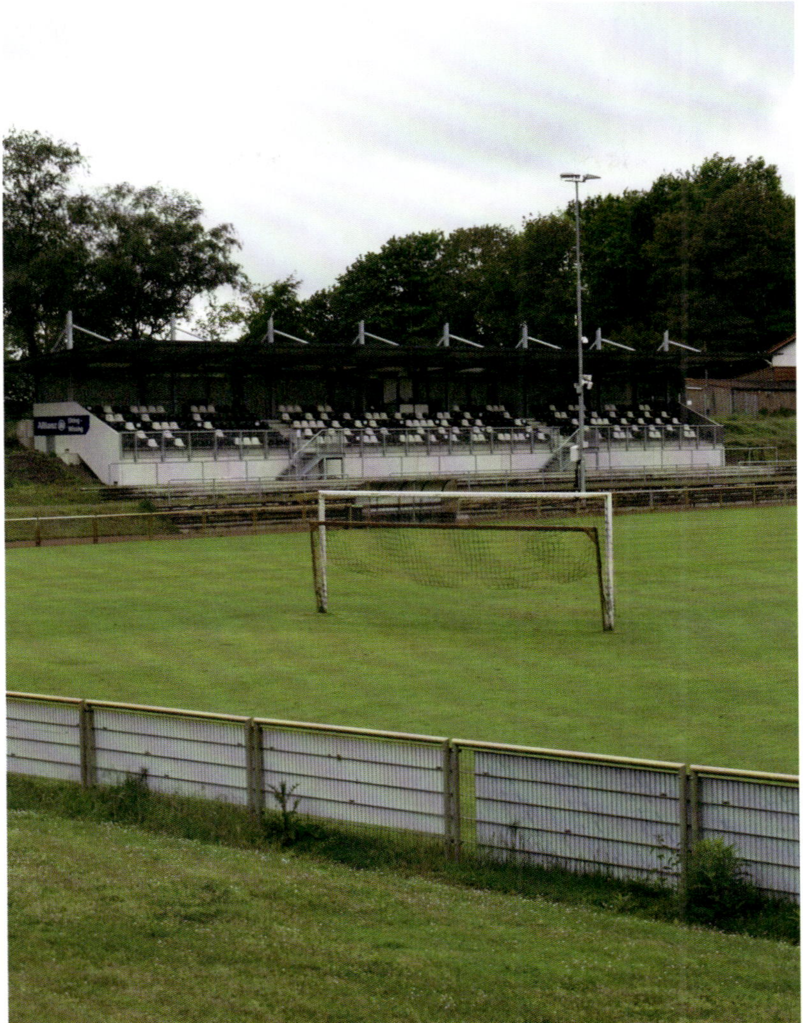

HARTE 4 FAKTEN

Natur: Grüne Hänge auf drei Seiten des Stadions

Nutzung: auch für Freiluft-Konzerte, u. a. Herbert Grönemeyer

Auftritt: Kanzlerkandidat Franz Josef Strauß im Bundestagswahlkampf 1980

Kosten Neubau Tribüne: ca. 700.000 Euro

FC Olympia-Stadion

Nie den Namen verloren

Sportliche Rivalen und dann auch noch unmittelbare Nachbarn? Was woanders kaum vorstellbar ist, ist im rund 73.000 Einwohner zählenden Bocholt im Münsterland seit vielen Jahrzehnten Normalität. Gleich neben dem FC-Stadion „Am Hünting" (aktuell „Gigaset-Arena") trägt der 1911 gegründete FC Olympia Bocholt seit vielen Jahrzehnten seine Heimspiele aus.

Nach dem Ersten Weltkrieg wählte auch Olympia, der im Gegensatz zum nobleren Nachbarn als „Verein der kleinen Leute" galt, den nach einer Gutsbesitzerfamilie benannten Hünting am nördlichen Stadtrand (wo sich unweit mittlerweile auch der TSV Bocholt und TuS Stenern angesiedelt haben) zur sportlichen Heimat. Um Platz für eine Großsportanlage zu schaffen, gaben die „Grünen" angesichts einer angedrohten Enteignung ihren ersten Platz auf und erhielten noch vor dem Ausbruch des II. Weltkriegs das zunächst nach dem damaligen Oberbürgermeister (1935–39) und NSDAP-Mitglied benannte Emil-Irrgang-Stadion, das dem heutigen Olympia-Platz entspricht. Nach dem Krieg wurde der Aschenplatz in Eigenregie zu einem Rasenplatz umgewandelt und der Sportplatz mit Zuschauerrängen versehen. Einst 15.000 Zuschauer fassend, dürfen heute immer noch rund 13.000 Besucher hinein.

Die Hoch-Zeit des Vereins, der nie mit anderen Vereinen fusionierte und daher stets seinen Gründungsnamen behielt, lag zu Beginn der 1970er-Jahre, als Olympia dauerhaft in den stärksten Amateurligen vertreten war. So gelang 1970 und 1973 der Aufstieg in die Verbandsliga, der damals höchsten Amateurklasse. Natürlich mobilisierten zudem die Derbys gegen den direkten Nachbarn die Zuschauer, und beide Stadien waren hierbei stets proppenvoll. Auch ein Länderspiel der deutschen und holländischen Amateur-Auswahlteams am 19. September 1956 rief die Massen herbei; 15.000 sahen zusammen mit dem auch anwesenden Bundestrainer Sepp Herberger ein 4:1 des Gastgebers.

2010 und 2017 bis in die Kreisliga A durchgereicht, konnte in der abgebrochenen Corona-Saison 2019/20 dank eines besseren Quotienten als Tabellenzweiter der Aufstieg in die Bezirksliga gefeiert werden.

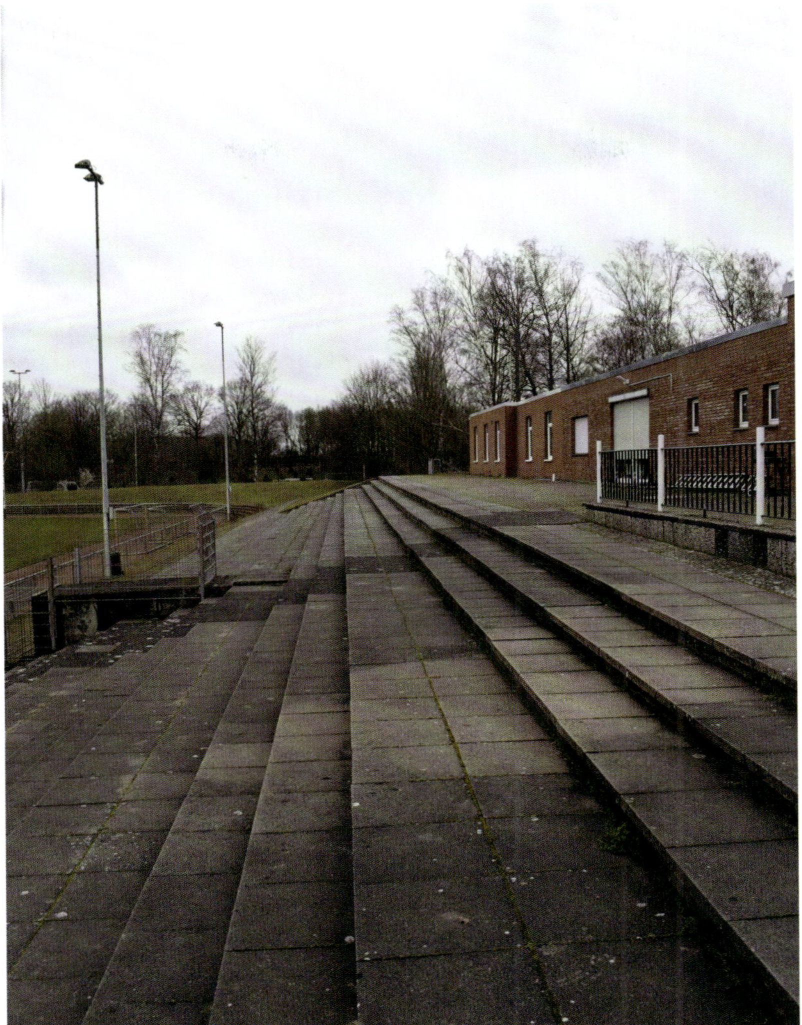

HARTE 4 FAKTEN

Bau Klubhaus: 1972–1974 (Erweiterung 1982–1984)
Niederrhein-Meister: 1978
Flutlicht: vorhanden
Aufstiegsquotient 2020: 2,05

Poststadion

Denkmal, Müllkippe und Filmkulisse

Auf dem Weg vom „Potsdamer Platz“ am Autobahnende der A555 (Kreuz Bonn-Nord) Richtung Sportpark Nord, der Heimstätte des Bonner SC, passiert der Autofahrer den Lievelingsweg und würde, wenn wenigstens noch Rudimente vorhanden wären, linkerhand das Poststadion erblicken. Doch das Einzige, was an die einst unter Denkmalschutz stehende Stätte noch erinnert, ist eine Straße und das „Evergreen Pflegezentrum Am Alten Poststadion“, das wenigstens im Namen noch die Erinnerung bewahrt.

1920 hatte der Bonner Turn-Verein, in dem sich im Jahr darauf die Abteilung „Turn- und Rasenspiele“ gründete und die als TuRa Bonn bis zu ihrer Fusion mit dem Bonner FV zum BSC (1965) der dominierende Stadtklub war, das Gelände erworben, auf dem nach Beitritt des Bonner Radrennvereins ein Stadion mit Radrennbahn entstand. Als „Kampfbahnanlage des Bonner TV“ wurde die Stätte nach Erweiterungsarbeiten am 27. Juli 1927 nochmals eröffnet. In Anlehnung an die BTV-Vorsitzenden Ferdinand August Schmidt und Hermann Schneiders wurde sie auch „Schmidt-Schneiders-Stadion“ genannt.

Fußballerische Höhepunkte bildeten TuRa-Spiele gegen Schalke (mit Szepan und Kuzorra) und die Walter-Elf vom Betzenberg. Als der Verein während des Weltkriegs in Finanznot geriet, erwarb die Stadt das Gelände und verkaufte es für 85.000 Reichsmark weiter an den Postsportverein, der ihm den bis zum Abriss gebräuchlichen Namen schenkte.

Die TuRa erlebte ihren sportlichen Höhepunkt 1962, als sie das Endspiel um die Deutsche Amateurmeisterschaft erreichte, sich im Wuppertaler Zoo-Stadion trotz der Begleitung von rund 5.000 Anhängern allerdings nach einem 0:1 gegen den SC Tegel mit dem Vize-Titel begnügen musste.

Da der neue Bonner SC das Gronaustadion (heute Post-Tower und UN-Campus) zur Heimstätte auserkor, verfiel das Poststadion alsbald und wurde als Müllkippe missbraucht. 2003 verkaufte der Post-Sportverein die Sport-Ruine, die im darauffolgenden Jahr als Kulisse für die Filmkomödie „Männer wie wir“ diente, an einen Investor. 2012 kamen die Bagger und das endgültige Aus.

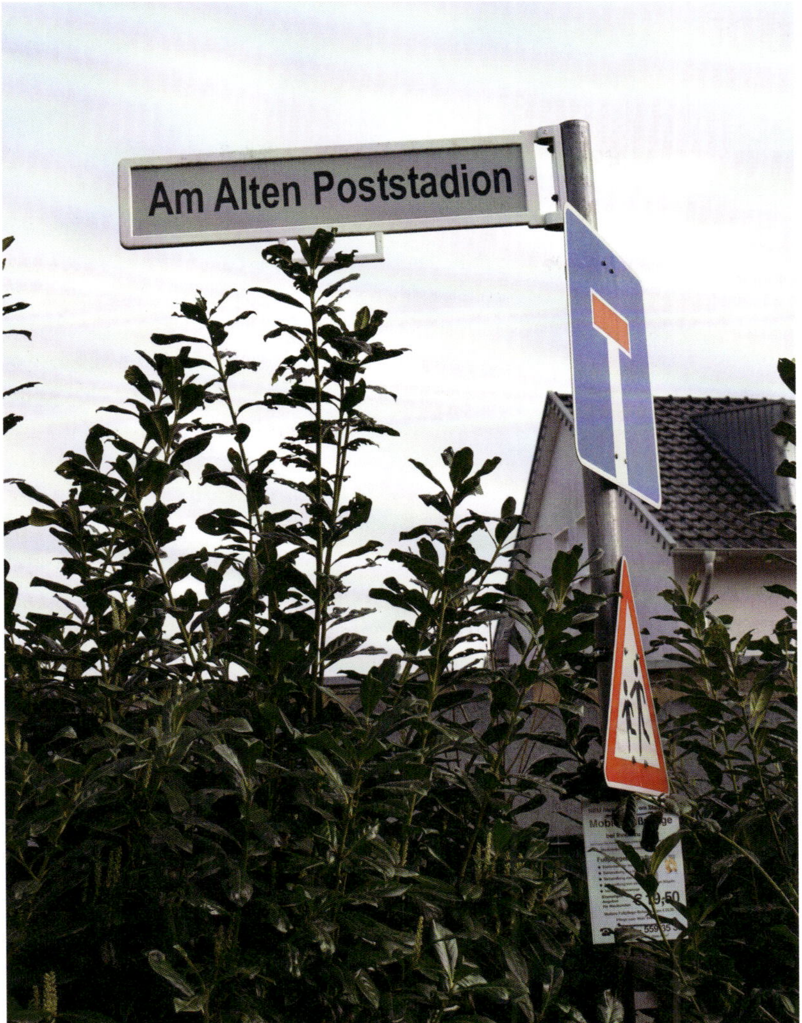

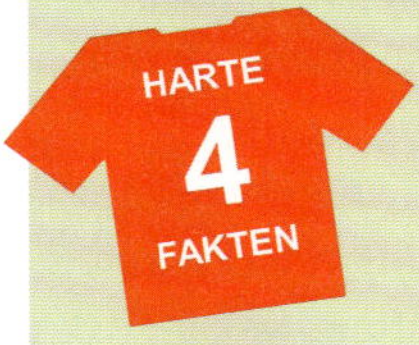

Zuschauerrekord: 16.000
(TuRa gegen 1. FC Kaiserslautern 3:12 am 6. 5. 1948)

Heutige Geländenutzung: Supermarkt, Wohngebiet, Seniorenheim

Gedenken: seit 2006 erinnert die Straße „Am Alten Poststadion" an die Spielstätte

Länge der einstigen Beton-Radrennbahn: 400 Meter

Sportpark Gronau

Heimstätte des FC Bundestag

Die Bonner Gronau („Grüne Aue“) verbinden fast alle, die dort arbeiten oder flanieren, mit bedeutenden Gebäuden. So findet sich etwa der UN-Campus, Zentrum der Organisationen der Vereinten Nationen, mit dem ehemaligen Abgeordneten-Hochhaus „Langer Eugen“ hier, ebenso der Post-Tower mit toller Aussicht über die frühere Bundeshauptstadt. Doch der östliche Stadtteil in unmittelbarer Nähe zum Rhein stand mit seinem 1927 eröffneten Sportpark auch für Fußball. Geblieben ist hiervon allerdings nichts.

Bevor Ur-Verein Bonner FV 01 ab 1956 begann, die Gronau zu bespielen, war im „Sport- und Volkspark“ (anfangs ohne Zuschauerränge) zunächst die Leichtathletik zu Hause. Zur „Bundesfeier der deutschen Jugend und des deutschen Sports“ im September 1949 wurde die Anlage dann auf rund 20.000 unüberdachte Plätze ausgebaut und erhielt Holzsitzbänke und Stehtraversen bis zur ausverkauften Premiere.

Mit dem Einzug der Kicker im schwarz-weißen BFV-Dress, denen fünf Jahre später auch TuRa Bonn folgte, wurde der Sportpark zum Fußballstadion. Auch Bundestagsabgeordnete entdeckten die Gronau als willkommene Sportstätte und veranstalteten mehrere Benefiz-Fußballspiele gegen Prominenten-Teams aus Presse und Fernsehen. Motiviert durch die großartige Resonanz gründete sich 1967 dank der Initiative von SPD-Mann Dr. Adolf Müller-Emmert, der auch der erste Mannschaftskapitän wurde, der „FC Bundestag“. Dieser „Club“ nutzte den Sportpark zum wöchentlichen Training und weiteren Wohltätigkeitsspielen.

1965 schlossen sich der BFV und Rivale TuRa in einer „Vernunftehe“ zum Wohle des Bonner Fußballs zusammen und gründeten den Bonner SC 01/04, der auch gleich im ersten Jahr in die Regionalliga West aufstieg und dabei höchst erfreuliche Zuschauerzahlen in der Gronau erzielte, darunter 9.000 gegen den SSV Hagen.

Doch die Gronau hatte kurz darauf ausgedient. 1967 verkaufte die Stadt das Gelände für knapp 100 Millionen DM an den Bund, der Platz für neue Gebäude benötigte. Bis zum Abriss 1989 durften indes unterklassige Teams nebst Footballern ihre Heimspiele im Areal austragen.

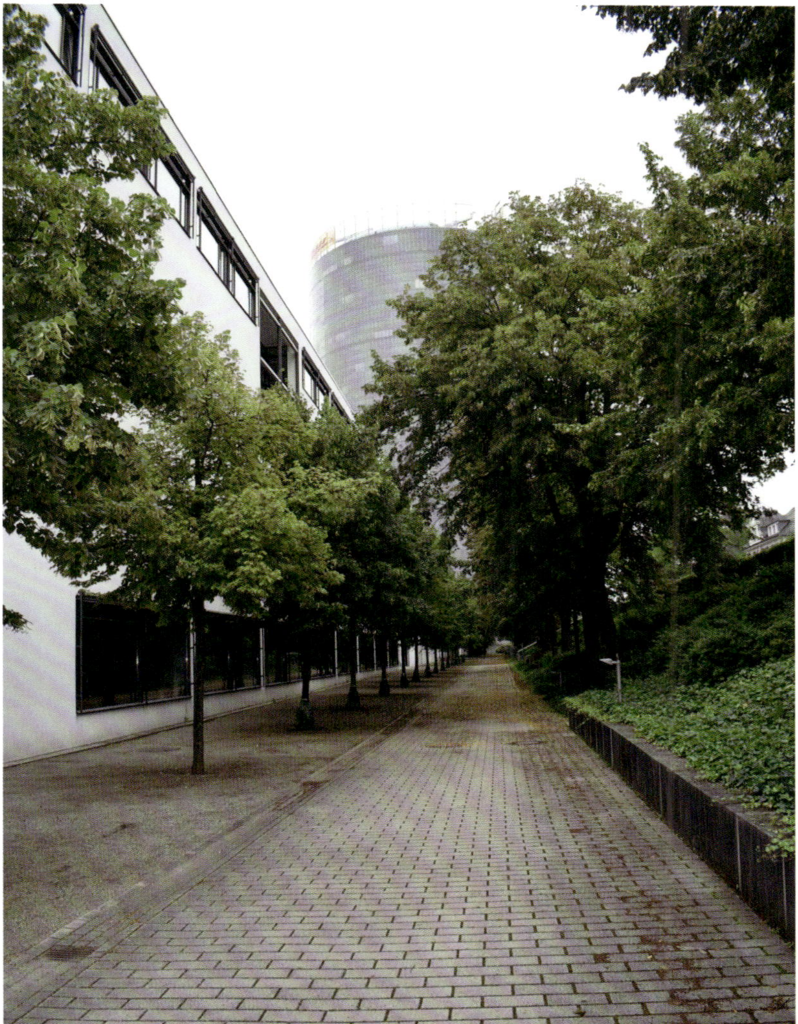

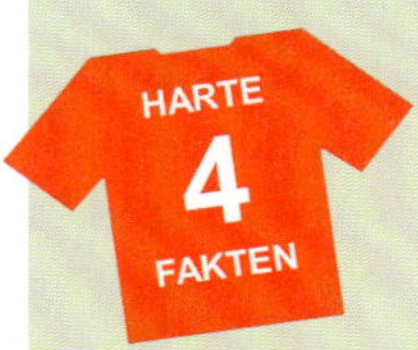

Weiterer Zuschauerrekord: Erster Diözesan-Katholikentag im Juli 1950

Sportlicher Höhepunkt: DFB-Jugendspiel gegen Polen 1950 (3:1)

Letztes Punktspiel: Bonner SC – Preußen Münster (5:1, 11.5.1969)

Verkaufserlös: floss z. T. in den Bau des 1970 eröffneten Sportparks Nord

Sportpark Nord

WM-Flair in der Bundesstadt

Als Student konnte und kann man es in Bonn wahrlich gut aushalten. Auch in der ehemaligen Bundeshauptstadt und jetzigen Bundesstadt sind die Nächte bisweilen lang, und wenn diese sich einschließlich Schönheitsschlaf am folgenden Mittag dem Ende entgegen neigen, gab es schon in den 1990ern nichts Schöneres, als auf einem örtlichen Sportplatz passiv den neuen Tag zu begrüßen. Das Wochenende meiner Studentenzeit endete dabei zumeist im Sportpark Nord, der seit 1970 die Heimat des Bonner SC ist.

Obwohl das Stadion aufgrund seiner Weitläufigkeit und Leichtathletikbahn nur selten zum Hexenkessel mutiert (was auch an den zumeist wenigen Zuschauern liegt), beeindruckt die Anlage. Einer mächtigen, rund 2.700 Sitz- und 2.500 Stehplätze umfassenden Tribüne stehen weitere etwa 5.000 unüberdachte Stehplätze gegenüber, die von begrünten Kurven und einer Stadion-Gaststätte miteinander verbunden werden. Der dreijährige Bau auf dem zuvor als Müllkippe genutzten Gelände entstand, da der BSC seine frühere Heimat, das Gronau-Stadion, durch den Grundstücksverkauf an den Bund verlor, der dort das ehemalige Abgeordnetenhaus, den „Langen Eugen", erbauen ließ.

Der Sportclub, 1965 durch Zusammenschluss der einstigen Rivalen TuRa Bonn und Bonner FV entstanden, erlebte an seinem neuen Spielort Hochs und Tiefs von 2. Liga bis Verbandsliga. Unterstützt von einer stets treuen Fanschar, die seit jeher die überdachten Stehplätze für ihren Support nutzt, laufen die blau-roten Kicker inzwischen gerne auch im Licht der 2011 aufgestellten Flutlichtmasten auf.

Richtig voll wurde es im Sportpark 2006, als Dauermeister FC Bayern nach durchzechter Meisterfeier auf dem Rasen Promille abbaute und der BSC das Freundschaftsspiel vor 12.000 Besuchern 1:0 gewann. Auch zur kurz darauf startenden Heim-WM stand der Sportpark im medialen Interesse, da das Nationalteam Japans Bonn zu seinem WM-Standort auserkoren hatte und im Stadion sein Training absolvierte. Um den Ehrengästen eine tadellose Spielfläche präsentieren zu können, trug der Sportclub seinerzeit die letzten Heimspiele auswärtig aus.

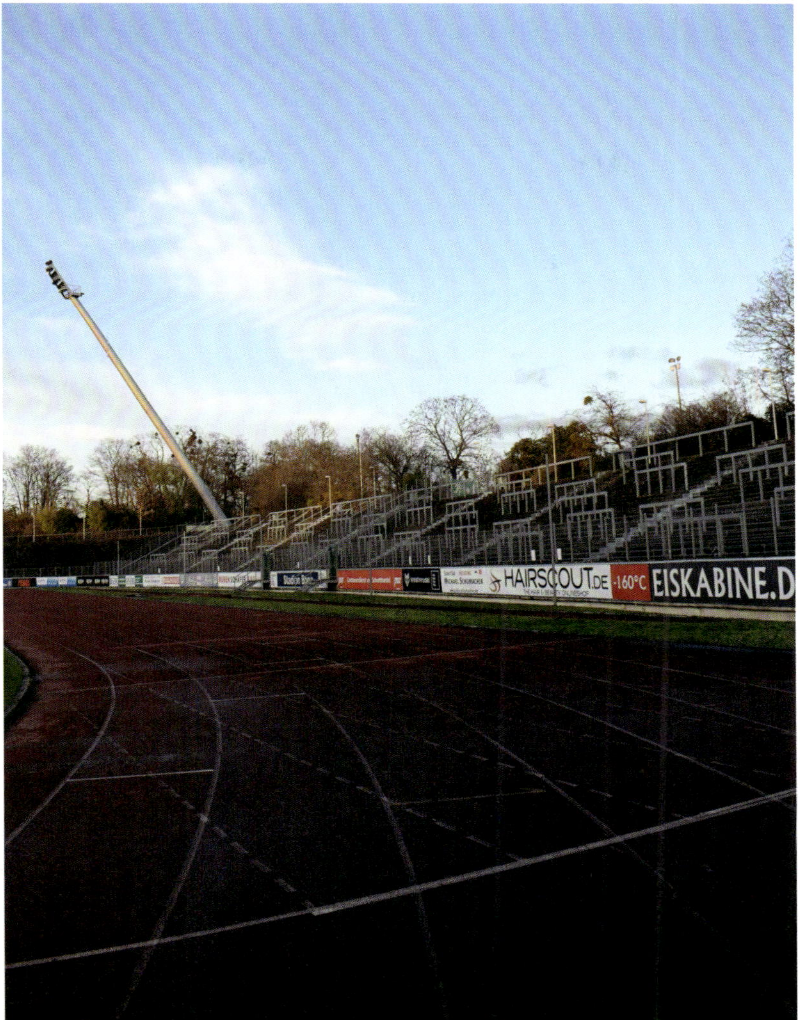

HARTE 4 FAKTEN

Erstes Spiel: Bonner SC – Alemannia Aachen 4:2 (23. 8. 1970)

Offizielle Eröffnung: 23.9.1970 mit Musikshow, Fallschirmspringen und Fußball

Photovoltaikanlage auf dem Tribünendach: 113.000 kWh

Baukosten: 26 Mio. DM

Friedhof Duisdorf

Grabstätte Hans Viol

Als Hans-Robert Viol Anfang April 2019 tot in einem Hotel im Bonner Stadtteil Duisdorf aufgefunden wurde, mussten auch zahlreiche Verantwortliche des Bonner SC eine Träne verdrücken. Zwar hatte der langjährige ehemalige Mäzen, Präsident und Aufsichtsratsvorsitzender durch seine Art der Vereinsführung ab 1995 immer mal wieder angeeckt und damit nicht nur Freunde um sich geschart. Doch eines war sicher: „John", wie er ebenso gerufen wurde, hatte sich stets mit vollem Herzen für seinen Verein eingesetzt. Zurecht bezeichnete ihn der Klub in seiner Traueranzeige als eine Person, „die immer ein großer Teil unserer Geschichte sein wird".

Es war Viols großer Traum, den BSC in die 2. Liga zu führen, und zur Realisierung investierte er Unsummen an Geld. „Er hätte auch noch sein letztes Hemd für den Verein gegeben. Der Verein war sein Leben", sagt BSC-Geschäftsstellenleiter Dietmar Sebus, der Viol über 20 Jahre kannte. Als der auch als selbstherrlich und chaotisch geltende Unternehmer und Mineralienhändler ging, hinterließ er einen immensen Schuldenberg, der den BSC 2010 in die Insolvenz trieb.

Unvergessen bleibt die schlagzeilenträchtige Anekdote, als Hans Viol getreu seines Lebensmottos „Alles ist irgendwie zu regeln" im Jahr 1998 beabsichtigte, die komplette Nationalmannschaft Kubas für den Bonner SC auflaufen zu lassen. Nach abgeschlossenen Verhandlungen in der Karibik und erteilter Visa gab DFB-Präsident Egidius Braun seinem Freund und seinerzeitigem Regierungspräsidenten Franz-Josef Antwerpes jedoch die Order, diese zurückzuziehen. Von „Sklavenhandel" war die Rede, der einem Amateurverein nicht zustehe.

Es blieb nicht das einzige gescheiterte Vorhaben, bei dem „John" Viol zu viel wollte. Die lokale Presse bewertete das Wirken Viols als „die Geschichte eines Fußballverrückten, der Gutes tun wollte und dabei das meiste falsch machte. Der dem BSC ein Gesicht gab, aber kein vertrauenerweckendes. Der Dutzende Trainer und Hunderte Spieler kommen und wieder gehen sah. Der sich wirklich engagierte, doch dabei seinen Ruf ruinierte." Seine Ruhestätte hat er auf dem Friedhof Duisdorf gefunden.

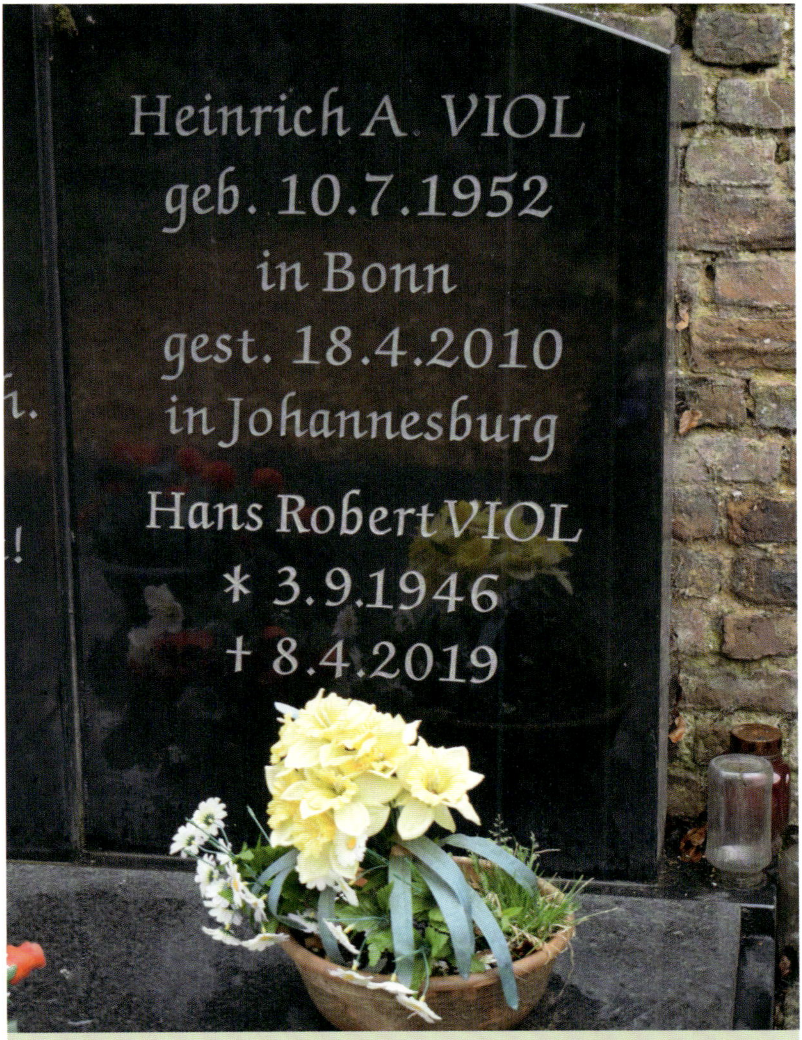

HARTE 4 FAKTEN

Investiertes Geld: 10 Millionen Euro (geschätzt)
Todesalter: 72 Jahre
Todesart: natürlich
Adresse des Friedhofs: Rochusstraße, 53123 Bonn

Franz-Elbern-Stadion

Um DM-Endrunde gebracht

Der SV Beuel 06 ist einer der ältesten und auch erfolgreichsten Vereine in Bonn. Beheimatet auf der rechten Rheinseite, der „Schäl Sick", ist das Franz-Elbern-Stadion seit 1936 seine Heimat. Der 1910 in Lüttich geborene Franz Elbern spielte mit seinen Brüdern beim Sportverein und gilt aufgrund seiner acht Länderspiele, die er zwischen 1935 und 1937 bestritt und in denen er zwei Tore erzielte, als bedeutendster Spieler unter den unzähligen Kickern, die je ihre Schuhe für die Grün-Weißen geschnürt haben. Nach seinem Tod im Jahre 2002 erhielt die fußläufig vom Bahnhof Beuel zu erreichende Spielstätte daher seinen Namen.

Gemeinsam mit seinen Brüdern Marcel, Hubert und Josef spielte Franz Elbern zunächst in den Jugendteams des Sportvereins, bevor er dann mit ihnen auch bei den Senioren für Tore sorgte. Durch seine Schnelligkeit und trickreiche Spielideen wurde er schnell für den seinerzeitigen Mittelrhein-Auswahltrainer Sepp Herberger interessant, der ihn im Juni 1934 erstmals in sein Team berief. Auf Herbergers Empfehlung wurde Elbern im August 1935 schließlich zu einem Lehrgang der Nationalmannschaft eingeladen, wo er sein Debüt jedoch lediglich im Reserve-Team gegen Luxemburg erlebte. Wenige Monate später, im Spiel gegen Ungarn, durfte er dann aber doch auch bei den „Großen" ran.

In diese Zeit fiel auch der größte Erfolg seines Vereins, der 1924 durch eine Fusion des Beueler FV 05 mit dem FV Alemannia 1919 Beuel entstanden war. Nach mehrmaligem Scheitern waren die 06er 1936 endlich in die damals höchste deutsche Spielklasse, der Gauliga Mittelrhein, aufgestiegen, wo ihnen zwei Jahre später mit der Meisterschaft der größte Vereinserfolg gelang. Da diese den Grün-Weißen aber erst nach einem Protest und späterer Verhandlung zugesprochen wurde, durfte Vize Aachen an den Endrundenspielen um die Deutsche Meisterschaft mitspielen.

Mit dem Aufstieg in die Gauliga erfolgte auch der Einzug ins 10.000 Zuschauer fassende Beueler Stadion, das mit einem denkwürdigen 2:2 gegen Meister Schalke 04 feierlich eröffnet wurde. Auch wenn man der Sportstätte heute ihr Alter ansieht, ist ein Besuch zweifelsohne lohnenswert.

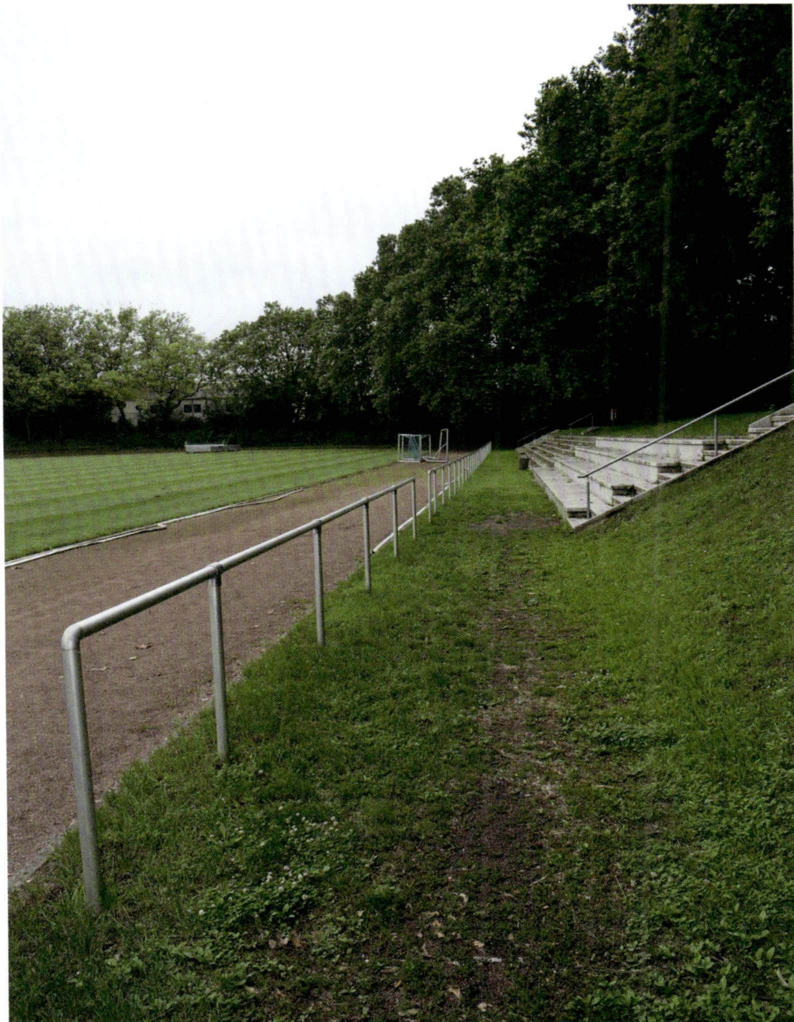

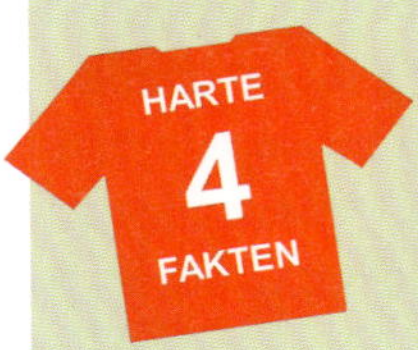

Flutlicht: Fehlanzeige
Ausweichplatz: Kunstrasenplatz
Bundesligaprofi: Jan-Ingwer Callsen-Bracker
Weiterer Sport: Gymnastik

Düren 016

Westkampfbahn

Älteste Holztribüne Deutschlands

Düren, die Stadt auf halber Strecke zwischen Aachen und Köln, galt bis vor kurzem nicht wirklich als Ort fußballerischer Ausrufezeichen. Sicher, die einstige SG Düren 99 (1935 durch Fusion des Dürener FC 03 und FC Germania Düren 1899 entstanden) ist Fans oberhalb der 50 Lenzen vielleicht noch als drittklassiger Oberliga-Klub (1983–86) und Experten als Ursprungsverein der späteren Nationalspieler Karl-Heinz Schnellinger, Wilfried Hannes oder Georg „Schorsch" Stollenwerk bekannt. Zumeist herrschte jedoch ruhige und gemütliche Atmosphäre in der herrlich gelegenen Westkampfbahn an der Mariaweiler Straße, deren Prunkstück bis heute die zum Glück unter Denkmalschutz stehende und zugleich sogar älteste deutsche Holztribüne ist. Doch mit der Ruhe ist es nun vorbei.

Am 9. August 1914 wurde die Anlage lediglich mit kleinem Festakt eröffnet; die eigentlich vorgesehenen „III. Internationalen leichtathletischen Spiele" mussten wegen des Kriegsausbruchs wenige Tage zuvor abgesagt werden. Den Krieg hat die 25 Meter lange sowie je neun Meter hohe und tiefe, rund 400 Plätze umfassende Tribüne mit mittelprächtigen Blessuren überstanden – da hatte es das restliche Stadion aufgrund unzähliger Granatlöcher und Bombentrichter schon schlimmer getroffen. Beim 1927 erfolgten Ausbau verhoben sich beide Ur-Vereine finanziell, sodass der Zusammenschluss die einzige Konsequenz vor dem Konkurs war.

Seine volle Kapazität (15.000 Plätze) erreichte die Westkampfbahn am 2. August 1954, als der 1. FC Kaiserslautern mit seinen fünf Weltmeistern zum DFB-Pokal-Erstrundenspiel antrat und 5:2 gewann.

Eine dringend notwendige Sanierung des hölzernen Schmuckstücks vor wenigen Jahren sicherte zwar den Fortbestand in sein zweites Jahrhundert, doch sieht es sich bald von modernen Bauten umgeben. Emporkömmling 1. FC Düren, der sieben Monate nach seiner 2017er-Gründung die Fußballabteilungen des FC Düren-Niederau und der SG GFC Düren 99 (nach Fusion 2011 mit dem Gürzenicher FC Düren 09) übernahm, möchte das Stadion fit für die vierte Liga machen und plant, Bäume und die mit Gras überzogenen Stehtreppen zu entfernen. Traurig.

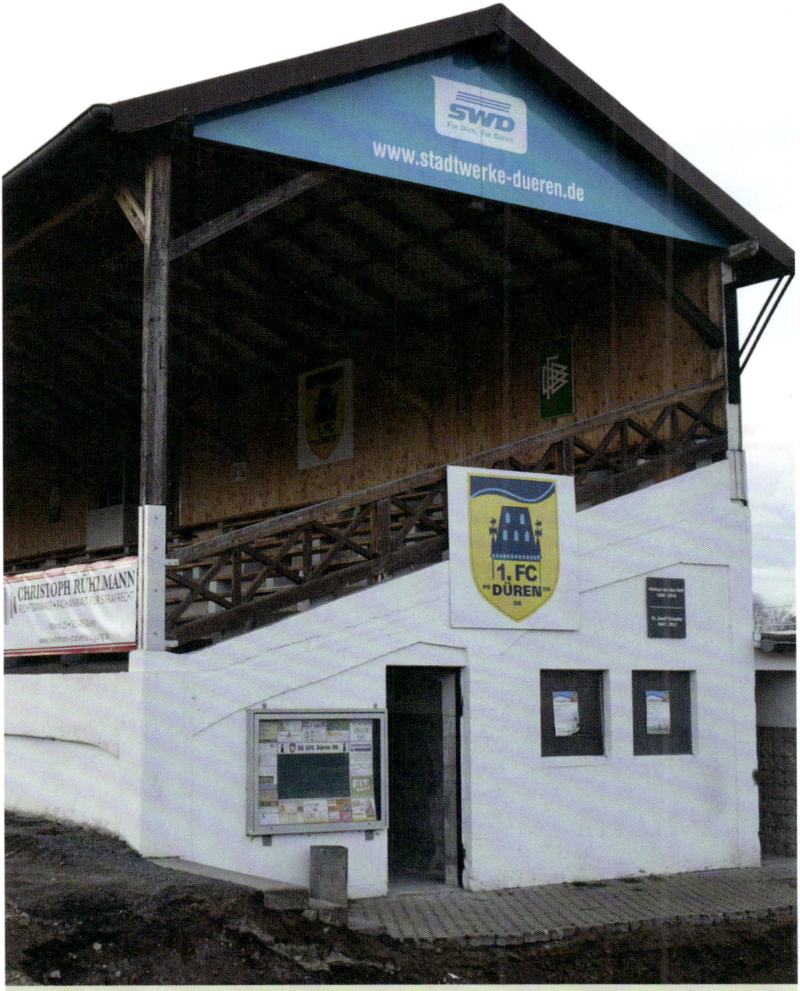

HARTE 4 FAKTEN

Offizielle Eröffnung: 9. August 1914

Eröffnungsspiel nach Ausbau: FC Germania – SW Essen am 1. 5. 1927 (4:7, 2.500 Z.)

Zuschauerrekord: SG Düren 99 – 1. FC Kaiserslautern 2:5 (2. 8. 1954, 1. DFB-Pokalrunde)

Geplantes zukünftiges Fassungsvermögen: 12.000 Plätze

Jugendstadion

Tonis Heimatclub

Es gibt sie noch, diese historischen Zeitzeugen aus Holz, die in der Pionierzeit des deutschen Fußballs zur Stadionlandschaft einfach dazu gehörten und Besserbetuchten einen überdachten Sitzplatz versprachen. Sofern sie nicht wegen utopischer Sportvisionen (Bamberg), luxuriösen Bebauungsplänen (Lüneburg) oder Modernisierungswahn mancher Präsidenten oder Sponsoren mehr oder weniger freiwillig geopfert wurden, erfreuen sie heute insbesondere Nostalgiker und fußballgeschichtlich interessierte Fans.

Zwischen bekannteren (u.a. Plache-Stadion Leipzig, Hoheluft Hamburg) und weniger bekannten Bauwerken (Weserstadion Minden, Nobiskrug Rendsburg) zählt auch Düren am Nordrand der Eifel zu den Städten, die sogar über gleich zwei historisch wertvolle Holztribünen verfügen. Während die Westkampfbahn den inoffiziellen Titel „Stadion mit der ältesten Tribüne Deutschlands" tragen darf, muss sich jedoch auch das nur zwei Kilometer Luftlinie entfernte Jugendstadion der SpVgg. Schwarz-Weiß Düren 1896 – der somit sogar noch drei Jahre älter als einer der Ur-Clubs des heutigen 1. FC Düren ist – wahrlich nicht hinter seinem Nachbarn verstecken.

Am 14. August 1921 wurde das Stadion vom seinerzeitigen Verein für Jugend- und Volksspiele 1896 (1947 Fusion mit dem Rölsdorfer SV 1905 zu Schwarz-Weiß) gegen Borussia Neunkirchen (2:4) eröffnet. Zwei Jahre später erhielt es eine Radrennbahn, die damals angesagte Steher- und Motorradrennen erlebte und zum Ziel des Wettbewerbs „Rund um Düren" wurde. Bis heute sind Spuren der Piste noch gut zu erkennen.

Der Heimverein, dessen bekanntester Sohn der langjährige National- und FC Köln-Torwart Harald „Toni" Schumacher ist, erlebte als sportliche Höhepunkte einige Jahre in der Verbandsliga Mittelrhein. Während einer sechs Jahre währenden Bindung (2001–2007) mit dem Stadtrivalen als SG Schwarz-Weiß Düren 99 wurde der alte Stammverein 2005 neu gegründet. Aktuell geht die Erste in der Kreisliga A an den Start; im Bauch der Tribüne bietet die Vereinsgaststätte leckere Speisen und Getränke an.

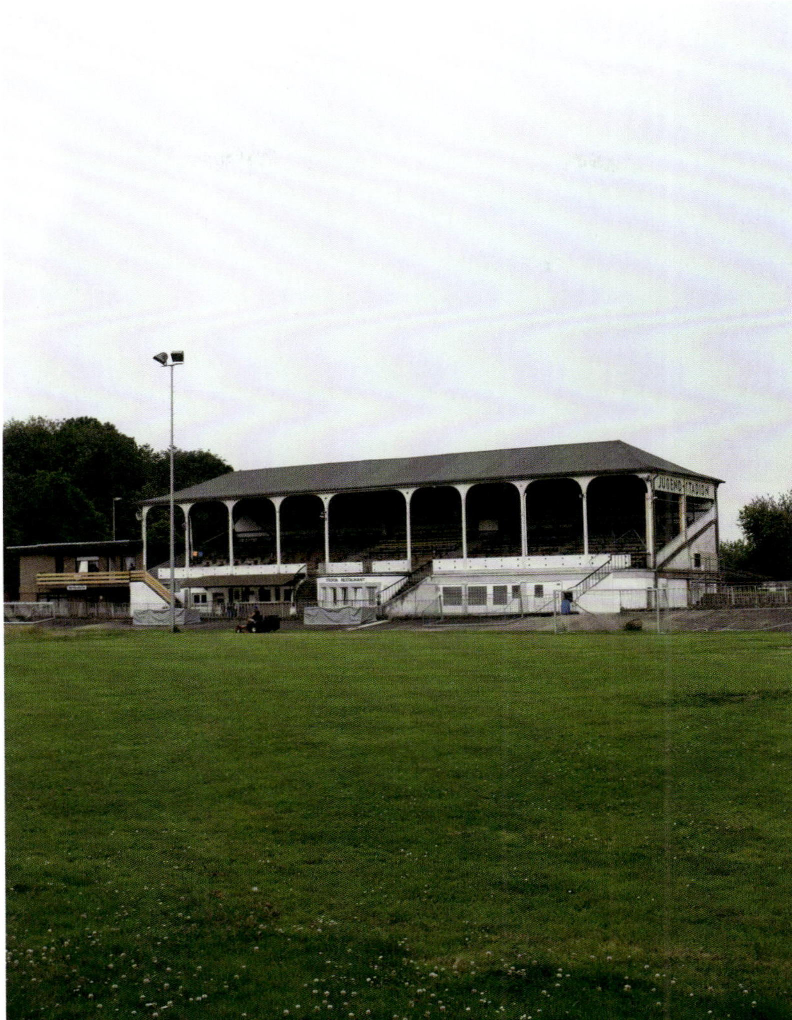

HARTE 4 FAKTEN

Stadtteil: Rölsdorf

Wiedereröffnung nach Kriegszerstörungen: 12. September 1948 (7.000 Zuschauer)

Heutiges Fassungsvermögen: 6.000 Plätze (davon 500 überdachte Sitzplätze)

Spiele von Toni Schumacher in DFB-Teams: 85

Altstadt

Treffpunkt zahlreicher Fangruppen

Ich bekenne mich: Ich finde Düsseldorf toll! Und das sage ich als gebürtiger Kölner aus voller Überzeugung. Ich mag die Stadt, die Leute und vor allem auch das Altbier; zumindest die meisten Sorten!

Am besten schmeckt dieses natürlich frisch ausgeschenkt in einem Brauhaus, von denen sich einige, wie auch zahlreiche lobenswerte Gaststätten, direkt im Herzen der „längsten Theke der Welt“, der Altstadt, finden lassen. Und noch ein Vorteil gegenüber der südlicheren Millionenstadt: Während sich der Kölner gerne als tolerant bezeichnet, aber nahezu ausschließlich sein Stadtgetränk im Altstadt-Ausschank hat, finden sich in der Düsseldorfer Altstadt auch Kneipen, in denen neben Alt auch Pils, Weißbier und sogar Kölsch angeboten werden. Wer ist also toleranter?

Neben Einheimischen und Abertausenden Touristen ist die Altstadt mit ihren rund 260 Kneipen, Bars und Restaurants auf engstem Raum schon jeher auch ein beliebter Treffpunkt für Fußballfans aus dem ganzen Land. Dabei tummeln sich nicht nur Gästefans vor und nach Spielen gegen Fortuna in Biergärten, auf Terrassen oder in den gemütlichen Stuben. Häufig flanieren auch norddeutsche Supporter auf dem Rückweg aus dem Süden oder umgekehrt durch die historischen Gassen.

Während zwar die meisten Begegnungen inzwischen überwiegend harmonisch ablaufen, können jedoch körperliche Auseinandersetzungen unter den verschiedenen Fangruppierungen insbesondere zu vorgerückter Stunde und nach entsprechendem Alkoholkonsum nicht ausgeschlossen werden – worüber die Medien bis heute gerne berichten. Rostocker gegen Stuttgarter, Berliner gegen Schalker – in der Düsseldorfer Altstadt treffen sie alle gerne aufeinander. Zudem machen die Lokalmatadoren nicht selten von ihrem „Hausrecht“ Gebrauch und verweisen vorlaute Gäste bisweilen nicht nur verbal in ihre Schranken.

Selbstverständlich ist die Altstadt auch bei Europacup- und Länderspielen sowie während WM- und EM-Turnieren stark frequentiert. Auch für die internationalen Fans gilt: Gemeinsames Mitfeiern ist erlaubt, so lange die Stimmung nicht in Schmähgesänge gegen Einheimische umschlägt.

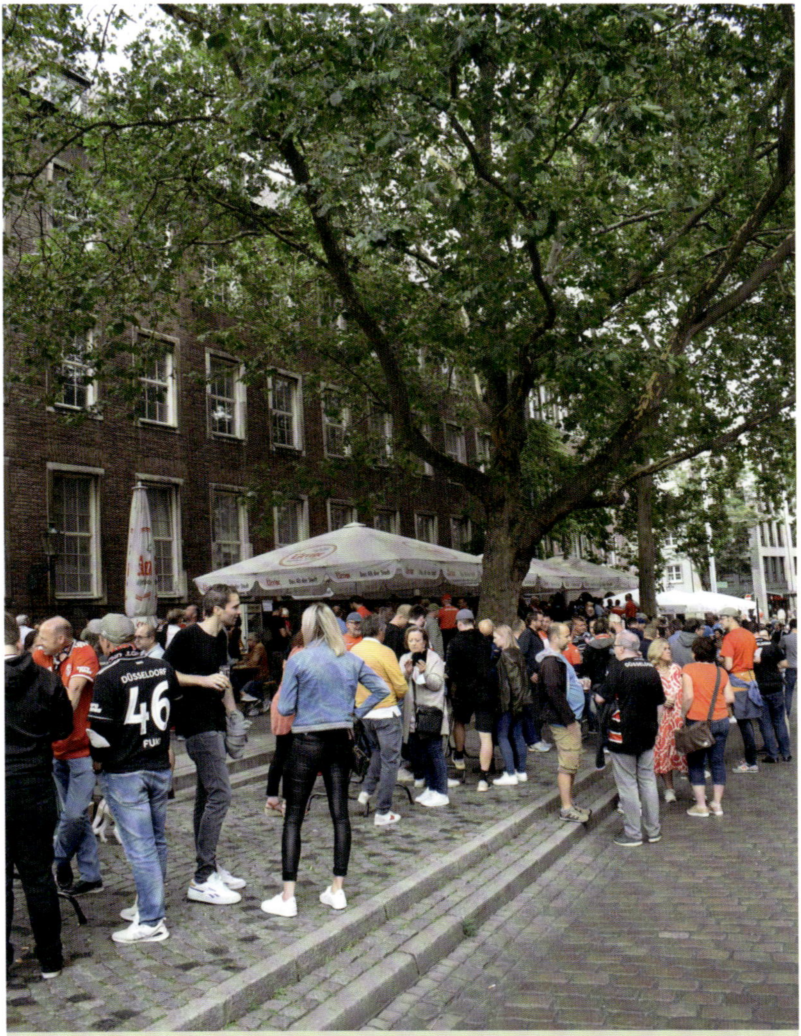

HARTE 4 FAKTEN

Verkehrsanbindung: sieben U-Bahnen, fünf Straßenbahnen und vier Buslinien

Brauhäuser: Schlüssel, Füchschen, Uerige, Schumacher (etwas außerhalb)

Durchschnittspreis für ein Alt (0,25 l): 2,40 Euro

Ausdehnung: lediglich ein halber Quadratkilometer

Paul-Janes-Stadion

Fortunas Heimat

Der Stadtteil Flingern ist ein typisches Arbeiterwohnquartier, das mindestens einmal in nahezu jeder deutschen Großstadt vorzufinden ist. Schicke und Reiche flanieren zwar lieber auf der etwa vier Kilometer entfernten „Kö", doch hat sich besonders das nördliche Flingern zu einem angesagten Szeneviertel mit interessanten Bars, Bühnen und auch Straßenkunst entwickelt.

Nicht nur angesichts des benachbarten Recyclinghofs mit seinem markanten Schornstein wirkt die Anfahrt auf den Flinger Broich nicht sehr einladend. Doch der Straßenname ist pure Fußball-Historie, denn hier auf dem ehemaligen Brach- und Sumpfgelände ist die Heimat von Fortuna, Düsseldorfs unangefochten führendem Klub. Unweit der Geschäftsstelle und des Fanshops des 1895 gegründeten Vereins befindet sich der Fortuna-Platz, der anlässlich des Saison-Eröffnungsfestes am 29. Juli 1990 zu Ehren des drei Jahre zuvor verstorbenen, wohl besten Fortuna-Kickers aller Zeiten in Paul-Janes-Stadion umbenannt wurde.

Zunächst nebenan auf einem Aschenplatz zu Hause, wechselte der Klub 1930 an den heutigen Spielort, der zwei Jahre später eine erste Tribüne erhielt. Zu guten Oberliga-Zeiten war der Platz jedoch schon bei 20.000 Zuschauern zu voll, und Fortuna entschied sich für einen Umzug ins Rheinstadion. Dennoch sah das Stadion auch Erstligafußball, als die Rot-Weißen in der Saison 1971/72 an den Flinger Broich zurückkehrten (Zuschauerschnitt rund 15.000), da die Kampfbahn in Stockum per Ausbau fit für die WM 1974 gemacht wurde. Als dort 2002 die Sprengmeister anrückten und Platz für die Multifunktionsarena schufen, kam Fortuna für knapp drei Jahre erneut nach Hause. Um alle Sicherheitsvorgaben zu erfüllen, büßte das idyllische Areal indes seine grasigen Stehplätze ein und erhielt moderne Stufen und viele Zäune. Kaum fertig, stieg Fortuna kurz darauf in die viertklassige Oberliga ab. Doch auch hier war das für 8.700 Besucher freigegebene Stadion häufig noch sehr gut besucht.

Wie früher ist nun vorwiegend die Zwote der Hausherr, die nach dem Einlaufen nur noch zur Tribüne winken muss, da die Stehplätze nur selten und dann für die Gästefans geöffnet werden.

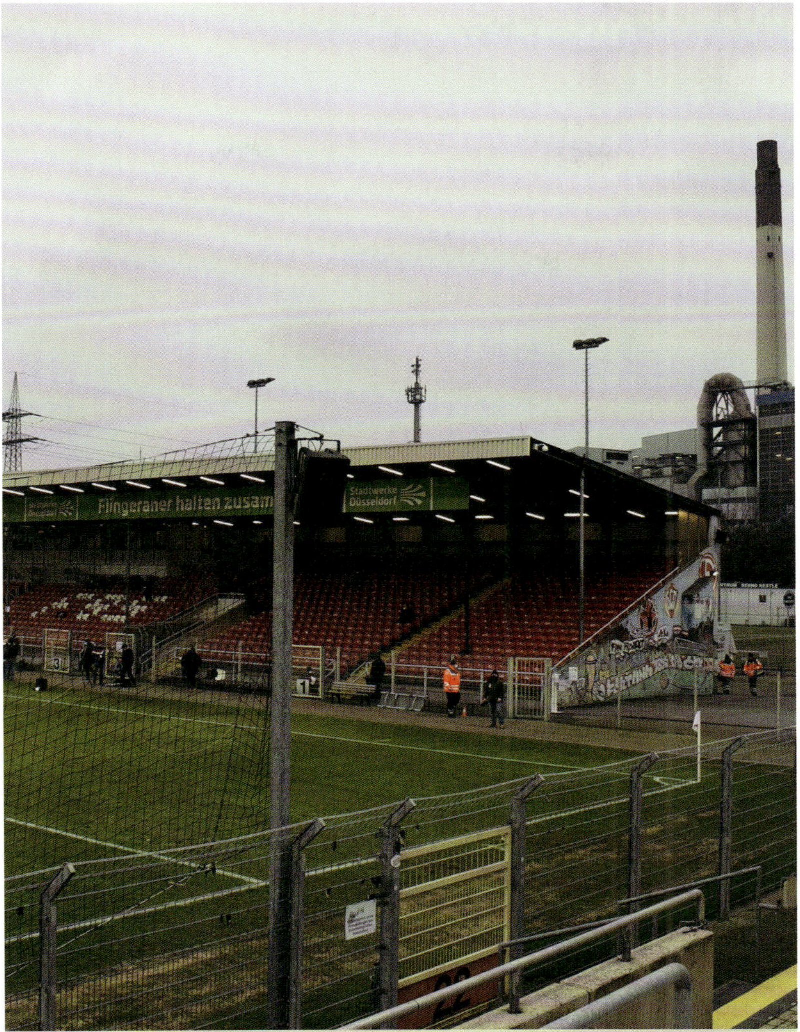

HARTE 4 FAKTEN

Erstes Spiel: Fortuna Düsseldorf – SSV Oberkassel 2:0 (28. 9. 1930)

Früheres Fassungsvermögen: 36.000 Plätze

Heutiges Fassungsvermögen: 8.700 Plätze (davon 2.200 überdachte Sitzplätze)

Besonderheit: Altbier vom Fass trotz zumeist sehr überschaubarer Zuschauerzahl

Düsseldorf 020

Rheinstadion / Arena

Vom Hufeisen zur Glücksspiel-Arena

Ob Multifunktionsarena oder Namensträger für eine Fluggesellschaft, einen Modekonzern und aktuell ein Spielautomaten-Unternehmen – die offiziell im Januar 2005 eröffnete Spielstätte der Profis von Fortuna Düsseldorf musste trotz ihrer jugendlichen Historie schon mehrere Schriftzüge-Wechsel erdulden. Ursprünglich auch als Spielort für die Heim-WM 2006 und für Olympische Spiele 2012 gedacht (beides blieb jedoch Wunschtraum), war und ist die für 218 Millionen Euro gebaute Arena mit ihrem verschließbaren Dach zudem Schauplatz diverser unsportlicher Veranstaltungen. Neben Konzerten von Grönemeyer, Westernhagen oder Depeche Mode werden auch der Eröffnungsgottesdienst zum Weltjugendtag 2005, ein DEL Winter Game sowie der „Eurovision Song Contest“ 2011 gerne in den Erinnerungen der Anwesenden bleiben.

Zahlreiche Fortuna-Fans und auch traditionsbewusste Gästeanhänger denken beim Betreten des Geländes unweit des Flughafens jedoch stets an das altehrwürdige hufeisenförmige Rheinstadion. Eine Rede des Reichspräsidenten Paul von Hindenburg im September 1925 gilt dabei als erste Veranstaltung in der Geschichte des anfänglich für 42.500 Besucher freigegebenen Bauwerks.

Als Deutschland den Zuschlag für die Fußball-WM 1974 erhielt, rückten Bagger und Bauarbeiter an und schufen von 1968 bis 1975 ein modernes Stadion für 68.400 Personen (Baukosten: 46,3 Mio. DM). Fünf WM-Spiele sowie zwei Begegnungen der 1988er Europameisterschaft wurden im Rheinstadion ausgetragen, das ferner legendäre Spiele von „Heimgast“ Borussia Mönchengladbach wie etwa das 12:0 gegen Borussia Dortmund 1978 oder die UEFA-Pokal-Endspiele 1975 und 1979 sah.

Bis zu seinem Abriss blieb das Stadion jedoch vor allem die Pilgerstätte für die rot-weißen Fortuna-Fans, deren treuesten in den Blöcken 36 und 37 ihren Stammplatz hatten. Rechtzeitig vor ersten Sprengungen im Herbst 2002 deckten sich viele noch mit Erinnerungs-Devotionalien ein.

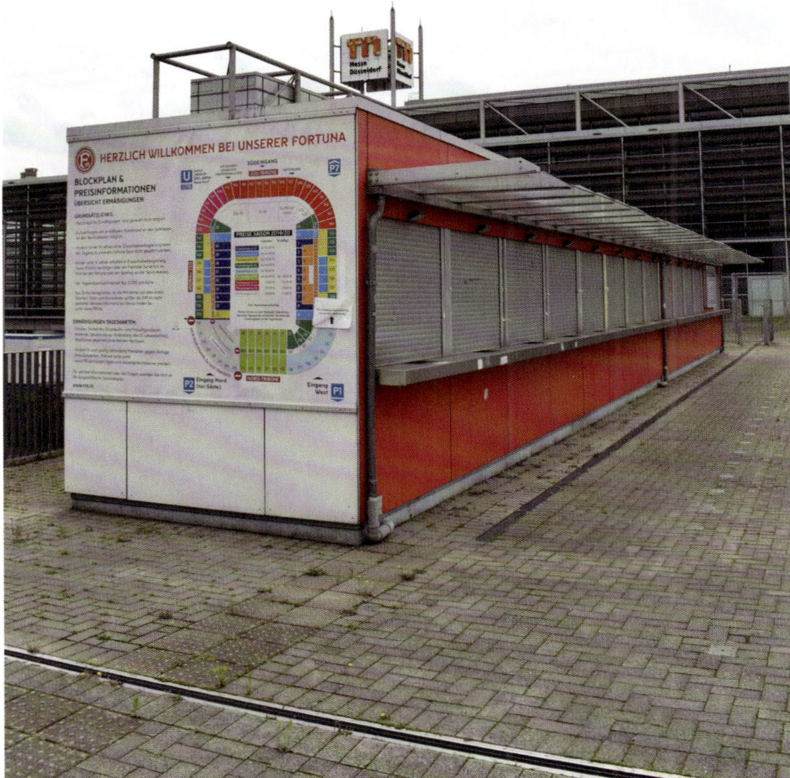

HARTE 4 FAKTEN

Offizielle Eröffnung Rheinstadion: Deutschland – Niederlande 4:2 (18.4.1926)

Letztes Spiel im Rheinstadion: Fort. Düsseldorf – RW Essen 1:1 (3.3.2002)

Inoffizielle Eröffnung Arena: Fort. Düsseldorf – Union Berlin 2:0 (10.9.2004)

Gäste als Gastgeber: KFC Uerdingen, Bayer Leverkusen, Bor. Mönchengladbach, Stefan Raab

Düsseldorf 021

Toni-Turek-Statue

Die ewige Nummer Eins

„Turek, du bist ein Fußballgott!", so pries Hörfunkreporter Herbert Zimmermann die Nummer Eins im deutschen Tor während des 1954er Endspiels gegen Ungarn aufgrund seiner zahlreichen heldenhaften Paraden. Und wahrlich leistete Anton „Toni" Turek einen erheblichen Anteil am ersten deutschen WM-Titel. Exakt 60 Jahre nach dem „Wunder von Bern" wurde dem gelernten Bäcker dann auch endlich posthum eine angemessene Ehre zuteil.

Mit einer Höhe von 4,50 Metern, einem Gewicht von satten 1.350 Kilo und vollständig aus Bronze gegossen, steht Toni Turek, dabei lässig an „seine" Zahl Eins gelehnt, als Denkmal seit Juli 2014 vor der Düsseldorfer Arena. Die Stadt hatte es sich zuvor nicht leicht gemacht, den größten Fußballer ihrer Stadt (133 Spiele für Fortuna zwischen 1950 und 1956) angemessen zu ehren, denn Überlegungen, einen Platz oder eine Straße nach der Torwartlegende zu benennen, liefen immer wieder ins Leere. Fortuna-Fan Björn Borgerding gab den entscheidenden Impuls zur Errichtung des Denkmals und sammelte die Kosten von rund 30.000 Euro bei über 200 Spendierwilligen – darunter auch bei der Rheinbahn, Tureks früherem Arbeitgeber.

Nach fußballerischen Anfängen in Duisburg und Gastspielen in Frankfurt und Ulm kam Toni Turek nach Düsseldorf und debütierte kurz darauf, bereits 31-jährig, im Nationalmannschaftstor. Bundestrainer Sepp Herberger, der schon einmal bei einem Jugendspiel auf ihn aufmerksam geworden war, hielt große Stücke auf ihn, obwohl seine Spielweise bisweilen als leichtsinnig galt. Nach dem Triumph in Bern huldigten ihm über 100.000 Düsseldorfer bei seiner Siegesfahrt durch die Straßen der Landeshauptstadt.

Toni Turek beendete seine Karriere 1957 und starb nach mehreren gesundheitlichen Schicksalsschlägen 1984 im Alter von 65 Jahren. Sein Ehrengrab findet sich auf dem Friedhof Lindenheide in Mettmann.

Neben der Statue erinnern das namensgleiche Stadion in seinem ehemaligen Wohnort Erkrath, eine Allee in Mettmann, eine Straße im westfälischen Nottuln und Fortunas Toni-Turek-Haus neben dem Paul-Janes-Stadion an den „Fußballgott".

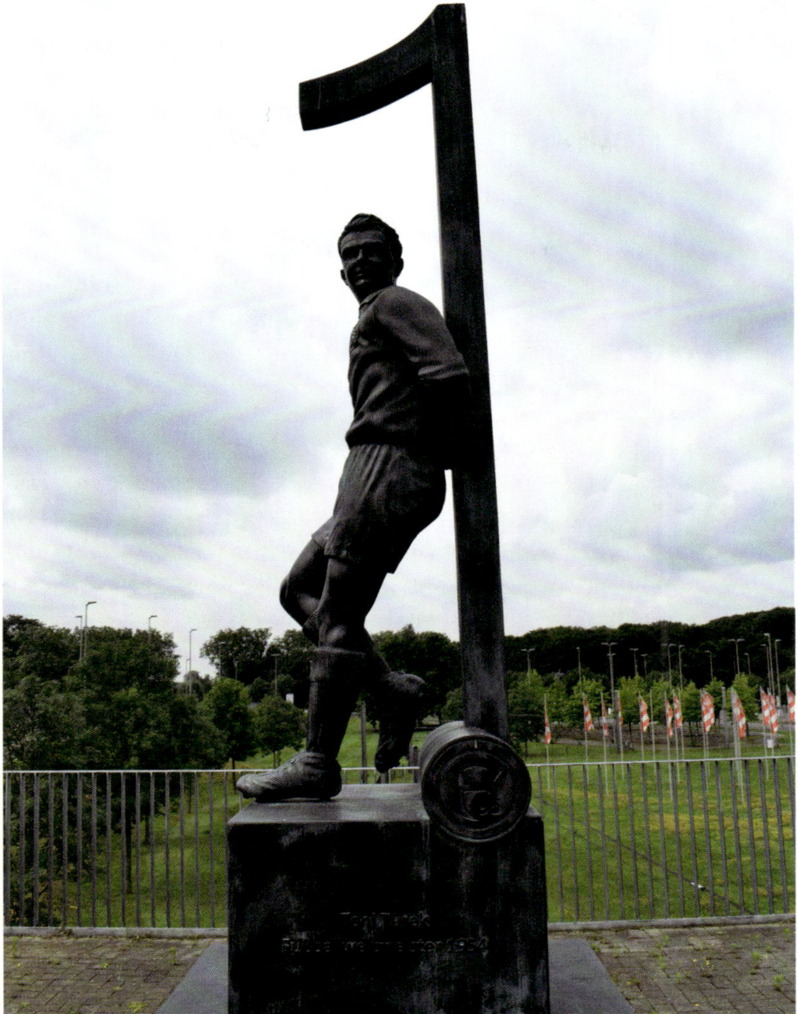

HARTE 4 FAKTEN

Tureks Spielbilanz: 224 Meisterschafts-, 20 Länderspiele

Tureks Handicap: ein Kriegsgranatsplitter in seinem Hinterkopf

Tureks WM-Siegprämie: 1.000 DM

Turek-Ehrung: Sonderbahn-Ausstellung der Rheinbahn 25 Jahre nach seinem Tod

Stadion an der Windscheidstraße

Pionierklub des Düsseldorfer Fußballs

Nur wenige Jahre liegen zwischen den Gründungsversammlungen der ruhmreichen Fortuna und des Düsseldorfer Sportclubs 1899, doch sportlich trennt die beiden Vorreiter des „Association football“ (dem Fußballspielen ohne Aufnehmen des Balls, in Abgrenzung zur Rugby-Urform Ende des 19. Jahrhunderts) seit Urzeiten Welten. Nichtsdestotrotz kann auch der DSC 99, der am 20. September 1899 als Düsseldorfer Fußball Club gegründet wurde, als Pionierverein der heutigen Landeshauptstadt bezeichnet werden.

Bereits vor dem Ersten Weltkrieg erlebten die Schwarz-Weißen den größten Erfolg ihrer inzwischen über 120-jährigen Historie, als sie in der Saison 1906/07 Westdeutscher Meister wurden und sich dadurch für die Endrunde um die Deutsche Meisterschaft qualifizierten. Hier war jedoch bereits in der ersten Runde (Viertelfinale) nach einem desaströsen 1:8 gegen den FC Victoria Hamburg auf dem neutralen Duisburger Grunewald-Sportplatz Endstation. Die hohe Niederlage soll im Übrigen einen Grund im damaligen DFB-Verbot gehabt haben, die besten Spieler, da Engländer, nicht einsetzen zu dürfen. Von 1909 bis 1913 gehörte der DSC noch der gut besetzten West-Zehnerliga an.

Bereits kurz nach dem größten Triumph hatte der Club den seinerzeit vereinseigenen Sportplatz an der Windscheidstraße bezogen, der bis heute, nun als „Städtische Bezirkssportanlage Düsseltal“, seine Heimstätte und somit einer der ältesten, noch existierenden deutschen Sportplätze ist. Leider wird der hübsch anzuschauende Rasenplatz, der 1921 Schauplatz des DM-Endspiels zwischen dem Glubb aus Nürnberg und Vorwärts 90 Berlin (5:0) vor 27.000 Zuschauern war, nicht mehr bespielt, da Maulwürfe die Spielfläche regelmäßig umpflügen und die Stadt nicht bereit ist, Geld in die Sanierung zu stecken. Gekickt wird daher nebenan auf Kunstrasen.

Obwohl der DSC seit über einem Jahrhundert nicht mehr für sportliche Schlagzeilen sorgt, hat er einst mit Conrad „Conny“ Heidkamp und Walter Risse zwei Nationalspieler hervorgebracht.

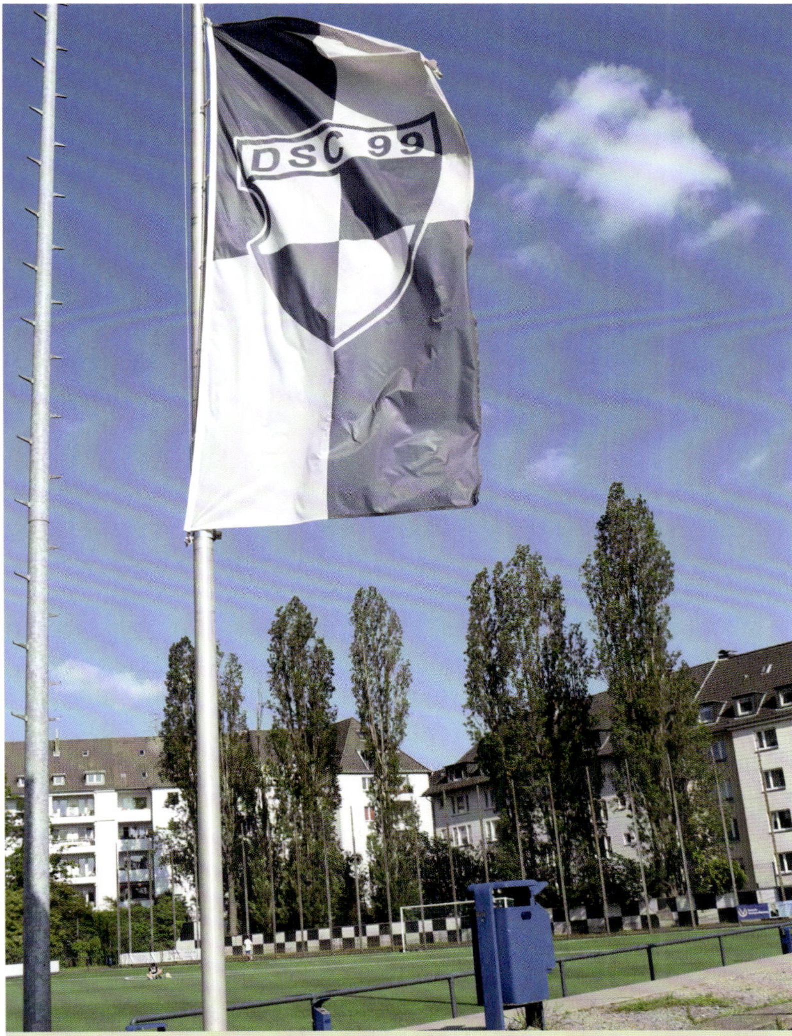

HARTE 4 FAKTEN

Frühere sportliche Heimat: Rheinwiese Oberkassel vor dem Lokal „Rheinlust"

Jüngste Sportabteilung: Lacrosse (seit 2005)

Sportliches Glanzlicht: Leichtathletik-Länderkampf Deutschland vs. Schweiz (1924)

Fassungsvermögen Kunstrasenplatz: 1.000 Zuschauer

Düsseldorf 023

Stadion an der Feuerbachstraße

Konstante Nummer Zwei

Wer als Fußballfan aufmerksamer Zugfahrer ist, wird stets gerne seine Blicke unmittelbar vor dem Düsseldorfer Hauptbahnhof aus Süden kommend durchs Fenster auf die linke Seite in Fahrtrichtung werfen. Zunächst erscheint die Bezirkssportanlage Garath, und kurz darauf das schmucke Stadion an der Feuerbachstraße, die Heimat der Turn- und Rasensport-Union (kurz: TuRu) 1880 Düsseldorf.

Wenn man sich das wenige Eintrittsgeld sparen möchte, kann man es sich auch an der S-Bahn-Station „Volksgarten" gemütlich machen und beste Sicht aufs Spielfeld genießen. Viel lohnenswerter ist jedoch ein persönlicher Besuch in der rund 8.000 Zuschauer fassenden reinen Fußballanlage. Schon nach der Eröffnung in den 1950ern gehörte eine 75 Meter lange Holztribüne für etwa 1.000 Besucher zum Areal; die anfängliche Kapazität von 18.000 Plätzen (nach Tribünen-Neubau und Umwandlung der benachbarten Grashügel in Stehplätze Anfang der 1960er sogar 20.000) schrumpfte nach einem Umbau der Gegengeraden und der Reduzierung der Stehplätze auf die Hälfte in den 1980ern auf das heutige Volumen. Grill- und Getränkestand sorgen für ein angenehmes Ambiente. Insbesondere Flutlichtspiele sind jedem potenziellen Besucher unbedingt zu empfehlen.

1919 entstand die TuRu durch einen Zusammenschluss des Ur-Vereins Düsseldorfer FK Union, der sich aus einer Abspaltung vom FC Britannia 02 gebildet hatte und 1911 zum SC Union wurde, mit dem VfR Düsseldorf und dem Friedrichstädter TV 1880, der sein Gründungsjahr in den neuen Klub einbrachte. Schnell entwickelte sich der neue Verein zur westdeutschen Fußballmacht: Er wurde 1923 Vizemeister und qualifizierte sich zwei Jahre später für die DM-Endrunde, wo nach einem 4:1 gegen den VfR Mannheim in Köln jedoch das Aus im Viertelfinale nach einer Niederlage gegen Hertha BSC mit dem gleichen Ergebnis erfolgte. Von 1935 bis 1942 noch in der Gauliga spielend, ging es nach dem Zweiten Weltkrieg bald abwärts.

Aktuell fühlt sich die TuRu in der Oberliga Niederrhein pudelwohl und genießt es, die konstante Nummer Zwei der Stadt nach der Fortuna zu sein.

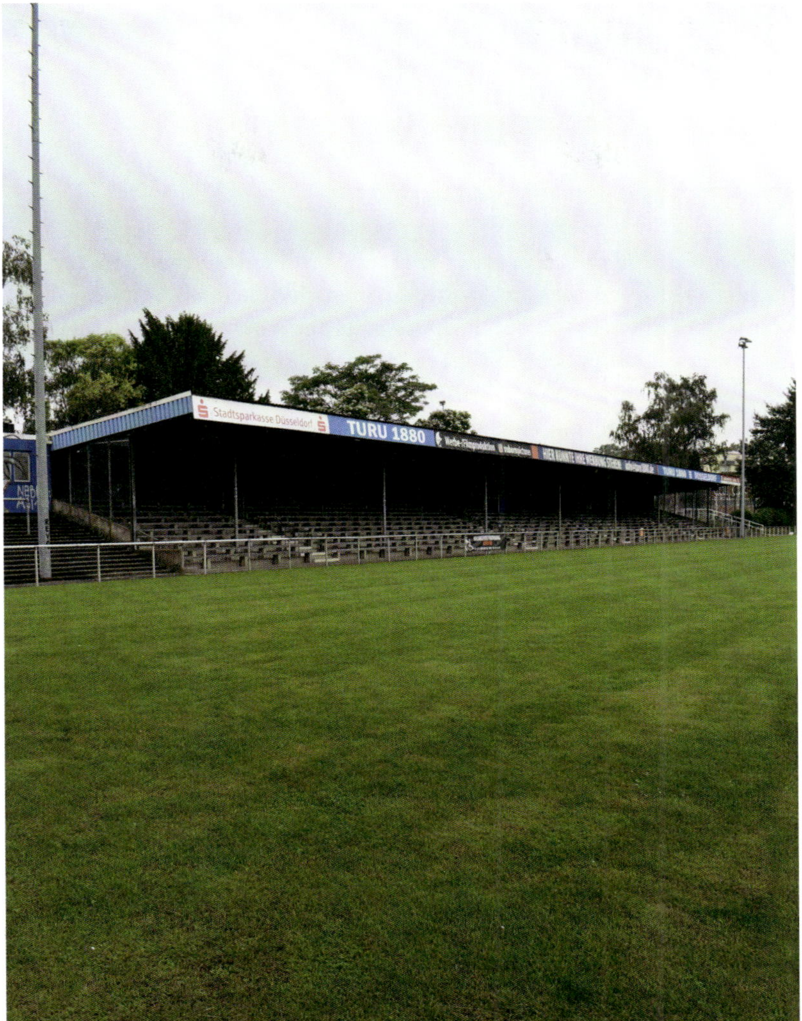

HARTE 4 FAKTEN

Früherer Spielort: Stadion an der Oberbilker Allee (nur 100 m entfernt)

Bekanntester Spieler: Fritz Ewert (Nationaltorwart in vier Länderspielen)

Vereinsfarben: Blau-Weiß

Zuschauerrekord der Neuzeit: Saison 2003/04 (3.600 Besucher)

Ernst-Poensgen-Kampfbahn

Im Stadtteil fest verwurzelt

Wohl eine der schönsten Sportanlagen der nordrhein-westfälischen Landeshauptstadt befindet sich im Stadtteil Lierenfeld. Hier, am Wilhelm-Heinrich-Weg, hat der Düsseldorfer Sportverein 04 seine Heimat. Aktuell tritt die Erste zwar nur in der Kreisliga A an, doch gibt es kaum etwas Schöneres, als von der Terrasse des Clubhauses oder vom Grashügel auf der gegenüberliegenden Geraden bei einem kühlen Alt ein Flutlichtspiel auf Rasen zu verfolgen.

1904 gründete sich der DSV, als sich Aktive vom FC Britannia 02 abspalteten. Erster Achtungserfolg war die Teilnahme an der Endrunde um die Westdeutsche Meisterschaft 1914, wo jedoch nur eines von acht Spielen siegreich bestritten wurde. In dieser Zeit lief auch Willy Baumgärtner für die Rot-Schwarzen auf, der sechs Jahre zuvor als 17-Jähriger der bis heute jüngste Nationalmannschaftsdebütant war.

Anfangs noch in der Radrennbahn in Oberkassel spielend, wurde 1937 die nach dem Düsseldorfer Unternehmer und Mäzen benannte Ernst-Poensgen-Kampfbahn (seit 1975 offiziell „Bezirkssportanlage Lierenfeld“) bezogen, zu der mittlerweile auch ein Kunstrasenplatz gehört. Größere Vereinsehre erwarben sich indes nicht die Fußballer, sondern die Damen der zwischenzeitlich existierenden Handballabteilung, die gleich viermal Deutscher Meister im Feldhandball wurden. Gleichwohl kann sich die Ur-Abteilung rühmen, dass die Karrieren der Bundesligaprofis und marokkanischen Nationalspieler Mohamed Amsif und Adil Chihi in Lierenfeld begannen.

Mindestens genauso elementar wie die Möglichkeiten der sportlichen Betätigungen auch im Tennis, Leichtathletik und Fitness ist die Bedeutung des Vereins für seinen Stadtteil. Schützen oder Parteien nutzen das Clubheim ebenso wie Hochzeits- oder Geburtstagsgäste, Kooperationen mit ansässigen Kindergärten fördern den Zusammenhalt. Auch die Unterstützung von Spendenaktionen oder Flüchtlingsinitiativen sind keine Seltenheit.

Von der Schönheit der Anlage überzeugten sich auch die französische und australische Frauen-Nationalmannschaften, die während der WM 2011 beim DSV trainierten.

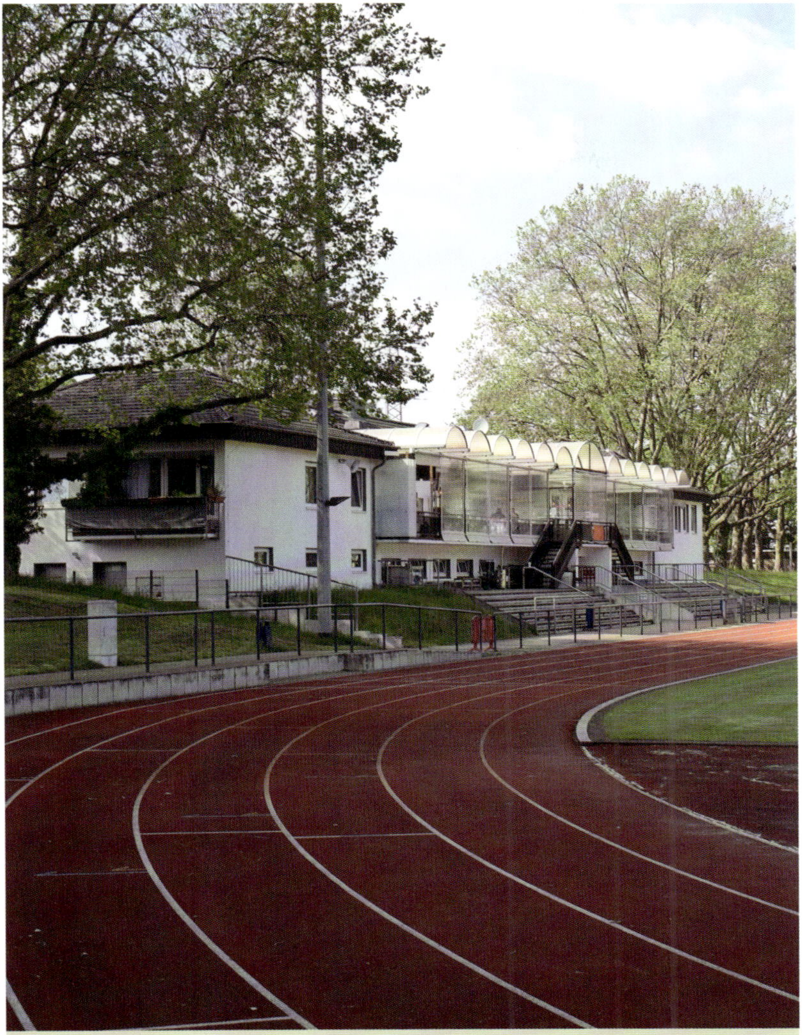

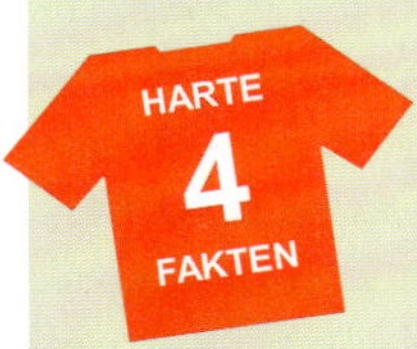

Kapazität: 4.000 Zuschauer

Aktuelle Teams: 1 Senioren-, 12 Jugend-, 1 Oldie- und 1 Alte-Herren-Mannschaft

Nationaleinsätze Willy Baumgärtner: 4

Gründungsort am 14.12.1904: Gaststätte „Zweibrücker Hof"

Bezirkssportanlage an der Karl-Hohmann-Straße

Ruhm, der niemals verblasst

„Amateurmeister 1957“ erscheint stolz auf der Homepage des im Düsseldorfer Süden beheimateten VfL Benrath. Es ist ein Titel, der in dieser durchkommerzialisierten Zeit Fans, Spieler und Verantwortliche anderer Vereine vielleicht nur mitleidig lächeln lässt. Aber dennoch: Dieser Titel ist dem VfL, der 1906 als Benrather Fußball-Club gegründet wurde und 1919 nach zwei Fusionen seinen heutigen Namen erhielt, nicht mehr zu nehmen!

Über 20 Jahre vor der Amateurmeisterschaft fehlte wahrlich nicht viel und auf den Wortteil „Amateur“ hätte verzichtet werden können. Von 1930 bis 1935 erreichten die Benrather fünfmal die Endrunde um die Deutsche Meisterschaft, wobei 1935 mit dem Erreichen des Halbfinals (2:4 gegen den VfB Stuttgart in Leipzig) der größte Erfolg in der Vereinshistorie erzielt wurde. Unweigerlich verbunden mit diesen Triumphen sind die Namen der damaligen Nationalspieler Josef Rasselnberg und Karl Hohmann, die ein ungestümes Angriffsduo bildeten. Besonders Hohmann, der als Achtjähriger zum VfL stieß und insgesamt 26 Länderspiele bestritt, in denen er 20 Tore erzielte, galt als Ausnahmespieler. Ihm wurde mit der Namensschenkung für die am Stadion vorbeiführende Straße ein Denkmal gesetzt.

Als die beiden den Verein verließen respektive ihre Karriere beendeten, endete die goldene Ära des Klubs. Mit Paul Mebus schnürte nach dem Zweiten Weltkrieg ein weiterer späterer Nationalspieler seine Schuhe für die Schwarz-Weißen, bevor am 23. Juni 1957 vor 60.000 (!) Zuschauern im Niedersachsenstadion zu Hannover mit einem 4:2 gegen Alemannia 90 Berlin der erwähnte Titel an den Rhein geholt wurde. Bis 1962 konnte sich der VfL noch in der 2. Liga West halten, bevor es allmählich abwärts ging.

Aktuell tritt der Klub in der siebtklassigen Bezirksliga an. Seine Heimspiele trägt der VfL Benrath in der Bezirkssportanlage an besagter Karl-Hohmann-Straße aus. Das rund 7.000 Plätze bietende Stadion mitsamt 1.200-Personen-Tribüne wird jedoch nur selten genutzt; zumeist wird auf dem Kunstrasen hinter der Stehplatzgeraden gespielt.

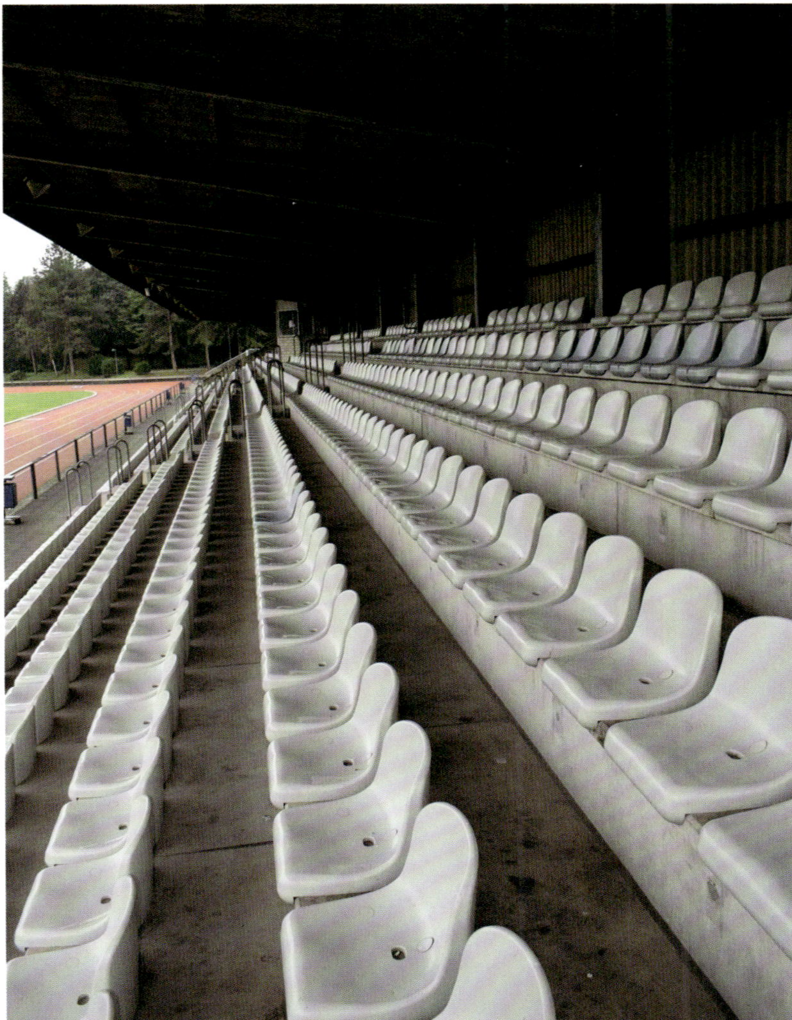

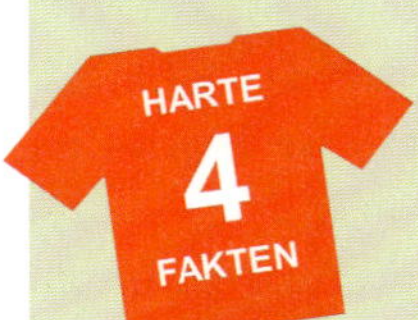

Mitnutzer der Anlage: Düsseldorf Panther (Football)
Teilnahme DM-Endrunde: 1930, 1932, 1933, 1934, 1935
Bekannter Jugendspieler: Michael Büskens
Allererstes Vereinsspiel: 4:2 gegen BV 04 Düsseldorf

Kurt-Bornhoff-Sportpark

Ältester Pokal-Torschütze

Es war die zweite Hauptrunde des DFB-Pokals in der Saison 1980/81, als sich wahrlich Historisches und bis heute Gültiges ereignete. Mit seinem Treffer zum zwischenzeitlichen 1:1 (Endstand 1:3) im Spiel beim Bünder SV machte sich der 44-jährige Karl Lambertin im Trikot der Spielvereinigung Frechen 20 als ältester Torschütze des Wettbewerbs unsterblich. Erst in der Saison 1985/86 sollte die Karriere des mal als Abwehrspieler, dann auch als Stürmer eingesetzten langjährigen Teamkapitäns zu Ende gehen.

Zwischen seinen Stationen bei Borussia Mönchengladbach und Fortuna Köln lief Lambertin, der als Pressefotograf ein noch heute existierendes Traditions-Fotogeschäft in Köln eröffnete, von 1959 bis 1968 (und wieder ab 1972) für die Schwarz-Weißen im Sportpark an den sieben Bäumen auf, erreichte mit ihnen 1961 die Verbandsliga und war nicht nur aufgrund seiner über 100 Mittelrhein-Auswahlspiele ein herausragender Kicker seiner Zeit. Bei der 2004 erfolgten Umbenennung des Sportparks kam ihm jedoch keine Ehre zuteil, da das Stadion dem ehemaligen Bürgermeister und Frechener Ehrenbürger Kurt Bornhoff gewidmet wurde.

Lambertins Verein wurde 1920 als Frechener Club für Rasenspiele gegründet, der 1927 mit dem SV 1923 Frechen zur Spielvereinigung fusionierte. 2001 folgte ein Zusammenschluss mit dem CfR Buschbell zur SG Frechen/Buschbell, die jedoch vier Jahre später wieder aufgegeben wurde. Sportlich ist die Klubhistorie ein stetiges Auf und Ab.

Hervorzuheben ist der Verbandsliga-Titel 1973 nach einer Serie von 14 Siegen in der Rückrunde. Auf die Teilnahme an der Aufstiegsrunde zur zweitklassigen Regionalliga West verzichteten die 20er indes und nahmen stattdessen an der Amateurmeisterschaft teil, wo im Viertelfinale gegen den Büdelsdorfer TSV Schluss war. Viele Spieler meldeten sich daraufhin ab, sodass der Abstieg 1975 kaum überraschte. Letzte sportliche Hoch-Zeit waren die Oberligajahre 1980 bis 1982.

Der Sportpark, der 2009 sein Tribünendach wegen Einsturzgefahr einbüßte, ist nur noch selten Heimstätte des aktuellen Fünftligisten; gespielt wird zumeist 100 Meter weiter auf Kunstrasen.

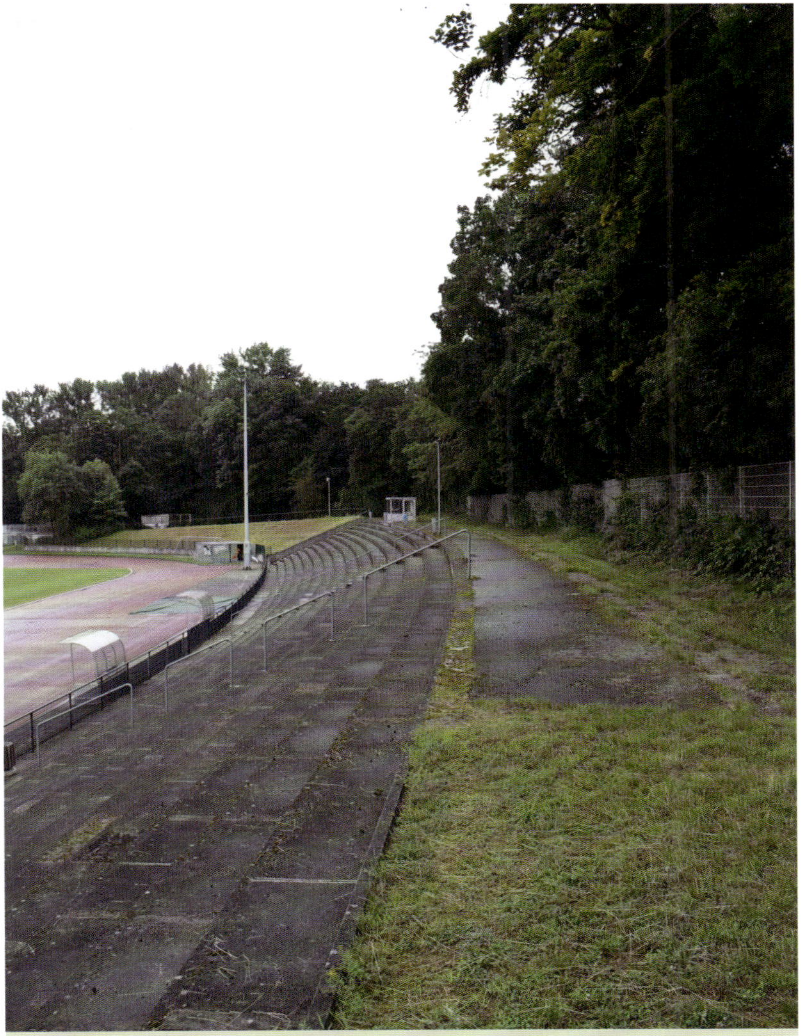

HARTE 4 FAKTEN

Stadionkapazität: 7.500 Zuschauer

Kosten Abbruch Tribünendach: 25.000 Euro

Ehemaliger Jugendspieler der Spielvereinigung: Reiner Calmund

Bilanz Karl Lambertin: ca. 2.000 Spiele mit nahezu gleicher Anzahl Tore

Freialdenhoven 027

Stadion an der Ederener Straße

Borussia-Ikone als Trainerlegende

Freialdenhoven – schon der Name klingt nach Dorf, Landleben und überschaubarer Einwohnerzahl. Und vermutlich werden sich seit Anfang der 1990er-Jahre schon viele Gästefans verwundert ihre Augen beim Überqueren des Ortseingangsschilds gerieben haben. Besonders Anhänger von Fortuna Düsseldorf oder des Wuppertaler SV werden nur ungern auf ihre damalige Ligazugehörigkeit zurückblicken, die sie ins beschauliche 1.000-Einwohner-Dorf nördlich von Aldenhoven (auch nicht unbedingt bekannter ...) geführt hat.

Die am 10. Oktober 1912 von 19 Burschen zwischen 14 und 18 Jahren gegründete Viktoria Freialdenhoven, die 1921 zur besseren Abgrenzung zu anderen Vereinen in „Borussia" umbenannt wurde, begann ihren Spielbetrieb auf einer „wilden" Wiese, bevor mit neuem Namen dank Vereinswirt Jean Dohmen ein fester Spielort bis 1949 die Heimat wurde. Dann erfolgte der Umzug auf einen Sportplatz an der Ederener Straße, der bis heute die Spielstätte der Schwarz-Weißen ist.

War der Verein bis Ende der 1980er nur mäßig erfolgreich, läutete die finanzielle Unterstützung durch den früheren Geschäftsführer einer Immobilienagentur und heutigen Präsidenten Rolf Imdahl ein neues Zeitalter am einstigen Stammort der Zirkusfamilie Althoff ein. Mit 55:5-Punkten und einem Torverhältnis von 119:18 erreichte die Borussia erstmals die Landesliga, wo sie umgehend ebenfalls Meister wurde. In der folgenden Verbandsliga-Saison fehlte nur ein Punkt zum Aufstiegs-Triple.

Und dann brach das Zeitalter „Winnie" an. Unter Leitung des zweifachen Meisters und der Bökelberg-Legende Wilfried Hannes erreichte die Borussia im Jahr 2000 doch die Oberliga und freute sich fünf Jahre bis zum freiwilligen Rückzug über die Gastauftritte zahlreicher Traditionsvereine einschließlich ihrer teils verdutzten Fans auf dem 3.500 Plätze fassenden Sportplatz an der Ederener Straße. Bis auf eine einjährige Unterbrechung wirkte Hannes insgesamt 20 Jahre in Freialdenhoven und wurde somit auch hier zur anerkannten Klublegende.

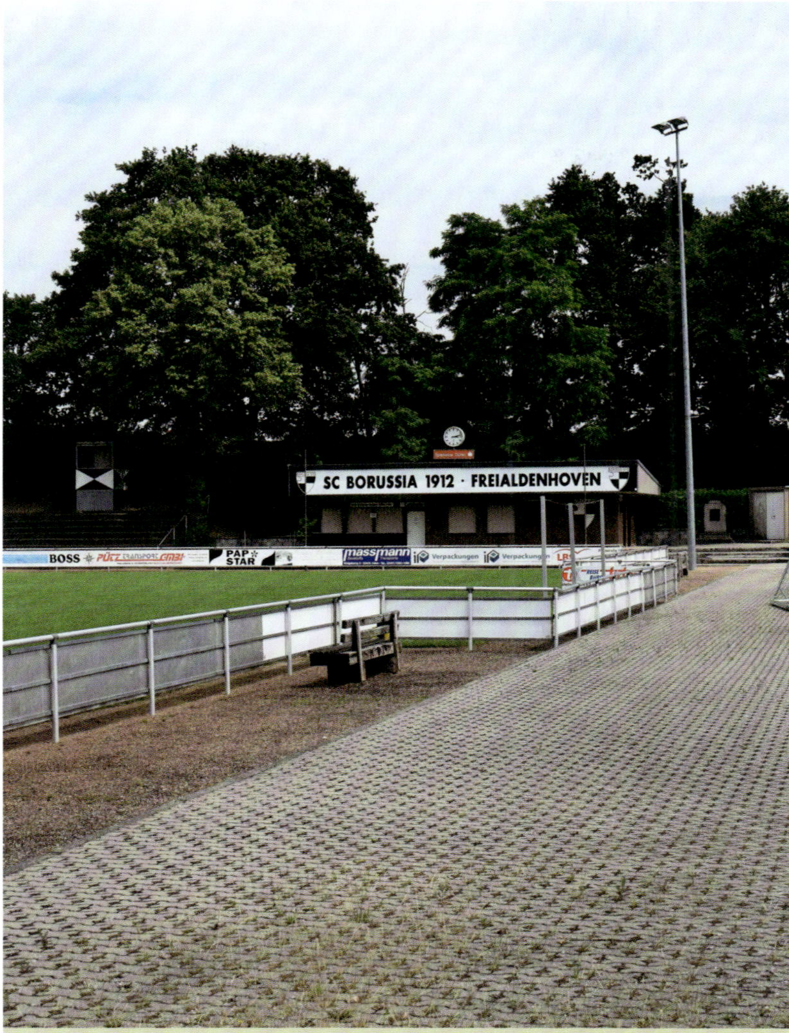

HARTE 4 FAKTEN

Letztes Spiel von Hannes als Trainer: gegen 1. FC Düren (2:0, 8.3.2020)

Mitgliederzahl: 297

Vereinsheim: Gaststätte Pinell (Ederener Straße 1)

Aktuelle Vereinsfunktionen Rolf Imdahl: Ehrenpräsident, Manager und erster Vorsitzender

Hubert-Houben-Stadion

Ehrung für den berühmtesten Stadtsohn

Die 1980er-Jahre waren eine herrliche Zeit, um in die aus Schülersicht „weite“ Welt des Fußballs hineinzuschnuppern. Trotz überschaubarem Taschengeld konnte für wenige D-Mark drittklassiger Fußball im übernächsten Stadtteil besucht werden. Obwohl mein damals bester Kumpel und ich grundsätzlich mit dem Gegner sympathisierten, waren wir daher Stammgast bei den Heimspielen von Viktoria Köln. Hier liefen Teams aus Städten auf, von denen wir noch nie gehört hatten und die uns daher exotisch erschienen. Ein Gast im Sportpark Höhenberg war für einige Jahre auch Viktoria Goch, die, wie ich später mit einem Blick in den Atlas feststellte, fast schon in Holland beheimatet ist. Der Wahnsinn!

Fünf Jahre liefen die Spieler, darunter auch ein Jahr der spätere Pokalsieger Wolfgang Funkel, des 1912 als FC Viktoria und bereits ein Jahr später nach Gründung einer Leichtathletikabteilung in Sportverein umbenannten Klubs in ihrer rot-schwarzen Kluft nicht nur im Kölner Osten auf und erreichten während dieser Hoch-Zeit auch einmalig als Niederrhein-Pokalsieger den DFB-Pokal, wo sie 1986 aber gleich in der ersten Runde am FC Homburg scheiterten (0:3). Rund 3.000 Zuschauer bevölkerten an jenem 30. August nur spärlich das 1912 erbaute, von der Viktoria jedoch erst 1972 bezogene Hubert-Houben-Stadion, das noch Platz für weitere 5.500 Besucher geboten hätte. Richtig eng wurde es hier jedoch, als RW Essen 1986 vorbeischaute und Borussia Mönchengladbach 2006 Schalke 04 zum Testspiel in Goch begrüßte.

Fast schon logisch ist die Nutzung des Stadions an der Marienwasserstraße auch für Leichtathletikwettbewerbe und Bundesjugendspiele, denn Namenspatron Hubert Houben galt in den 1920ern als einer der weltbesten Läufer. Seinen größten Erfolg errang er bei den Olympischen Spielen 1928 in Amsterdam, als er in der 4x100-Meter-Staffel die Silbermedaille gewann. Im Gegensatz zu den meisten Schülern hätte er bestimmt große Freude an den schulischen Laufwettbewerben auf der Anlage, die früher auch für Basket-, Volley- und Faustball genutzt wurde.

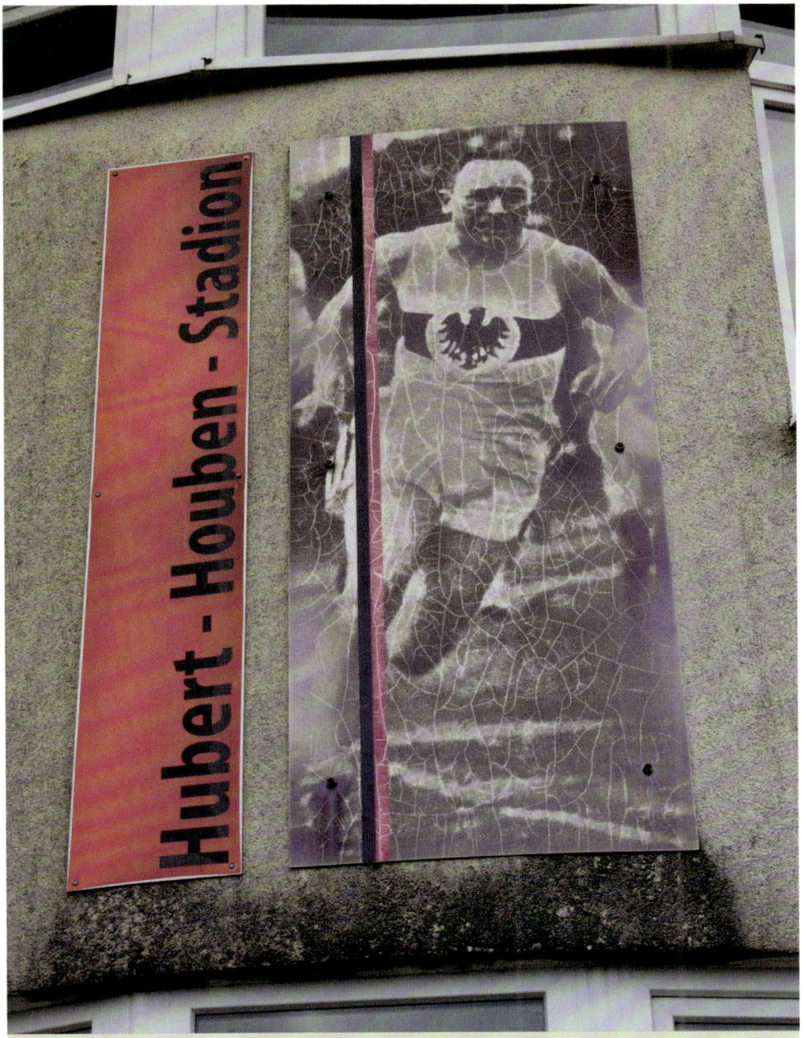

HARTE 4 FAKTEN

Anzahl überdachter Sitz- und Stehplätze: 2.500

Aktuelle Spielklasse: Bezirksliga

Vereinsabteilungen: Fußball, Leichtathletik, Karneval

Erfolge Hubert Houben: 13x Westdeutscher, 9x Deutscher, 2x Englischer Meister

Fußball-Verband Mittelrhein

Zentrale mit eigener Sportschule

Dieses Buch hangelt sich ja entlang der fußballerischen Bezirke Nieder- und Mittelrhein, und natürlich dürfen dann auch nicht die Schaltzentralen vergessen werden. Zwar fällt der Fußballverband Niederrhein wegen seines Hauptsitzes an der Sportschule in Duisburg-Wedau für dieses Buch raus (schönen Gruß an die „Fußballheimat Ruhrgebiet"), aber immerhin der rheinische Nachbarverband kann Erwähnung finden.

Der Fußball-Verband Mittelrhein e. V. ist der siebtgrößte der 21 DFB-Landesverbände und hat seinen Sitz wie auch die Hennes-Weisweiler-Akademie an der Sportschule Hennef. Sein Verbandsgebiet umfasst neun Fußballkreise und reicht horizontal von Aachen bis Gummersbach sowie vertikal von Leverkusen bis Blankenheim in der Eifel. Ihm gehören knapp 400.000 Mitglieder und über 1.100 Vereine an. Vereinsstärkster Kreis im FVM ist der Kreis Köln (122 Vereine); „Schlusslicht" ist der Fußballkreis Rhein-Sieg mit 71 Clubs. Gleichwohl: Bei der Teilnahme am Kreispokal-Wettbewerb stellen die kleineren Kreise prozentual häufig die meisten Vereine.

Im Ligasystem verwaltet der FVM die Organisation von der Oberliga (Mittelrheinliga) bis in die Bezirksliga; darunter liegende Ligen werden von den jeweiligen Kreisen durchgeführt. Größtes Saison-Ereignis, bei dem sich dann auch gerne die Präsidiumsherren und -damen blicken lassen, sind die Mittelrhein-Pokalendspiele, in denen im Senioren- und Jugendbereich die Teilnehmer für die darauffolgende DFB-Pokal-Saison ermittelt werden.

1946 als Fußball-Verband Rheinbezirke gegründet, wurde fünf Jahre später der heutige Name gewählt. 2012 erfolgte der Umzug der Zentrale von Köln nach Hennef in die verbandseigene Sportschule, wo sich 25 hauptamtlich Beschäftigte um alle Fragen und Belange zum Amateurfußball am Mittelrhein kümmern.

Die 1950 eröffnete Sportschule wiederum ist eine gern genutzte Anlaufstelle für Regional- und Landes-Auswahlmannschaften sowie für renommierte nationale und internationale Teams. Auch Boxer, Ringer oder Judoka finden hier hervorragende Trainingsstätten. Tagungsräume und über 200 Betten in 114 Zimmern für Seminargäste runden das Angebot ab.

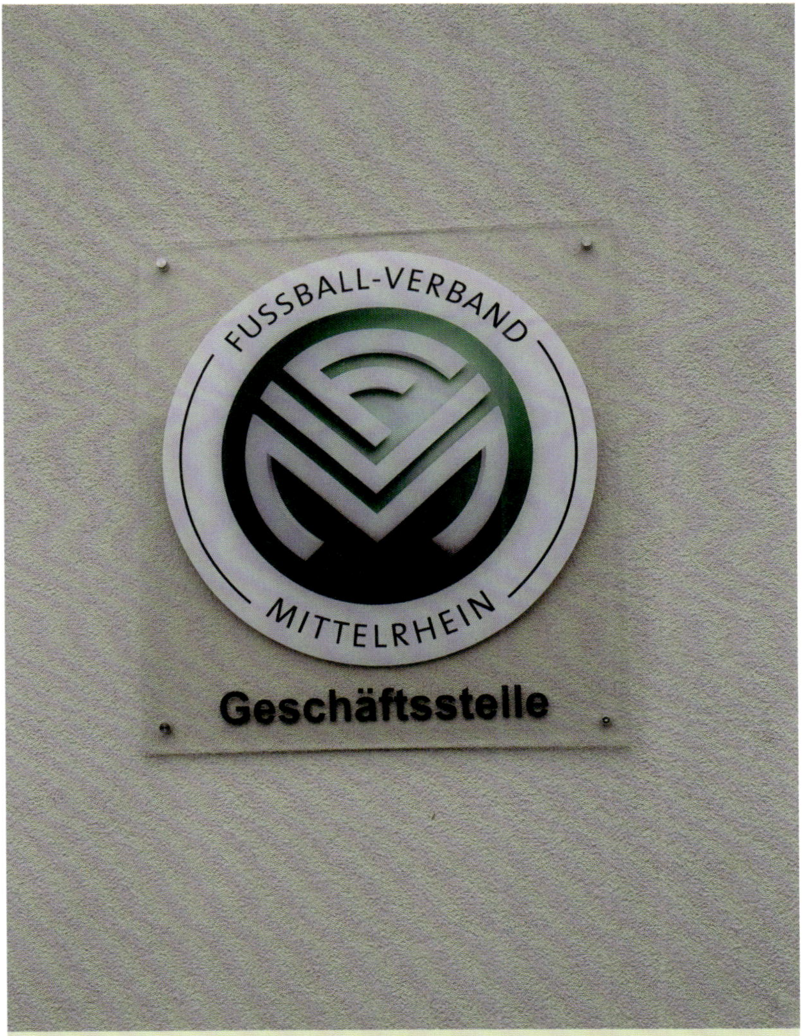

HARTE 4 FAKTEN

Aktueller FVM-Präsident: Bernd Neuendorf

Übergeordneter Verband: Westdeutscher Fußballverband

Prominenz: Die Nationalmannschaft war mehrfach Gast an der Sportschule.

Modernisierung Sportschule: zur WM 2006 für 6,8 Millionen Euro

Hennes-Weisweiler-Akademie

Pauken vor der großen Karriere

Ob Hans, genannt „Hennes", Weisweiler diese Ehre überhaupt recht gewesen wäre? Fakt ist jedoch, dass die zentrale Ausbildungsstätte des DFB zum Erwerb einer Lizenz als Fußball-Lehrer seit 2005 den Namen des überaus erfolgreichen Trainers (unter anderem mehrere deutsche und schweizerische Meister- und Pokaltitel) trägt, der zudem 13 Jahre (1957–1970) selber Leiter der Institution war. Zuvor ein halbes Jahrhundert an der Deutschen Sporthochschule in Köln ansässig, zog die Hennes-Weisweiler-Akademie 2011 in die Sportschule Hennef um.

Wer also die höchste der vom Fußballbund zu vergebene Trainer-Lizenzstufe erreichen wollte, um sich als Cheftrainer in den drei höchsten deutschen Profiligen anstellen zu lassen, musste bis 2020 zwangsläufig die Stadt an der Sieg für rund zehn Monate zu seiner bevorzugten Arbeitsstätte deklarieren. Um sich überhaupt auf das auf 24 Plätze begrenzte Teilnehmerfeld bewerben zu können, musste eine mindestens einjährige Trainertätigkeit mit A-Lizenz ab der Regionalliga, in der Jugend- oder Frauen-Bundesliga respektive als Co-Trainer in den oberen drei Ligen nachgewiesen werden.

Im Laufe der jährlich stattfindenden Ausbildung erhielten dann die angehenden teuer bezahlten, aber auch schnell gekündigten Fußballlehrer in verschiedenen Schwerpunkten eine entsprechende Schulung. Während im Bereich „Fußball" das Technik- und Taktikwissen oder auch die Spielanalyse thematisiert wurden, umfasste der Akzent „Persönlichkeit" Inhalte wie Rhetorik und Präsentieren, Kommunikation mit den Medien (besonders heutzutage extrem wichtig, denn sonst könnte ja mal herausrutschen, was man wirklich denkt ...) sowie Selbstbild und Rollenverständnis. Weitere Schwerpunkte waren Sportpsychologie, -physiologie, Ernährungswissenschaft und Regelkunde.

Den damaligen Umzug 2011, der just zum 60-jährigen Bestehen der Sportschule erfolgte, begründete der ehemalige Chef-Ausbilder Frank Wormuth mit der maximalen Infrastruktur-Ausnutzung im Kölner Westen. Im Sommer 2021 beschloss der DFB indes, den Lehrgang ab 2022 nicht mehr in Hennef, sondern im Frankfurter DFB-Campus durchführen zu wollen.

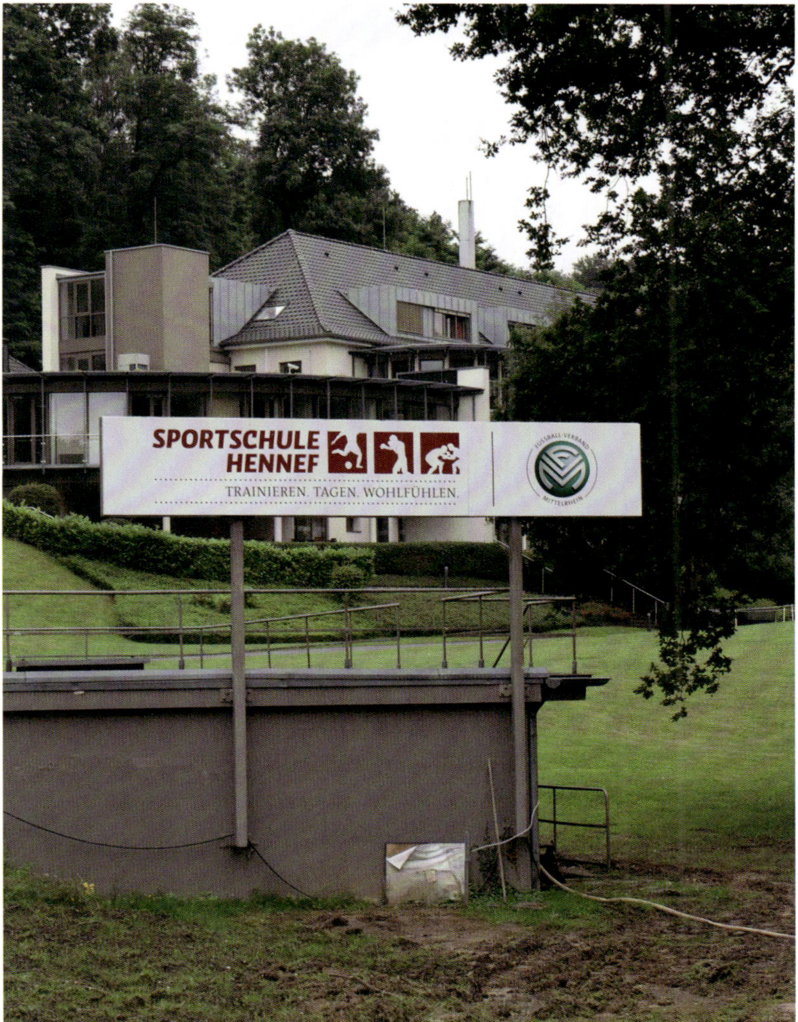

HARTE 4 FAKTEN

Adresse: Sövener Straße 60, 53773 Hennef

Weisweiler: führte viele Lehrveranstaltungen auch als Bundesliga-Trainer selbst durch

Erste weibliche Teilnehmerin: Tina Theune-Meyer (1985)

Umbenennung: anlässlich des 50. Trainer-Lehrgangs

Herkenrath 031

Sportplatz Braunsberg

Der abgestürzte Emporkömmling

Auch die östlich von Köln gelegene Stadt Bergisch Gladbach kann auf einen Himmelsstürmer verweisen, der binnen weniger Jahre zum Höhenflug ansetzte und binnen kürzester Zeit wieder an seinem einstigen Startpunkt ankam. Die Rede ist vom Turnverein 09 Herkenrath, der seinen fußballerischen Zenit in der Saison 2018/19 mit dem Erreichen der Regionalliga West hatte.

2009, exakt 100 Jahre nach der Vereinsgründung, waren die Fußballer des Mehrspartenvereins an ihrem Tiefpunkt angekommen: Kreisliga C – das bedeutete im Kreis Berg die unterste Ebene der Ligapyramide. Doch schon bald ging es aufwärts. Und wie! Von 2011 bis 2015 gelangen den Schwarz-Weißen fünf Aufstiege in Folge (!), und plötzlich fand man sich in der Oberliga wieder, wo die Gegner nicht mehr SG Agathaberg und SV Thier, sondern Bonner SC und FC Wegberg-Beeck hießen. Zwar betonte Mäzen und Abteilungsleiter Manfred Faber häufig, dass der Erfolg auf ein tolles Mannschaftsgefüge und nicht auf finanzielle Einflüsse zurückzuführen sei. Doch wie sein Steuerberatungs-Partner, Viktoria Köln-Sponsor Franz-Josef Wernze, zeigte er sich für „seinen" Verein sehr von der spendablen Seite.

Auch die Oberliga wurde nur zur Zwischenstation, und nach einem fünften und zweiten Platz hinterließ der TV einen Fußabdruck in der Reihe viertklassiger Dorfvereine der Regionalliga. Doch während sich die mit den Dauer-Aufstiegen angewachsene Fanschar auf Spiele gegen Aachen, Essen und Oberhausen freute (alle Heimspiele wurden aus Sicherheitsgründen im Bergisch Gladbacher Stadion ausgetragen), zogen bereits erste dunkle Wolken über dem Sportplatz Braunsberg auf. Die Vorsitzenden des Gesamtvereins brachen mit Faber, der mehr Macht einforderte, und erteilten allen Spielern nach der Hinrunde die Freigabe, von der diese reichlich Gebrauch machten. Lediglich mit jungen Spielern wurde die Saison noch ehrenvoll zu Ende gespielt (letzter Platz mit 15 Punkten).

Parallel entschieden die Abteilungsmitglieder den Rückzug des Teams und einen Neustart in der Kreisliga B. (Fast) alles auf Anfang.

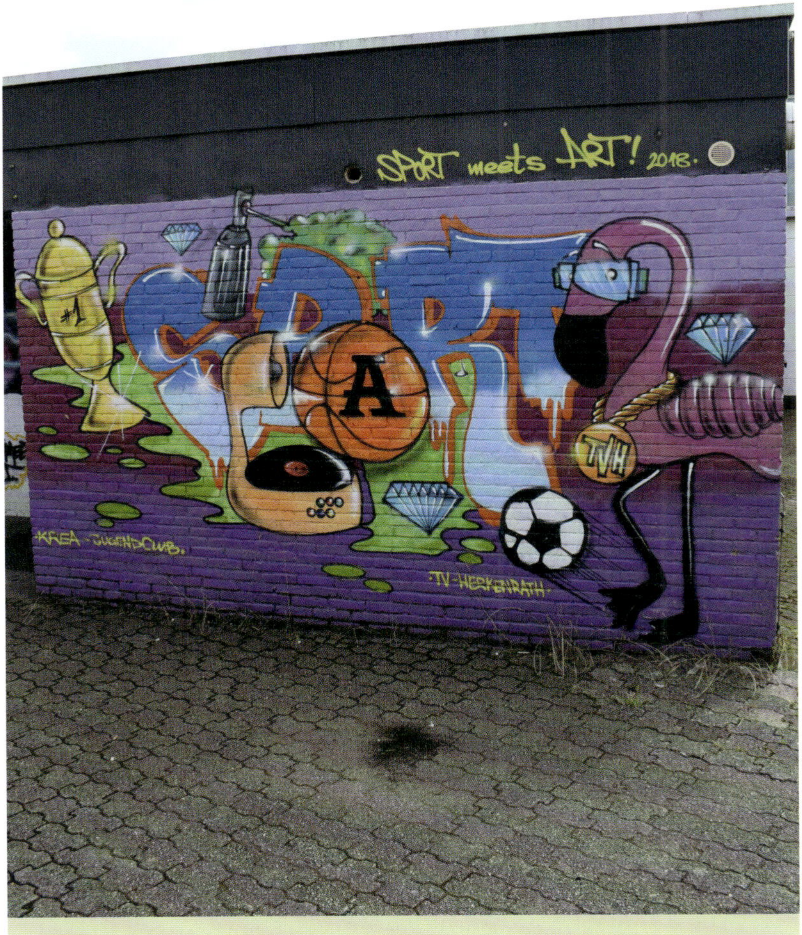

HARTE 4 FAKTEN

Kapazität Sportplatz Braunsberg: 3.000 Zuschauer

Spielort Regionalliga: Städtisches Stadion Bergisch Gladbach („Belkaw-Arena")

Abstand zum Nichtabstiegsplatz 2018/19: 25 Punkte

Weitere Abteilungen: Basketball, Turnen, Leichtathletik

Friedhof Berensberg

Unvergessener Aufstiegstrainer Werner Fuchs

Neun Jahre kickte die Alemannia bereits in der Drittklassigkeit, und jede Saison, die häufig in großer Euphorie startete, endete wieder im Misserfolg. Doch in der Saison 1998/99 lief es großartig. Nach einem 1:0 in Siegen startete die Alemannia in der Rückrunde eine Siegesserie, die kurz vor Saisonende keinen Zweifel an der langersehnten Rückkehr in die 2. Liga zuließ.

Trainiert wurde die Mannschaft seit 1996 wieder von Werner Fuchs, der bei Spielern, im Verein und insbesondere bei den Fans aufgrund seiner warmherzigen und lockeren Art geschätzt, ja eigentlich sogar geliebt wurde. Fuchs verfolgte seit seiner Rückkehr (zuvor war er bereits von 1984–1987 am Tivoli tätig gewesen) ein langfristiges Ziel, setzte dabei auf die Jugend und stand kurz davor, die Früchte seiner großartigen Arbeit zu ernten, als er wenige Tage vor dem entscheidenden 2:0 in Erkenschwick beim Waldlauf mit seinen Spielern zusammenbrach und kurz darauf an Herzversagen verstarb. Werner Fuchs wurde nur 50 Jahre.

Unvergessen bleibt vielen der rund 10.000 nach Westfalen mitgereisten Anhängern, die weinend wie jubelnd den Aufstieg begingen, die Szene, als Stephan Lämmermann sein Tor mit einer stillen Streicheleinheit der Fahne mit dem Namen seines (Ex-)Trainers feierte. Viele Alemannen charakterisieren dieses Spiel als das bewegendste und zugleich schlimmste in ihrer Fankarriere.

In Gedenken an Werner Fuchs veranstalteten Alemannia-Fanclubs Trauermärsche vom Friedhof Berensberg, wo der Coach seine letzte Ruhestätte fand, zum Tivoli, so etwa anlässlich des 15. Todestags am 17. Mai 2014 vor dem Heimspiel gegen Wattenscheid 09. Auch das Haus der Alemannia-Fans, das seit 2001 als Treffpunkt aller Supporter und Heimat der „Alemannia Fan-IG“ an der Liebigstraße existiert, erinnert an den beliebten Trainer und wurde auf Beschluss der Mitglieder anlässlich des zwölften Todestags in „Werner-Fuchs-Haus“ umbenannt. Im Juli 2021 erhielt schließlich die Stehtribüne des Tivoli seinen Namen. Gerade älteren Fans, die die Ära Fuchs miterlebt haben, ist es ein großes Bedürfnis, die Erinnerung an den gebürtigen Pfälzer durch eine Zaunfahne stetig wach zu halten.

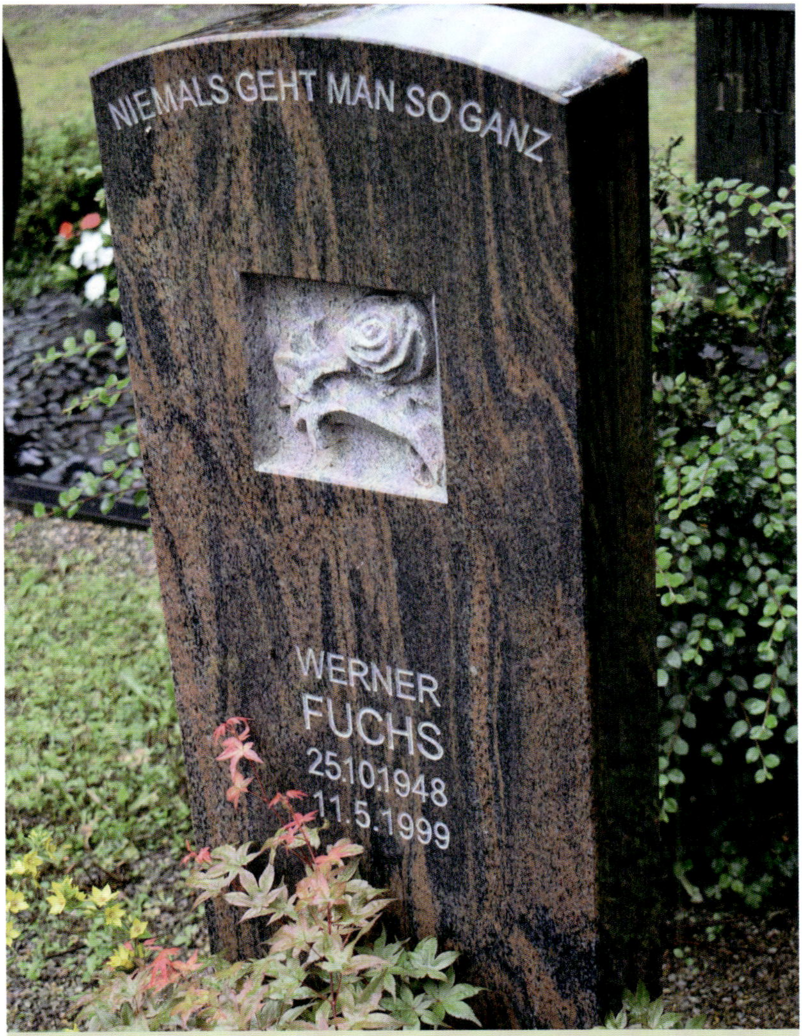

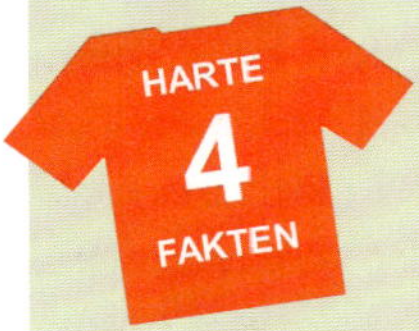

Aktiver Spieler: u. a. beim 1. FC Kaiserslautern, SV Alsenborn und FSV Salmrohr

Einziges Bundesligaspiel: für die „Roten Teufel" bei Eintr. Braunschweig (1968)

Weiterer Aufstieg als Trainer: mit Hertha BSC in die 1. Bundesliga (1990)

Bruder: Fritz Fuchs arbeitete ebenfalls als Trainer (1975–2015)

Karl-Knipprath-Stadion

Dreimal Amateur-Meister, zweimal Insolvenz

Kein guter Start war dem Jülicher Stadion bei seiner Eröffnung am 24. August 1924 beschieden. Sintflutartiger Regen zog während des Werbe-Spiels zwischen den Teams des Rheinischen Südkreises (Köln) und des Westkreises (Aachen) auf, und viele der zahlreichen Zuschauer flohen. Auch der Schiri kapitulierte und brach das Spiel beim Stand von 1:3 ab.

Heimverein SC Jülich 1910 – bei der Gründung nach der Fusion von Alemannia, Viktoria und Jülicher Gymnasial Turn- und Spielverein noch als FC auflaufend – erlebte auf dem Sportplatz, der „mit Hilfe produktiver Erwerbslosenfürsorge" als „Stadion der Stadt Jülich" eröffnet wurde und nach dem Krieg wegen von US-Amerikanern durch die Spielfläche verlegten Hauptfernsprechleitungen zunächst unbespielbar war, ebenfalls turbulente Zeiten. Von 1969 bis 1971 zwar Mittelrheinmeister, verzichteten die „Zehner" jedoch auf die Teilnahme an den Aufstiegsspielen zur Regionalliga West und starteten stattdessen in der Deutschen Amateur-Meisterschaft, die sie stets gewannen. Groß war dabei jeweils der Jubel im Areal, das ab 1968 sukzessive zum Stadion wurde und nach Rasen eine flache Tribüne mit Holzbänken, Flutlicht und Stehstufen auf der Gegengeraden erhielt. Aufgrund der Lage direkt an der vorbeifließenden Rur wurde die Spielstätte am 12. Dezember 1971 beim Freundschaftsspiel gegen Aachen (1:2) für 19 Jahre zum Rurstadion; zu Ehren des langjährigen SC-Ehrenvorsitzenden erhielt es am 13. Dezember 1990 den Namen „Karl-Knipprath-Stadion".

In seiner Hoch-Zeit konnten die „Zehner" nicht nur im DFB-Pokal viele Besucher und namhafte Gegner begrüßen; auch während der knapp 20 Jahre währenden Zugehörigkeit zur dritt- bzw. viertklassigen Oberliga schauten zahlreiche Traditionsvereine in der 33.000 Einwohner-Stadt vorbei.

Nach der Aufdeckung illegaler finanzieller Machenschaften eines Vorsitzenden musste 1997 jedoch Konkurs angemeldet werden. Der Verein löste sich auf. Tragisch: Auch Nachfolgeclub SC Jülich 1910/97 machte es nicht besser und ging 2008 in die Insolvenz. 2020/21 bildete der Verein mit dem SV Jülich 1912 die Spielgemeinschaft Jülich 10/12. Dank Kooperation mit der SV Aldenhoven und SV Hoengen heißt er nun SG Rurland.

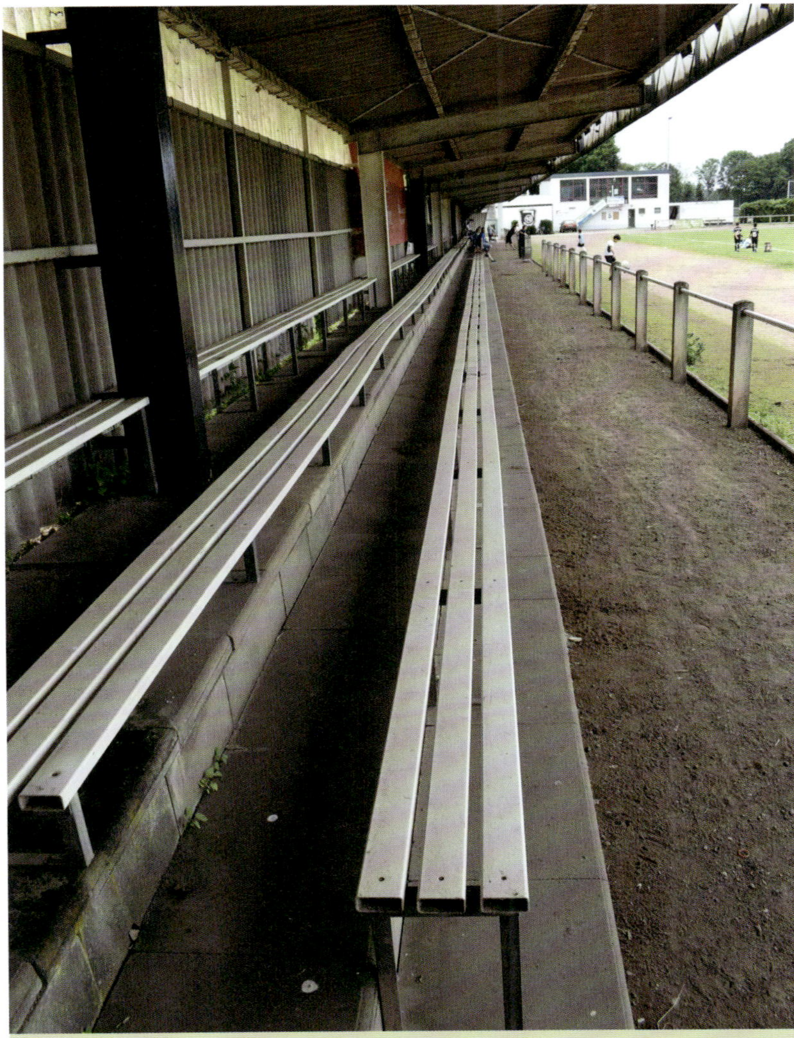

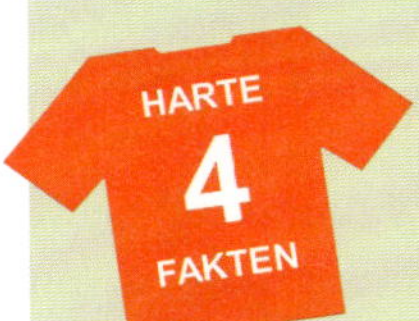

Fassungsvermögen: 6.500 Zuschauer (davon 500 überdachte Sitzplätze)

Ausverkauft: SC Jülich 1910 – Bor. Mönchengladbach (0:1, 4.9.1991, DFB-Pokal)

3. Rasen-Eröffnungsspiel: SC Jülich – SW Essen (2:3, 1.5.1968)

4. Amtszeit Karl Knipprath als Bürgermeister: 1956–1984

Sportplatz Düffelsmühle

Und der Acker bebt

Spielvereinigung Hönnepel-Niedermörmter 1951 e.V. – was für ein Name! Zugegeben, dieser zur Stadt Kalkar zählende Verein und sein Sportplatz „Düffelsmühle“ hätten es beinahe nicht in dieses Buch geschafft. Aber da der Klub mittlerweile Kultcharakter besitzt, räumen wir gerne noch zwei Seiten frei.

Stolz und selbstbewusst bezeichnet sich der SV Hö-Nie (so sein Kürzel) als Dorfverein, denn die beiden namensgebenden Dörfer haben selbst zusammen gerade einmal knapp 2.000 Einwohner. Der Sportplatz an der Rheinstraße, der inzwischen die offizielle Adresse „Düffelsmühle 2“ besitzt, wird zudem selbstironisch als „Acker“ tituliert, auf dem die Spieler von begeisterten und stimmungswütigen Zuschauern nach vorne getrieben werden. Passenderweise hat sich Hö-Nie daher das Vereinsmotto „Und der Acker bebt am Niederrhein“ zugelegt.

Nachdem die Schwarz-Gelben nach der 1951 vollzogenen Fusion von Viktoria Hönnepel und FC Niedermörmter mehrere Jahrzehnte nur auf Kreisebene kickten, ging der sportliche Höhenflug im aktuellen Jahrhundert los: 2001 Bezirksligist, ab 2004 Durchmarsch in die Verbandsliga und schließlich 2012 Ankunft in der Oberliga. Im gleichen Jahr ließ Hö-Nie auch im Landespokal durch einen 7:5-Halbfinal-Sieg nach Elferschießen beim drei Ligen höher spielenden Gegner RW Oberhausen aufhorchen. Das Endspiel wurde dann nur denkbar knapp gegen RWE 2:3 verloren. Gekrönt wurde der Höhenflug mit dem Meistertitel in der Saison 2013/14, doch verzichtete der Dorfklub aufgrund sportlicher und organisatorischer Bedenken auf die Beantragung einer Regionalliga-Lizenz. Als dann Alexander Kehrmann als Präsident zurücktrat und als Hauptsponsor sein Engagement kürzte, neigte sich der Ausflug in höhere sportliche Sphären dem Ende entgegen. 2017 gings zurück in die Landesliga, wo seitdem jedes Jahr nur mit Mühe der Abstieg vermieden werden kann.

Die Anlage ist ein stinknormaler Sportplatz, wo immerhin rund 200 Leute überdacht stehen können. Anfang der 1960er wurde sie in Eigenarbeit von Spielern, Mitgliedern und Helfern gebaut und am 7. August 1963 mit einem Spiel gegen die SpVgg. Erkenschwick eingeweiht.

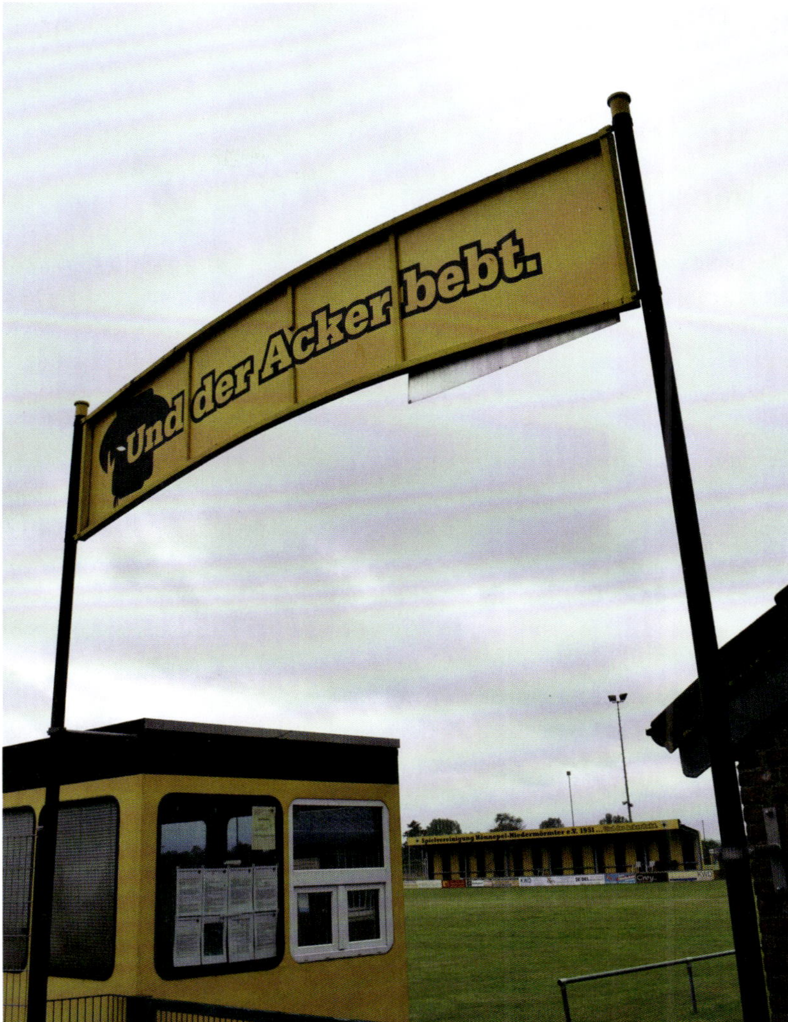

HARTE 4 FAKTEN

Überregional bekannt durch: Zeiglers wunderbare Welt des Fußballs (2013)

Besonderheit: Spieler müssen beim Training eine Stechuhr betätigen.

Größter Erfolg: Oberliga-Meister 2014 (80:39 Tore, 80 Punkte)

Aktuelle Teams: 2 Herren-, 8 Jugendmannschaften

Getec-Arena

Erfolgreich nach langen Fusionsplänen

Es war ein langer Weg, bis der 1. FC Kleve im Jahr 2000 entstand und seitdem für guten wie auch durchaus erfolgreichen Fußball in der niederrheinischen Stadt an der holländischen Grenze steht. Mehrmals hatten die Ur-Vereine VfB Lohengrin 03 (von Angestellten eines Margarinewerks gegründet und daher „de Botter" gerufen) und SC Kleve 63, beide selbst durch jede Menge Fusionen entstanden, in den zurückliegenden Jahrzehnten bereits ein Zusammengehen angestrebt. Doch das Vorhaben scheiterte insbesondere an Vereinsvertretern und -mitgliedern des 1925 aus der Fußballabteilung des Turnverein Cleve 1863 hervorgegangenen Sportclubs. Bis dahin hatten beide Vereine mehrere Jahre in der höchsten Amateurliga Niederrhein verbracht, allerdings lassen sich letzte Spuren im Jahr 1971 finden. Vielleicht auch aufgrund der fehlenden sportlichen Perspektive verließ der bekannteste VfB-Spieler Willi „Ente" Lippens 1967 die Stadt, um weiter südlich in Essen Rekordspieler und -torschütze zu werden.

Bereits drei Jahre nach der Fusion war der neue erste Klever Fußballclub in der viertklassigen Oberliga angekommen, in der er auch dank der Unterstützung zahlreicher Zuschauer fünf Jahre verweilte, bevor sogar die Qualifikation zur neuen Regionalliga West gelang. Unter Trainer Arie van Lent (zuvor Bundesligaprofi in Bremen und Mönchengladbach) und seinem Nachfolger Georg Kreß folgte jedoch umgehend der Abstieg.

Nach Insolvenzantrag in der Landesliga angekommen, meinte es das Schicksal nicht gut mit den Rot-Blauen, da sie anschließend je zweimal als Dritter und Zweiter denkbar knapp die Rückkehr in die Oberliga verfehlten (2015 wegen der schlechteren Tordifferenz, 2016 in Aufstiegsspielen gegen den Cronenberger SC 1:0, 0:4). Erst unter dem Klever Urgestein Umut Akpinar konnte 2018 der mehrere Jahre kaltgestellte Aufstiegssekt geköpft werden.

Im gleichen Jahr wie der Fusionsverein entstand auch das Stadion „Am Bresserberg", das zur Regionalliga modernisiert und umgebaut wurde. Für zehn Jahre in „Volksbank-Arena" umgetauft, trägt es seit drei Jahren den Namen eines ansässigen Stahl- und Hallenbauunternehmens.

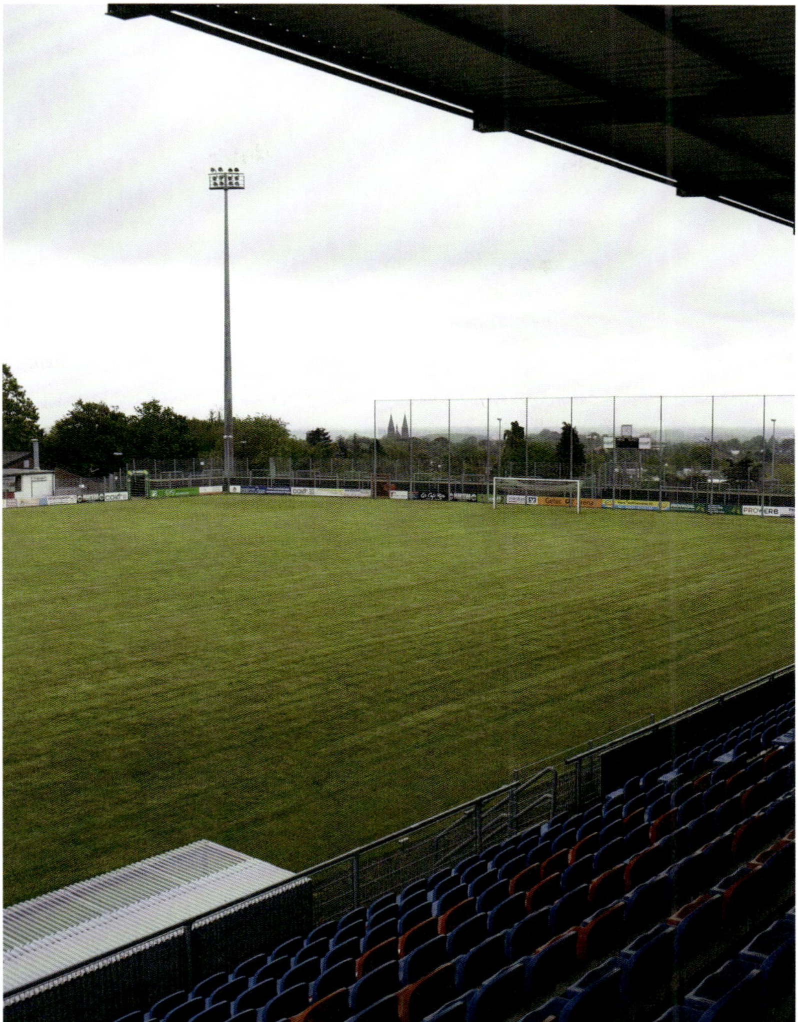

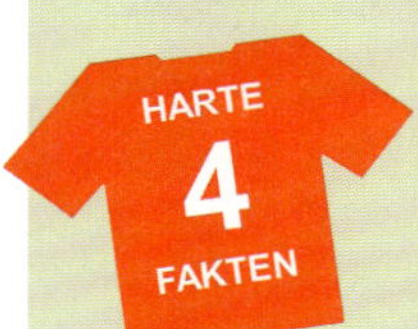

Stadionkapazität: 5.056 Zuschauer

Überdachte Sitzplätze: 1.700

Frühere Sportstätte beider Ur-Vereine: Exerzierplatz am Sternbusch

Weitere Abteilungen: Gymnastik, Tennis, Karate

Bezirkssportanlage Chorweiler

Yurdumspor: Schnell hoch, noch schneller weg

Der Ruf des Kölner Stadtteils Chorweiler ist wahrlich nicht der beste. Zahlreiche Hochhäuser, teilweise mit über 20 Stockwerken, ein sehr hoher Ausländeranteil und illegal entsorgter Sperrmüll auf den Bürgersteigen bilden dabei gerne die Grundlage für das „Tatort"- oder „Soko"-Klischee einer Siedlung, in der Kriminelle und Dealer eine wunderbare Stätte für ihre Machenschaften finden. Dass Chorweiler nicht nur aufgrund seiner zahlreichen Grünflächen aber auch seine schönen Seiten hat und die Kriminalitätsrate hier nicht höher als in anderen Veedeln ist, passt dagegen nicht ins Bild der Vorverurteiler.

Schon lange ist der Stadtteil die Heimat türkischstämmiger Familien (zu denen sich in den zurückliegenden Jahren auch ein großer Anteil russischer und afrikanischer Bürger gesellt hat), die ihre Freizeit häufig in muslimisch-kulturellen Einrichtungen, aber auch in Sportvereinen verbringen. Aktuell bespielt C-Ligist Trabzonspor Köln den Kunstrasen- oder Aschenplatz der Bezirkssportanlage neben dem Schwimmparadies „Aqualand". Der Rasen der Hauptspielfläche ist hingegen bisweilen anderen Teams wie bis vor Kurzem etwa der A-Jugend des FC Viktoria Köln vorbehalten.

Um die Jahrhundertwende dominierte hier jedoch der Verein PSI (stand für PartnerStadtIstanbul) Yurdumspor Köln, der bis zum Jahr 2003 mit sechs Aufstiegen in neun Jahren bis in die Oberliga durch die Ligen marschierte. Oft glichen die Heimspiele dabei einer türkischen Familienfeier, bei der jeder jeden kannte und entsprechende Speisen und Getränke gereicht wurden. Zweieinhalb Jahre hielt sich der Klub, der für seine hervorragende Jugendarbeit bekannt war – unter anderem kickte der spätere U21-Nationalspieler und Bundesliga-Profi Jens Hegeler ein Jahr für die Rot-Weißen – in der vierthöchsten Spielklasse. Dann musste er nach dem 18. Spieltag während der Saison 2005/06 mangels Sponsoren aufgeben. Noch im gleichen Jahr erfolgte die Vereinsauflösung.

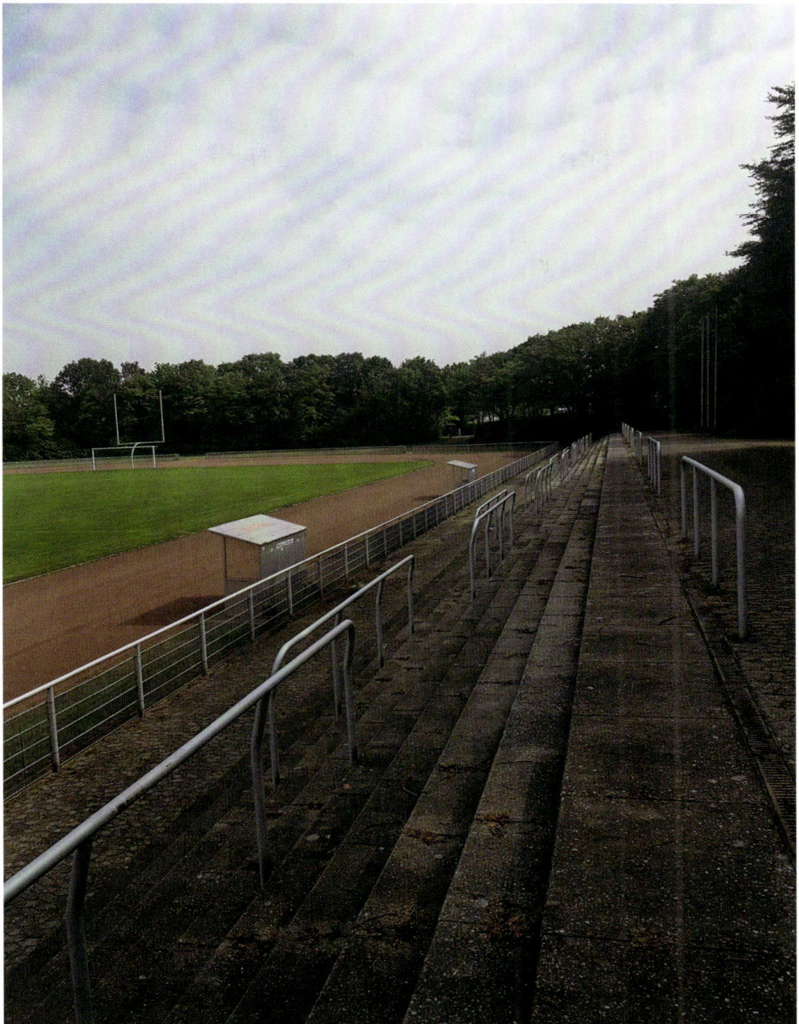

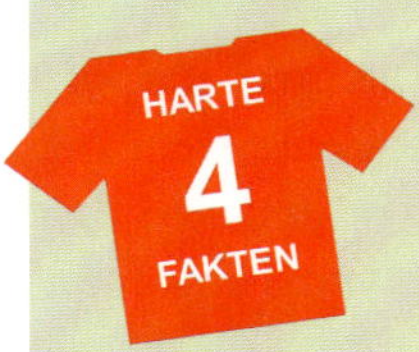

Rückzug Yurdumspor aus Spielbetrieb: 23. Januar 2006

Anzahl Fußballplätze auf der Bezirkssportanlage: 3

Herkunft Name Chorweiler: Feuchtgebiet Chorbusch und Ortsteil Weiler

Anteil Einwohner mit Migrationshintergrund: 39,9 % (2019)

Am Niehler Hafen

Legendärer Abschuss

Was sollte da noch schief gehen? Um 37 Tore hatte die zweite Mannschaft von Germania Nippes vor dem letzten Saisonspiel das bessere Torverhältnis gegenüber dem Reserveteam der Spielvereinigung Rheinkassel-Langel und hatte schon den Sekt zum Aufstieg aus der untersten Kreisliga D kaltgestellt. Doch nach dem eigenen 10:0-Sieg bei der Zwoten des Ditib Sport-Klubs blieben die Korken in den Flaschen und die Jubelszenen aus.

Zeitgleich wurde der Sportplatz am Niehler Hafen zum Tatort, der später bundesweit, ja sogar bis nach Australien in den Mittelpunkt rückte. Die zweite Mannschaft der heimischen DJK Löwe hatte soeben mit 1:54 gegen die Spieler aus Rheinkassel verloren, die sich somit doch noch völlig unerwartet den zweiten, zum Aufstieg berechtigenden Tabellenplatz sicherten. Bereits zur Halbzeit hatte der Gast 13 Tore erzielt; nach der Pause ging der Heim-Elf auch der letzte Funke Wille ab. Umso spannender wäre zu erfahren, wie das einzige eigene Tor zustande kam …

Ohne auch nur im Ansatz einen Hauch von Gegenwehr zu zeigen, ließ man die Gegenspieler einfach laufen und selbst Bälle über die Linie rollen, nach denen sich der Torwart nach Augenzeugenberichten nur leicht hätte bücken müssen. Dem Schiedsrichter blieb angeblich keine Wahl, als das Trauerspiel stets wieder anzupfeifen.

Schnell machten die Wörter „Skandal“ und „Betrug“ die Runde, und nachdem zuerst lokale Medien über das selbst in dieser Klasse doch sehr ungewöhnliche Ergebnis berichteten, forschte auch der Fußballkreis nach. In Vernehmungen vor der Spruchkammer schoben die Spieler ein Saufgelage, das erst wenige Stunden vor dem Spiel geendet habe, als Erklärung vor; von Reue indes keine Spur.

Vorsitzender Karl-Heinz Grimm, der den Standfußball als „grob unsportlich“ bewertete, sorgte im Urteil für ein wenig Gerechtigkeit: Germania Nippes durfte noch aufsteigen, und die DJK-Phlegmatiker mussten dem Klub aus dem Nachbar-Stadtteil 2.000 Euro für „Spielbetriebs-Aufwendungen“ überweisen. In der folgenden Saison meldeten die Löwen kein Reserve-Team.

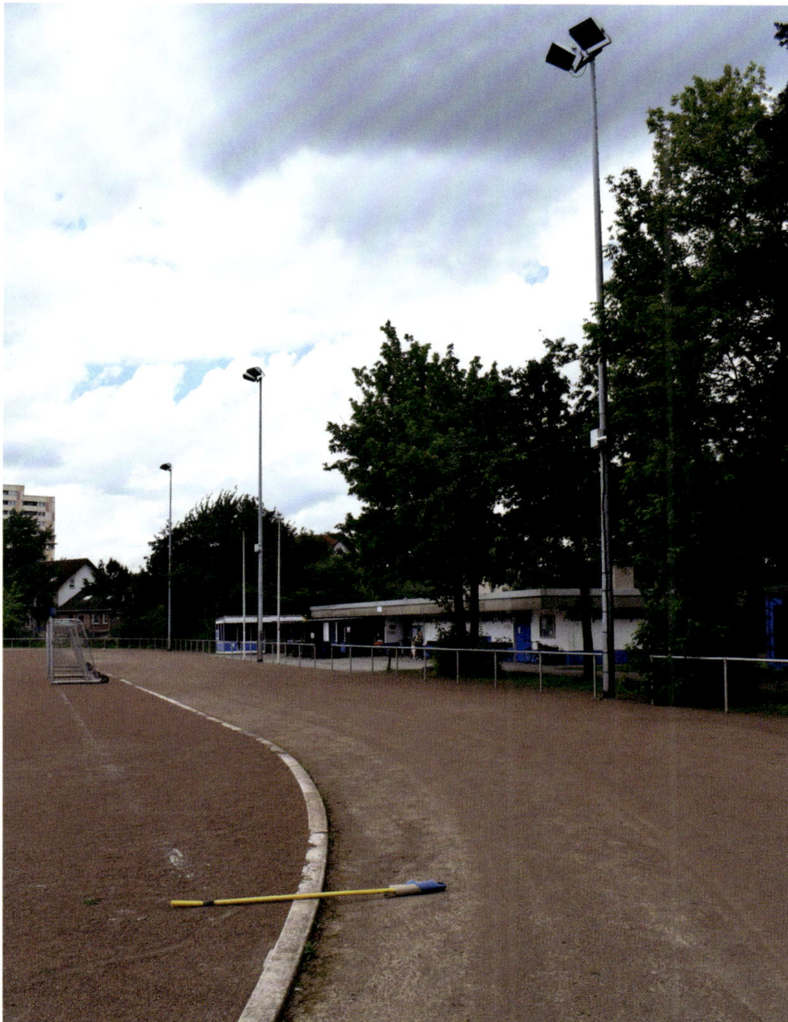

HARTE 4 FAKTEN

Ende des Saufgelages: Sonntag früh
Anzahl alkoholischer Getränke: schier unendlich
Anzahl DJK-Spieler bei Anpfiff: 7
Verhandlungsdauer vor Sportgericht: 5 Stunden

Kurt Brumme – die WDR-Legende

Sport und Musik

Wie Kutten, Hooligans oder ausladende, halbleere Stadien, in denen häufig triste Fußballspiele vor überschaubaren Zuschauermengen ausgetragen wurden, zählte in den 1970ern und 1980ern auch die mediale Berichterstattung zum Samstagsinventar eines jeden Fußballfans. Dem Westdeutschen Rundfunk kamen dabei gleich zwei elementare Bedeutungen zu: Einerseits wurde kurz nach Spielende die ARD-Sportschau aus der Zentrale am Appellhofplatz ausgestrahlt. Wer die Spannung bis 18 Uhr jedoch nicht ertragen konnte, schaltete drei Stunden zuvor das Radio ein.

Natürlich hat(te) jede Radioanstalt ihre eigene Sendung, wie etwa der Bayrische Rundfunk mit „Heute im Stadion", doch spätestens, wenn in der zweiten Halbzeit live aus allen Stadien berichtet wurde, klickten sich die bundesweiten Rundfunksender in die WDR-Sendung „Sport und Musik" ein, die von 1963 bis 1988 von Kurt Brumme moderiert wurde.

Mit seiner unverwechselbaren sonoren Stimme führte der Moderator durch die insbesondere während der ersten Halbzeit von Tanzmusik geprägten Sendung und unterbrach die Reportagen seiner Kollegen höflich, aber bestimmt, wenn es ein Tor zu vermelden gab. Doch wo heute geschrien und versucht wird, jedes Tor zu einem verbalen Weltereignis zu stilisieren, genügten Brumme, ein Mann der alten Schule, die Fakten. „Tor in Hamburg, 1:0 für den HSV durch Kaltz, 72. Minute". Mehr Infos braucht(e) man auch nicht. Rückblickend eine wahre Wohltat angesichts des heutigen Medienhypes.

Kurt Brumme, übrigens der Erfinder der Bundesligakonferenz, durfte aber auch sein Studio verlassen und berichtete etwa vom ersten Europapokalsieg einer deutschen Mannschaft (Bor. Dortmund – FC Liverpool 2:1 n. V., 1966) oder dem Jahrhundertspiel Italien – Deutschland bei der WM 1970. Boxlegende Muhammad Ali adelte ihn zur „Voice of Germany" und soll ihm sogar ein Paar Boxhandschuhe geschenkt haben. Der mit mehreren Verdienstkreuzen und -orden ausgezeichnete Brumme verstarb 2005 mit 82 Jahren. Seine letzte Ruhestätte fand er auf dem Friedhof Lövenich.

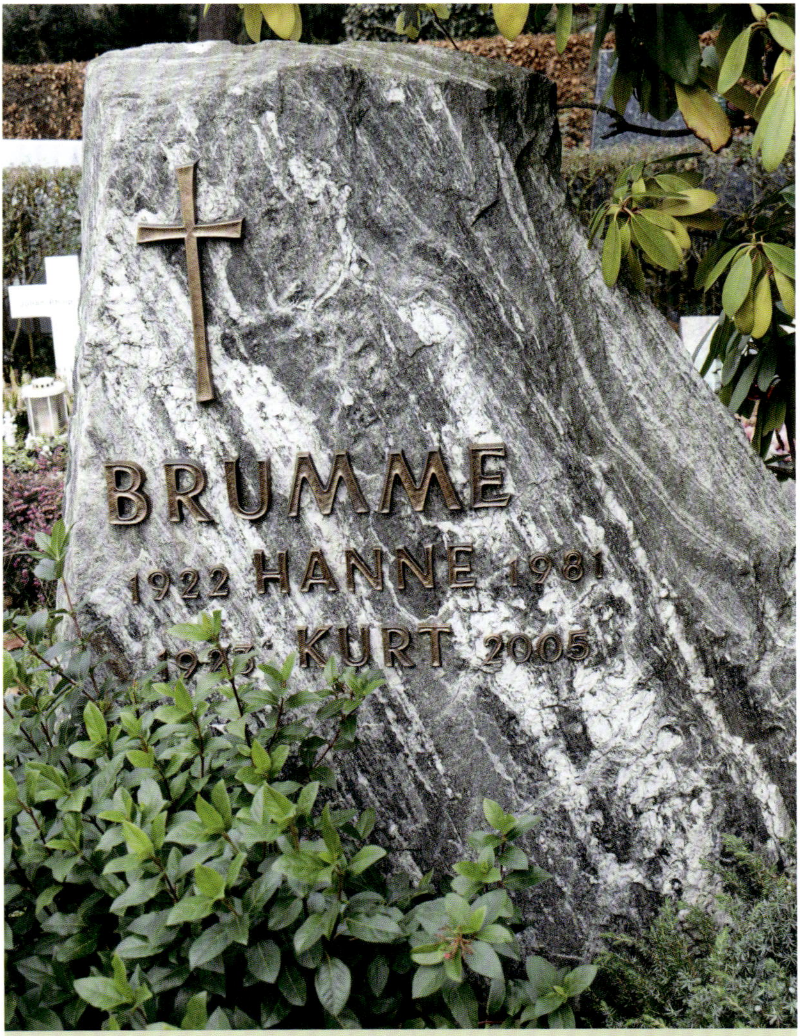

HARTE 4 FAKTEN

Geboren: 4. Februar 1923
Gestorben: 9. Mai 2005
Liegeplatz: Flur 1, Nr. 147/148
WDR-Abteilungsleiter Sport: 1963–1988

ASV-Stadion

Nirgendwo richtig daheim

Der Lederball rollt wieder beim FC Junkersdorf! Auch wenn es aktuell nur wenige Jugendteams sind, die am regelmäßigen Spielbetrieb teilnehmen, so ist dies doch ein Zeichen, dass der Fußball zurück ist im Kölner Westen.

Der 1946 gegründete Verein ist offiziell im Umfeld des Müngersdorfer Stadions bzw. RheinEnergieStadions beheimatet. Aber einen eigenen Sportplatz suchte man schon vergebens, als die ersten Herren Ende der 1990er-Jahre ihren sportlichen Höhenflug begannen. Rasant ging es ab 1998 von der Kreisliga A binnen vier Jahren in die Verbandsliga Mittelrhein, 2004 sogar in die viertklassige Oberliga Nordrhein, in der sich der FCJ zwei Jahre halten konnte.

Zunächst in der Ostkampfbahn direkt hinter der Gegentribüne des „großen Nachbarn" ansässig, ging es in der ersten Oberliga-Saison ins Stadion des benachbarten ASV Köln, das zwar eine Tribüne besitzt, aber eher für Leichtathletiksport geeignet ist. Bereits zur nächsten Saison zog der Verein weiter ins Sportzentrum Weiden, kehrte 2006 an den Olympiaweg zurück und blieb ein weiteres Jahr. Dann endete die Rundreise durchs Veedel wieder am Ausgangspunkt, und die Ostkampfbahn, mittlerweile mit einer für 250 Zuschauer freigegebenen Stahlrohrtribüne, wurde die alte neue Heimstätte.

Als Kölns sportlich erfolgreichster Amateurverein erweckte der FCJ schnell das Interesse der Vereinsverantwortlichen des 2010 gegründeten FC Viktoria Köln, der keine Lust auf langjähriges Hopping durch untere Ligen verspürte. So machte Mäzen Franz-Josef Wernze dem von Höhenberg 15 Kilometer entfernten Vereinsvorstand um Präsident Karl Bartel das finanziell lukrative Angebot, pünktlich zum Aufstieg in die NRW-Liga (2011) die erste Senioren-Mannschaft aus- und in den FC Viktoria einzugliedern – deren Spieler anschließend überwiegend durch hochbezahlte Alt-Profis ersetzt wurden. Damit einher ging ein mehrjähriges Verbot für Seniorenfußball im FC Junkersdorf, der dort bis heute nicht zurückgekehrt ist.

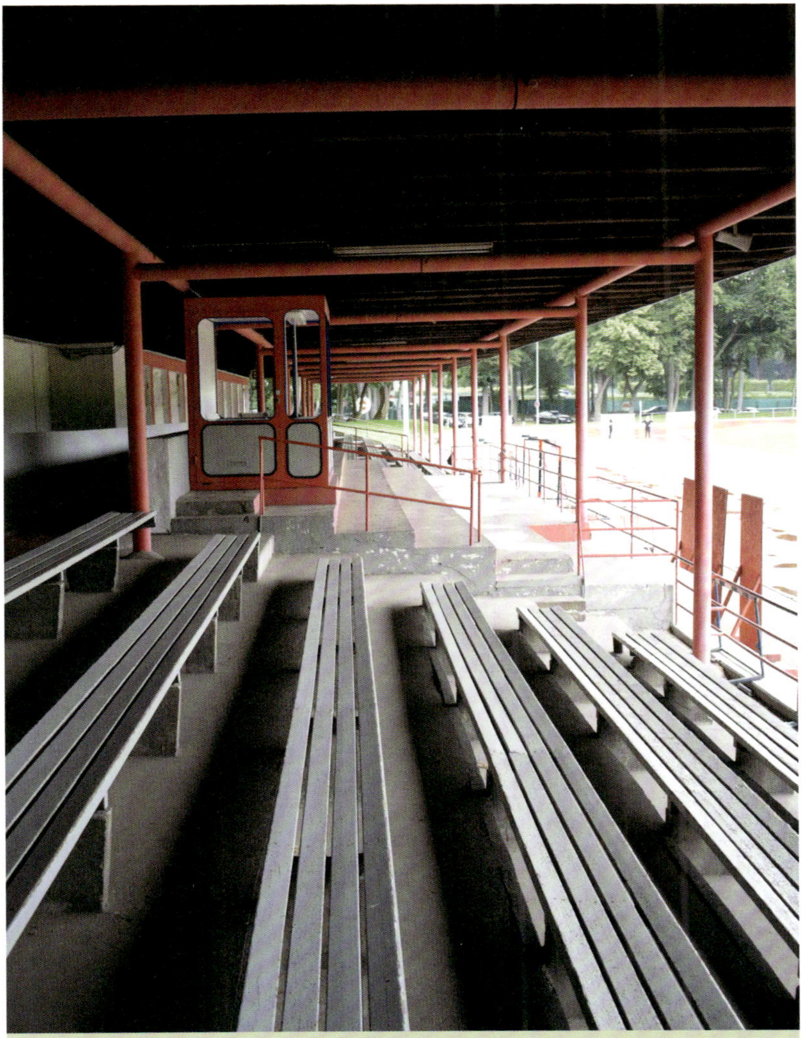

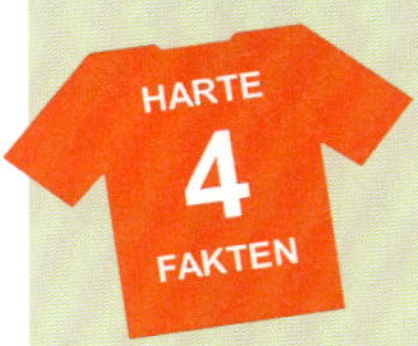

Fassungsvermögen Ostkampfbahn: 250 Zuschauer
Fassungsvermögen ASV-Stadion: 3.000 Zuschauer
Fassungsvermögen Ludwig-Jahn-Straße Weiden: 3.000 Zuschauer
Aktuelle Spielstätten: Ostlandstraße und Göttinger Straße

Sporthochschule

Kickende Studenten

Was haben Christoph Daum, Erich Ribbeck und Peter Neururer gemeinsam? Sie alle haben ihre Trainerlizenz als Fußballlehrer an der Deutschen Sporthochschule in Köln gemacht. Doch auch Sportreporter Kai Ebel, Hochspringerin Ulrike Nasse-Meyfarth sowie Frank Dopheide, Gründer der Agentur „human unlimited“, nahmen in Müngersdorf hinter Lehrbänken Platz und verfolgten Vorlesungen und Seminare mit großem Interesse.

Die einzige deutsche Sportuniversität, die sich ausschließlich dem Themenfeld Sport und Bewegung widmet, unweit des Müngersdorfer Stadions wurde 1947 gegründet und verstand sich als Nachfolgeeinrichtung der von Sportfunktionär Carl Diem und August Bier in Berlin 1920 gegründeten „Deutschen Hochschule für Leibesübungen“ (DHfL). Während an anderen Unis die Sportwissenschaft nur eines von vielen Fachgebieten ist, widmet man sich in Köln dieser vielfältigen Wissenschaft an 23 Instituten und fünf Transferzentren. Dazu noch ein paar weitere imponierende Zahlen: Über 6.200 Studierende hatten sich im Winter 2020/21 immatrikuliert, und knapp 1.100 Professoren, wissenschaftliche Mitarbeiter und studentische Hilfskräfte arbeiten für die Sporthochschule (abgekürzt: DSHS oder auch „SpoHo“), die zudem über die weltweit größte Spezialbibliothek sowie 61.000 Quadratmeter Sportflächen verfügt.

In Kooperation mit dem DFB bringen sich DSHS-Dozenten seit vielen Jahren bei der Ausbildung zum angehenden Fußballtrainer insbesondere in den Themenbereichen Fußballlehre, Psychologie und Physiologie ein. Zwar wurde der überwiegende Teil des Fußballlehrer-Lehrgangs von 2011 bis 2021 der Hennes-Weisweiler-Akademie in Hennef durchgeführt, doch schauen die Anwärter auch regelmäßig an der Sporthochschule vorbei, so etwa am Institut für Kreislaufforschung und Sportmedizin, um einen Einblick in die Leistungsdiagnostik zu erhalten.

Und Fußball wird auch gespielt! 1998 fanden sich einige Studenten zusammen und gründeten den Verein Vorwärts Spoho 98, dessen Herren für vier Jahre (bis 2015) der Kreisliga A angehörten. Rund 80 Prozent der Vereinsmitglieder sind an der DSHS eingeschrieben.

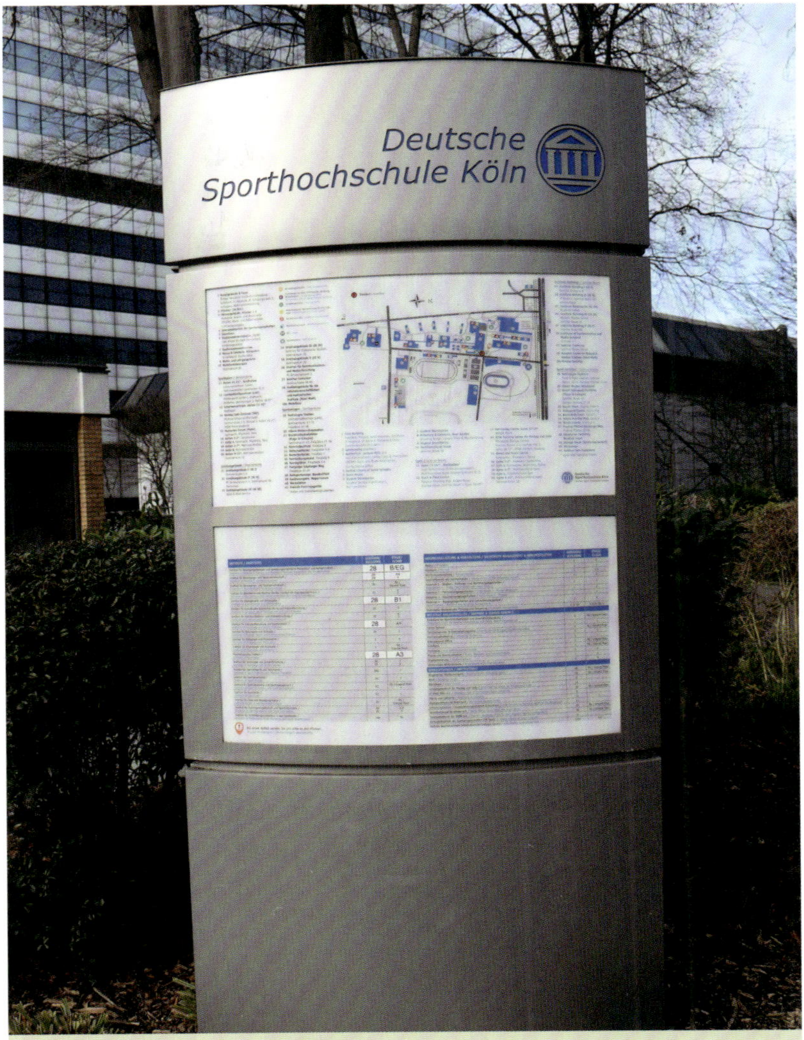

HARTE 4 FAKTEN

Aktuelle Spielklasse 1. Frauen: Regionalliga West
Aktuelle Spielklasse 1. Herren: Kreisliga C
Teams insgesamt: 2 Herren-, 3 Frauen-, 19 Jugendteams
Spielort: Kunstrasenplatz „Salzburger Weg“

Köln 041

RheinEnergieStadion

Aus Fehlern gelernt

Schon von der Raststätte Frechen auf der A4 strahlen die vier Lichtmasten des RheinEnergieStadions dem Autofahrer entgegen und kündigen die baldige Ankunft in der Domstadt an. Hochmodern und mit 50.000 Plätzen (davon 8.175 Stehplätze) ausgestattet, ist es die Spielstätte des 1. FC Köln, der seine Heimspiele auch bereits in den Vorgängerstadien austrug.

Der Erstbau, am 16. September 1923 eröffnet, soll aufgrund seiner Dimensionen und einem Fassungsvermögen für rund 76.000 Besucher einige Stadtväter sogar zu Überlegungen einer Bewerbung für die Olympischen Spiele animiert haben, zumal mit Ost- und Westkampfbahn, benachbarter Radrennbahn, Freibad, Tennis- und Hockeyplätzen weitere Sportanlagen zum „Sportpark Müngersdorf" gehören. Als sich Deutschland um die Austragung der Fußball-WM 1974 bewarb, wollte auch Köln Fußballfans aus der gesamten Welt begrüßen, doch zu hohe Baukosten und Uneinigkeit in der architektonischen Gestaltung führten zu einer Neueröffnung erst im Jahre 1975 – da blickte Ersatzspielort Dortmund längst auf tolle WM-Spiele zurück.

Bis Ende des Jahrhunderts hatte die Stadt Köln jedoch aus ihren damaligen Fehlern gelernt und begann rechtzeitig mit dem Abriss der alten Betonschüssel, in der sich in den 1980er-Jahren häufig nur wenige tausend Zuschauer verloren hatten. Von 2001 bis 2004 entstand Kurve für Kurve der Neubau eines reinen rechteckigen Fußballstadions, das schon während der Bauzeit seinen traditionellen Namen im Tausch gegen viel Geld eines lokalen Energieunternehmens einbüßte.

Das RheinEnergieStadion ist heutzutage ein Paradebeispiel des „modernen" Fußballs. Jedes Heimspiel wird zu einem Mega-Ereignis stilisiert, das auf keinen Fall verpasst werden sollte. Zahlreiche Fans, mitzitternd in vollen Kneipen vorm Bezahlfernsehen, warten auf frei werdende Dauerkarten und hoffen, auch bald zum (Event-)Publikum gehören zu können. Allein deswegen laufen Überlegungen, die Stadionkapazität baldmöglichst deutlich zu erweitern.

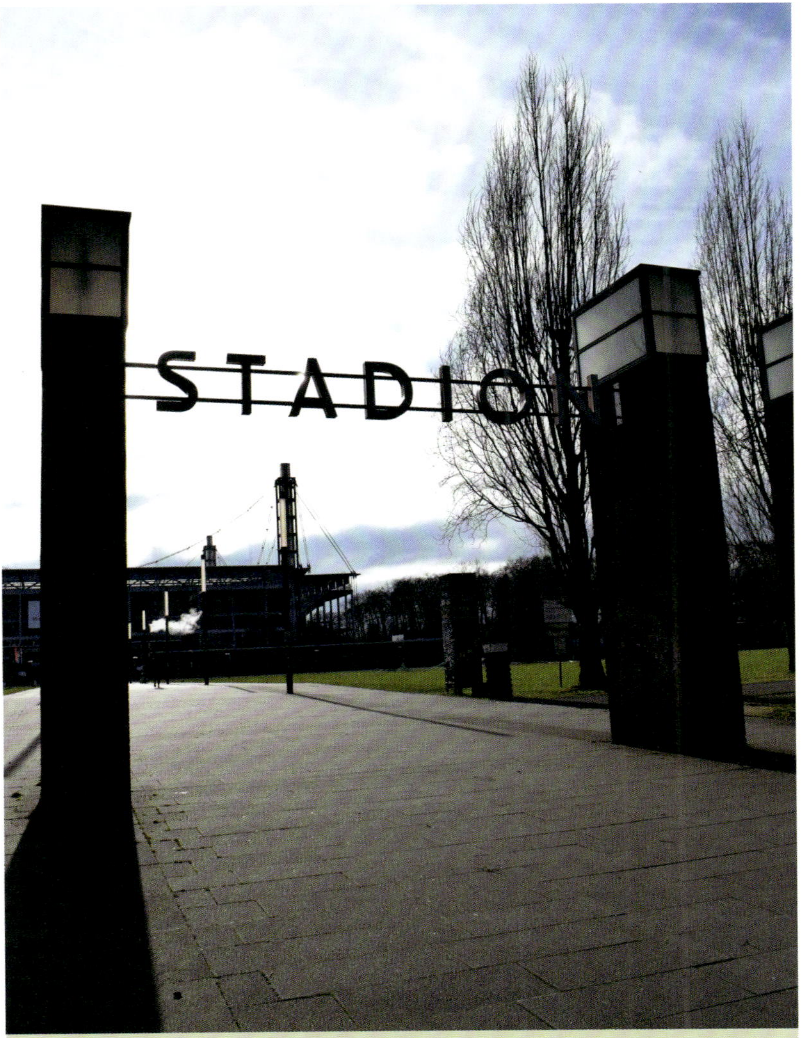

HARTE 4 FAKTEN

Erster Beschluss zum Stadionbau: 22. September 1921

Einweihung des zweiten Stadionbaus: 12. November 1975 (1. FC Köln – SC Fortuna Köln 3:0)

Erster Spatenstich zum dritten Stadionbau: 20. Dezember 2001

Fremdnutzung: Schauplatz des DEL-Wintergame 2019 vor 47.000 Zuschauern

Heinz-Flohe-Denkmal

Ehrung für einen der besten Geißböcke

Von Fans, Freunden und Mitspielern wurde er „Flocke" gerufen, und er war essentieller Teil der FC-Mannschaft, die 1978 mit dem Double-Gewinn den bis heute letzten großen Jubeltag in der Karnevalshochburg auslöste – der schmeichelhafte Sieg im städtischen Pokalendspiel 1983 mal ausgeblendet. Gemeinsam mit seinen Kollegen Toni Schumacher, Dieter Müller oder Gerd Strack ist auch Heinz Flohe einer der größten Helden jener Epoche, in der die Geißböcke national wie international für Aufsehen sorgten.

Weltmeister, Pokalsieger und Deutscher Meister stand am Ende seiner Laufbahn in der Vita des in Euskirchen geborenen Mittelfeldspielers, der in 13 Jahren 77 Tore in 329 Spielen für „seinen" Eff-Zeh erzielte. Kaum verwunderlich, dass Stadt und Verein diesem großartigen Spieler rund ein Jahr nach seinem im Jahr 2013 in Folge eines Schwächeanfalls und anschließendem Wachkoma erlittenen Tod mit einem Denkmal posthum ehrten.

An der Südwest-Ecke hinter der Südkurve wurde das etwa 300 Kilo schwere Abbild der FC-Legende aufgestellt und zeigt ihn gemäß einer Fotovorlage in einer typischen Haltung mit Ball am Fuß. Eine Tafel listet zudem die beeindruckende Anzahl seiner Bundesliga-, National- sowie Pokalspiele auf. Drei Monate investierte der Kölner Künstler Anton Fuchs in das Bronze-Werk, das in die Jahre gekommene FC-Fans immer wieder zum Schwelgen in glamourösen Zeiten animiert. Auch ehemalige Konkurrenten lobten den Ausnahme-Fußballer und bezeichneten Flohe unter anderem als einen der „besten Techniker der Welt", so Franz Beckenbauer.

Mit 17 Jahren debütierte „Flocke" in der DFB-Juniorenauswahl, kam zwei Jahre später in der U23 an und wurde von Bundestrainer Helmut Schön im November 1970 erstmals ins A-Team eingewechselt. Nachdem er seine Karriere nach einem Schien- und Wadenbeinbruch beenden musste, trainierte er ab 1981 seinen Heimatclub TSC Euskirchen, mit dem er gleich doppelt aufstieg und dem er noch bis 1991 in der Verbandsliga treu blieb. Auf dem städtischen Friedhof seines Geburtsorts fand er seine letzte Ruhe.

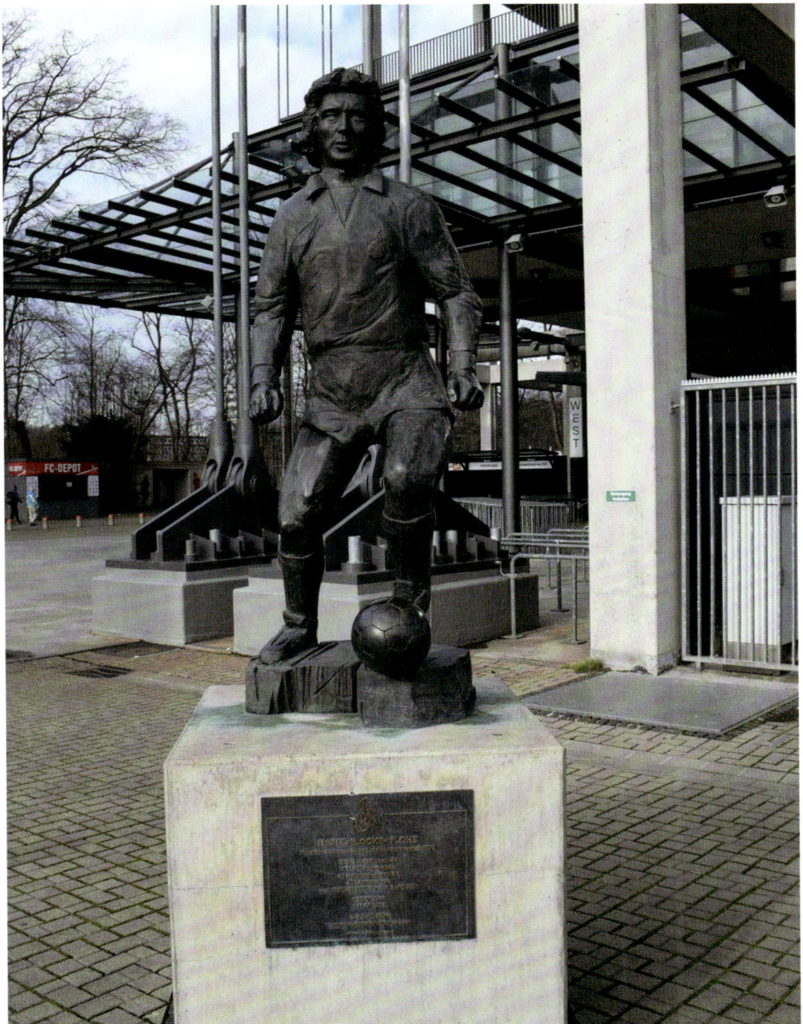

HARTE 4 FAKTEN

Bundesligaspiele: 343
Europapokalspiele: 56
DFB-Pokalspiele: 63
Länderspiele: 44

Albert-Richter-Bahn

Erst gingen die Steher, dann die Fußballer

Täglich fahren Tausende Radfahrer über Kölns Straßen und beweisen damit, dass die Karnevalsmetropole eine Hochburg des zweirädrigen Fortbewegungsmittels ist. Auch der Radsport war und ist hier zu Hause. Mehrere Radrennbahnen erlebten aufregende Veranstaltungen, so etwa die 1889 im Rahmen der „Internationalen Sportausstellung" eröffnete „Riehler Radrennbahn" (1956 zugunsten der Zoo-Erweiterung abgebrochen), die Schauplatz von deutschen Meisterschaften wie Europa- und Weltmeisterschaften war.

Nur einen Steinwurf vom Müngersdorfer Stadion stand bis November 2021 die 1990 erbaute und sechs Jahre später fertiggestellte Albert-Richter-Bahn. Was dem 2.500 Zuschauer fassenden Bau, auf dem nun bis 2024 der Rad-Olympiastützpunkt „Albert-Richter-Velodrom am Ernst-Berliner-Platz" entsteht, naturgemäß nicht anzumerken war: Auf ihrem Gelände wurde einst Erstligafußball gespielt – ein Jahr sogar doppelt!

Vorgängerbahn war die „Müngersdorfer Radrennbahn", die insbesondere vor und nach dem Zweiten Weltkrieg Mekka des deutschen und internationalen Steherrennens – wie etwa auch das Wuppertaler Stadion „Am Zoo" – war und mehrmals Bahn-Weltmeisterschaften sah. Als in den 1960ern das Interesse am (Bahn-)Radsport abebbte, zog hier auch der Fußball ein. Zunächst trugen die Regionalligisten Viktoria und Fortuna Köln – die dann während ihrer einzigen Bundesligasaison 1973/74 nochmals hierher zurückkehrte – im Innenraum der Radrennbahn ihre Heimspiele aus.

Als das erste Müngersdorfer Stadion seinem Nachfolgemodell weichen musste, folgte in der Bauphase auch der 1. FC Köln, der von 1971–75 hier spielte, wo er schon in seiner Premierensaison nach der Gründung 1948 zu Gast gewesen war. Dank Stahlrohr- und Holztribünen sowie Überbauung der eigentlichen Rennbahn erhöhte sich die Kapazität fast um das Doppelte auf rund 29.000 Zuschauer, die dort großartige Triumphe (u. a. 6:0 gegen Olympique Marseille) wie sportliche Enttäuschungen erlebten. Spieler schwärmten noch Jahre später vom „Hexenkessel", da es kaum Distanz zwischen Zuschauern und Aktiven gab. Als der Fußball weiterzog, kam 1981 das Ende.

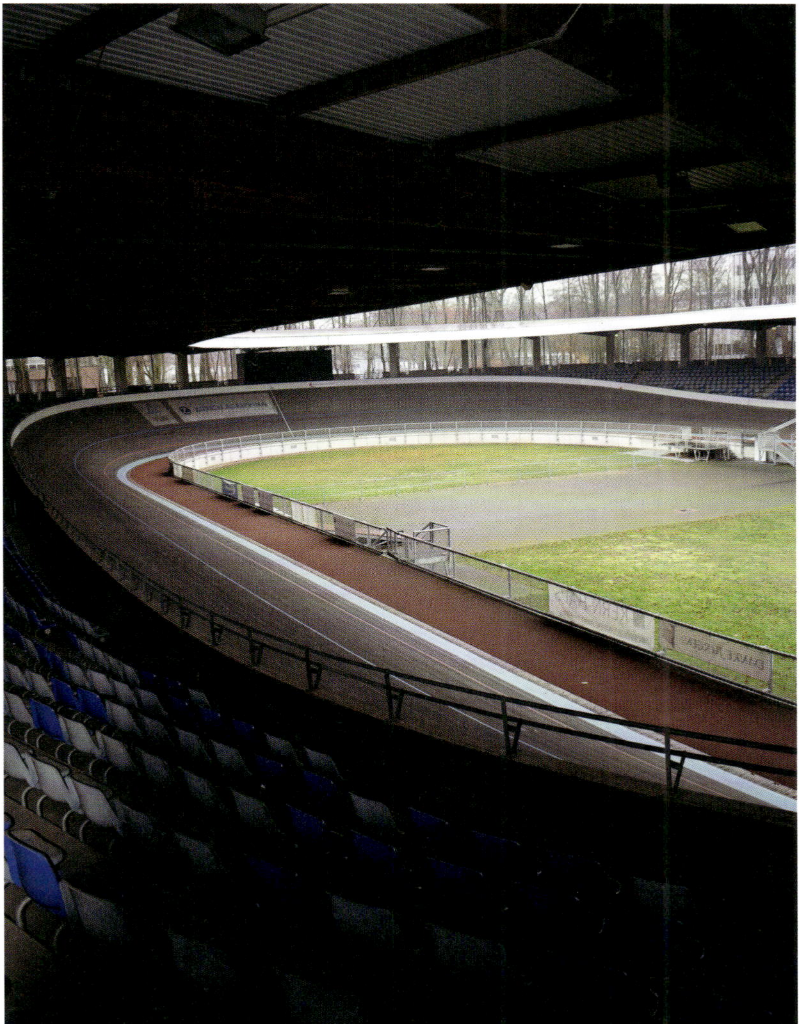

HARTE 4 FAKTEN

Albert Richter: Sprint-Amateurweltmeister 1932 (1940 von der Gestapo ermordet)

Eröffnung Radrennbahn: 1923

Fassungsvermögen Radrennbahn vor Umbau: 15.000 Zuschauer

Letztes Rad-Training: 28. Oktober 2021

Stadtwaldgarten

Riskante Vorbeifahrt

In Müngersdorf lässt es sich gut leben – auch wenn hierfür das Konto stets gut gefüllt sein sollte. Viele Grünflächen, das Stadionbad oder auch die Jahnwiesen laden zu einer angenehmen Freizeitgestaltung ein. Auch kulinarisch hat der westliche Stadtteil einiges zu bieten. Mit spanischen Tapas und argentinischen Steaks lockt dabei das Restaurant „Stadtwaldgarten" an der Haltestelle „Alter Militärring" kurz vorm Stadion in seine Räumlichkeiten oder den großzügigen Biergarten.

Viele Jahre machten sich indes auch die gewaltbereiten FC-Anhänger die verkehrsgünstige Lage der gastronomischen Einrichtung zu Nutze. Schon mehrere Stunden vorm Anpfiff versammelten sich Hooligans, Mitläufer und Gewaltinteressierte vor der Lokalität und warfen, je näher der Anstoß rückte, jeder vorbeifahrenden Straßenbahn prüfende Blicke bezüglich der sich hierin befindenden Insassen zu. Waren nach ihrer Meinung auffällig viele Auswärtsfans im Zug – die eventuell auch noch mit wilden Gesten provozierten –, überwanden schnell Gläser, Flaschen und andere Wurfgegenstände im Fluge die dazwischen verlaufende Aachener Straße.

Ein großes „Hallo" lösten insbesondere die „Sonderfahrten" mit Gästeanhängern aus, die von Polizeiwagen begleitet an einem Stadtteilbahnhof (zumeist Deutz oder Ehrenfeld) starteten und ihr Ziel nie ohne Sach- und/oder Personenschaden erreichten. Selbst als unbeteiligter Fahrgast musste man unmittelbar vor und nach Heimspielen einen wachsamen Blick zum „Stadtwaldgarten" wandern lassen, denn die Lage konnte jederzeit binnen Sekunden eskalieren.

Erst nach unzähligen Vorfällen mit vielen Verletzten und immensen Schäden bemerkten Stadt und Polizei die vom Lokal ausgehende Gefahr und zeigten fortan Präsenz. Dank des Einsatzes moderner Überwachungstechnik und eines massiv aufgestockten Polizeiaufgebots ist es rund ums Stadion ruhiger geworden, zumal sich konkurrierende Fangruppen heute nicht mehr gleich an die Wäsche wollen, wie es etwa in den 1980ern noch Usus war. Aber ab und zu treffen Gewaltorientierte doch noch aufeinander – nur dann woanders.

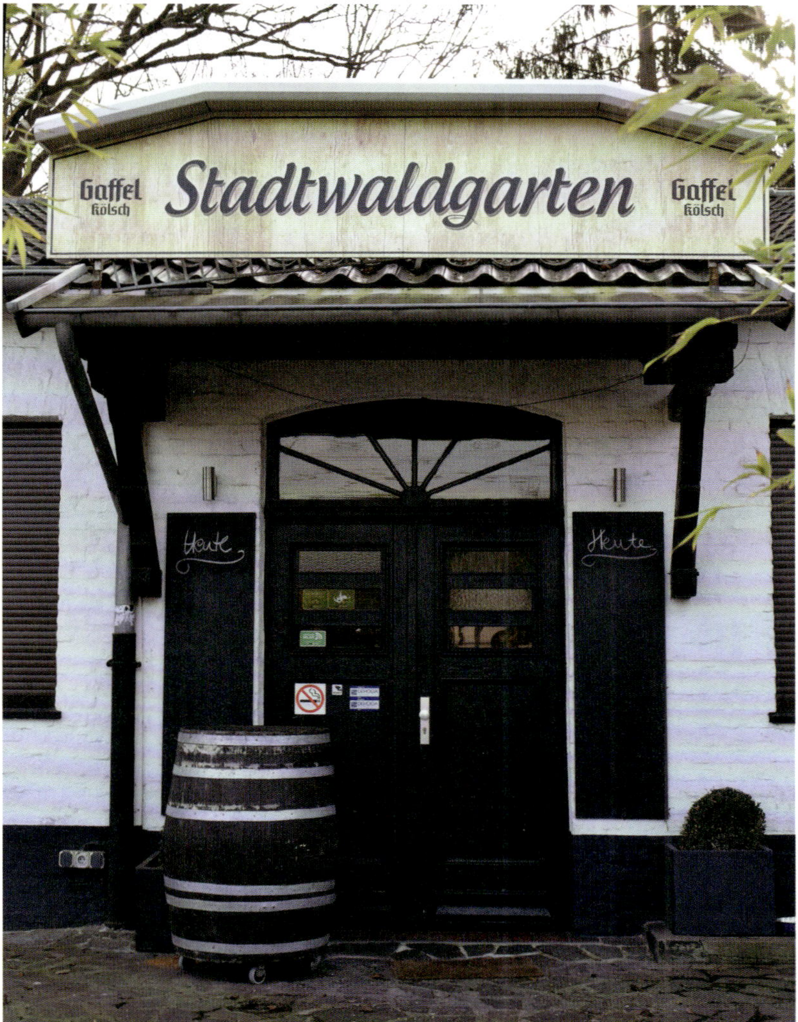

HARTE 4 FAKTEN

Adresse: Aachener Straße 701
Einzug des jetzigen Betreibers: 2014
Essen: Bei Heimspielen gilt eine besondere Speisekarte.
Trinken: Kölsch vom Fass: ab 1,70 Euro

Franz-Kremer-Stadion

Hommage an den rauchenden Visionär

„Herzlich willkommen im Franz-Kremer-Stadion! Schön, dass wir wieder unter uns sind." Es sind diese Worte des damaligen Stadionsprechers Holger Rathke, die ich bis heute mit meinem ersten Besuch im Franz-Kremer-Stadion verbinde. Es war ein Flutlichtspiel Anfang der 1980er, und Hamborn 07 war in Klettenberg zu Gast. Knapp 100 Zuschauer verloren sich auf der Tribüne und den Stehtraversen und sahen ein belangloses 1:1.

Ich weiß nicht, warum ich mich bis heute daran erinnere. Lag es an der Flutlichtatmosphäre? Oder an der ewig langen Straßenbahn-Rückfahrt mit einhergehender Spätankunft, die mir eine elterliche Schelte einbrachte? Oder war es der imposante Gesamteindruck, den das Stadion mit benachbartem Geißbockheim bei mir hinterließ? Rund zehn Jahre zuvor, 1971, wurde der Bau der anfangs 10.000 Besucher fassenden Heimstätte der zweiten Mannschaft des 1. FC Köln (aktuell tragen auch die A- und B-Jugend sowie die Frauen hier oder auf den Nachbarspielfeldern ihre Spiele aus) als „Amateurstadion" eröffnet. 1977 erhielt es dann zu Ehren des von der Vereinsgründung 1948 bis zu seinem plötzlichen Tod 1967 amtierenden FC-Präsidenten Franz Kremer seinen bis heute gültigen Namen.

Kremer war bereits als Vorsitzender des Kölner Ballspiel-Club 1901, der mit der Spielvereinigung Sülz 07 zum Verein mit dem markanten, auf den Hinterbeinen stehenden Ziegenbock im Wappen fusionierte, ein Visionär und lebte mit Tatendrang sowie modernen Managementmethoden seinen Traum, einen städtischen Großverein in der Spitze des nationalen Fußballs zu etablieren. Frühzeitig hatte der Dauer-Raucher schwerer Zigarren daher seinem Verein profihafte Strukturen geschenkt, die mit den Meistertiteln 1962 und 1964 höchsten Ertrag abwarfen.

Neben dem Stadion, das 2005 für die Regionalliga und die weiterhin abzählbaren Besucher sicherheitstechnisch umgebaut wurde, erinnert die schmale Straße, die von der Berrenrather Straße als Franz-Kremer-Allee zum Stadion führt, an den mächtigen Präsidenten.

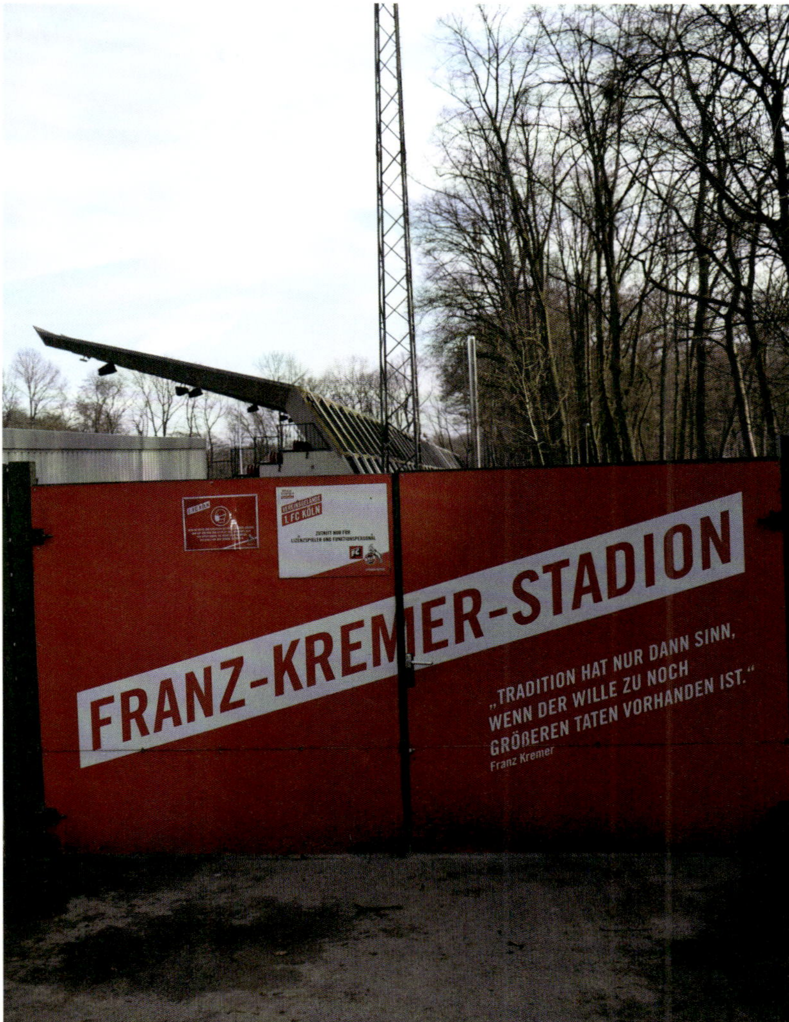

HARTE 4 FAKTEN

Geographischer Standort: Im RheinEnergieSportpark

Anzahl Plätze im Sportpark: 9 (noch)

Anzahl Kritiker: Tausende lehnen Ausbau der Anlage wegen Teil-Zerstörung des Grüngürtels ab.

Benachbarte Vereine: DJK Südwest, Blau-Weiß 06

Clemenshof des Kölner Zoos

Ein Zuhause für Hennes IX.

In unmittelbarer Nähe der Kölner Seilbahn im Stadtteil Riehl liegt der 1860 eröffnete Kölner Zoo, der damit der drittälteste Tierpark Deutschlands ist. Auf dem rund 20 Hektar großen Gelände leben ca. 10.000 Tiere, die in zahlreichen Anlagen jährlich über eine Million Besucher erfreuen.

Neben Elefantenpark, Hippodom oder Urwaldhaus lockt auch der im Juli 2014 eröffnete Clemenshof, ein typisch bergischer Bauernhof, Groß und insbesondere Klein an, die im Streichelgehege direkten Kontakt mit den Tieren aufnehmen können.

Zwischen Kühen, schwäbisch-hällischen Schweinen, Hasen, Hühnern und Kühen ist hier auch ein Geißbock zu Hause, der nicht nur von Anhängern des führenden Stadtclubs zigfach täglich abgelichtet wird. In Tradition seiner Vorgänger trägt auch er den Namen „Hennes“ und ist inzwischen die neunte Generation des FC-Vereinsmaskottchens. Der Bock der Rasse „Bunte Deutsche Edelziege“ erblickte am 24. Februar 2018 im westfälischen Petershagen das Licht der Welt und zog ein halbes Jahr später zu seinem im April 2021 eingeschläferten Vater auf den Clemenshof. Von dort wird er regelmäßig zu den Heimspielen des Vereins nach Müngersdorf transportiert und versucht, durch seine Anwesenheit als Talisman dem Spiel ein positives Ergebnis zu bescheren. Läuft es indes gar nicht gut, wendet sich das Tier auch mal gerne vom Geschehen ab und verrichtet lieber sein Geschäft neben dem Spielfeld.

Seit Februar 1950 existiert das wiederkehrende Heimspiel-Ritual, als die Zirkus-Besitzer Carola und Harry Williams dem 1. FC Köln den männlichen Wurf einer Ziege, die von ihnen in den letzten Weltkriegstagen am Wegesrand aufgegriffen wurde, als Maskottchen schenkten. In Anlehnung an den seinerzeitigen Spielertrainer des Vereins, Hennes Weisweiler, erhielt der Bock seinen bis heute gültigen Namen.

Aufgrund seiner längeren Hörner soll der aktuelle Thronfolger dem ersten Hennes ähneln und sich in Größe und Statur deutlich von seinem Vater unterscheiden. Per Webcam im einzig wahren Zoo-Geißbockheim kann er jederzeit online besucht werden.

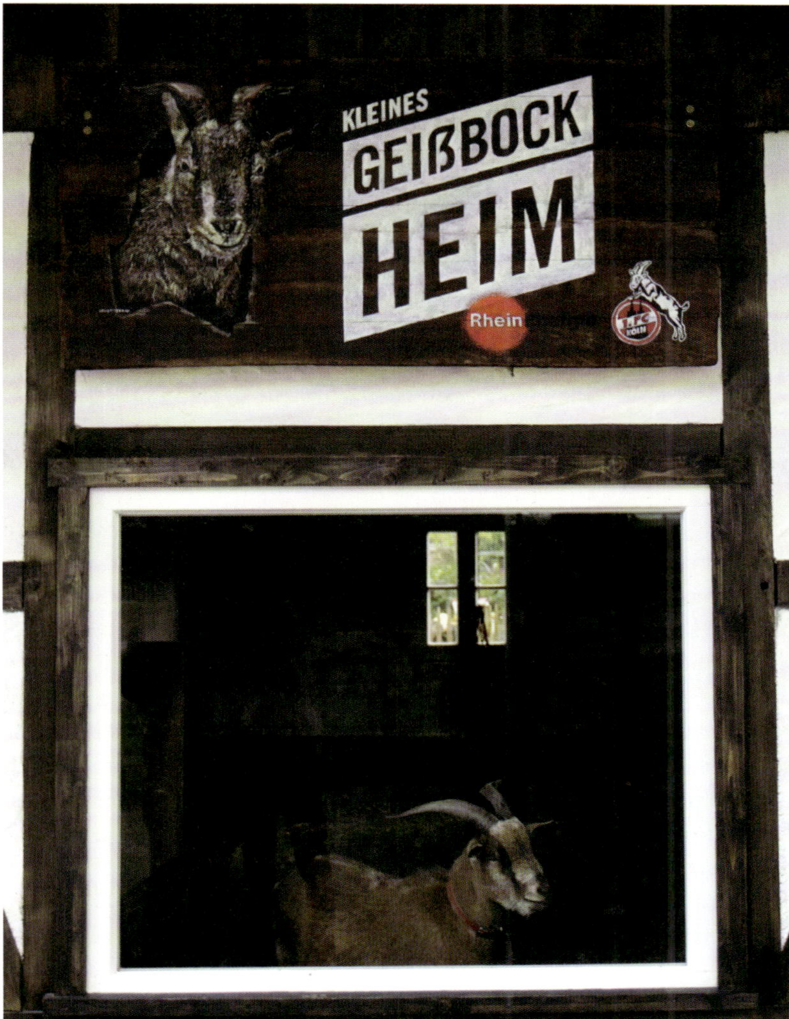

HARTE 4 FAKTEN

Facebook-Auftritt Hennes: facebook.com/HennesIX

Auswärtsspiel: Hennes I. fuhr auch zu Auswärtsspielen im Mannschaftsbus mit.

Längste Amtsdauer: Hennes I. (1950–1966)

Öffnungszeiten Kölner Zoo: täglich 9–18 Uhr

Bonner Verteiler

Verkaufte Bundesliga

Der Bonner Verteiler im Süden Kölns ist ein wichtiger Verkehrsknotenpunkt für die rheinische Metropole. Vom Westen und Osten stößt der Militärring (an dem unter anderem das Franz-Kremer-Stadion liegt), vom Norden die Bonner Straße und vom Süden die von und nach Bonn führende Autobahn 555 zum Kreisverkehr, an dem sich eine Tankstelle nebst Schnellrestaurant befindet. Auch heute noch ist dieser Ort ein beliebter Treffpunkt von jungen Abenteurern, die hier versuchen, sich per Anhalter auf große Fahrt zu begeben.

Am 4. Juni 1971 wurde der Kölner Startpunkt der ältesten, 1932 eröffneten deutschen Autobahn zum Begegnungsort zweier wichtiger Männer der Bundesliga. Manfred Manglitz, Torwart des 1. FC Köln, und Horst-Gregorio Canellas, Präsident der abstiegsbedrohten Offenbacher Kickers, trafen sich zum Stelldichein, um letzte Vereinbarungen für einen manipulierten Spielausgang für das tags darauf stattfindende Duell am letzten Bundesligaspieltag zu erörtern. 100.000 Mark hatte Manglitz für eine Niederlage gefordert, die dem OFC den Klassenerhalt beschert hätte. Punkt 18 Uhr hatten ein Mercedes 250 SE mit Frankfurter und einer mit Grevenbroicher Kennzeichen den Zielort erreicht, wo kurz darauf jede Menge Geldscheine den Besitzer wechselten.

Das Treffen war letztlich nur ein Kapitel von vielen, das schließlich zum Bestandteil des großen Bundesliga-Skandals wurde. Da Canellas Plan nicht aufging (Köln gewann 4:2; Manglitz ließ sich nicht aufstellen) und Offenbach absteigen musste, machte der OFC-Präsident tags darauf auf seiner Feier zum 50. Geburtstag seine vorher akribisch aufgezeichneten Tonbandaufnahmen, aus denen die Spielmanipulationen und Schmiergeldzahlungen hervorgingen, auf einem Telefunken 204 TS Magnetophon publik. Als der DFB, der angeblich schon frühzeitig von Canellas auf Schiebereien hingewiesen worden war, seine Ermittlungen abschloss, waren 52 Spieler, zwei Trainer und sechs Funktionäre überführt; Bielefeld und Offenbach mussten zwangsabsteigen. Manfred Manglitz wurde offiziell lebenslang gesperrt, nach zwei Jahren indes begnadigt.

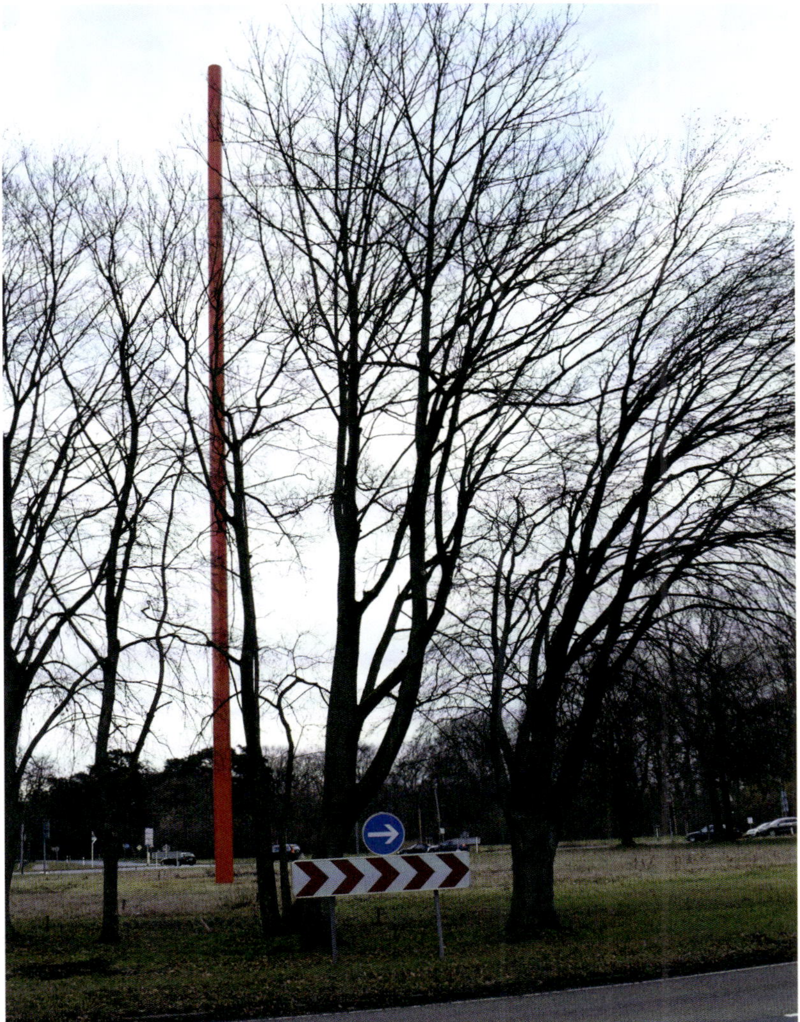

HARTE 4 FAKTEN

Nachweislich verschobene Spiele: 8

Verein mit den meisten involvierten Spielern: Eintracht Braunschweig

Höhe Schmiergeldzahlungen: 1,1 Mio. DM (Minimum)

Folge: immenser Bundesliga-Zuschauerschwund bis zur WM 1974

Südstadion

Immer viel Platz

Meine erste Fußballerinnerung stammt aus dem 1978 eröffneten Südstadion. Warum mein Vater ausgerechnet dieses Areal wählte und ich trotzdem dem Fußball treu geblieben bin, entzieht sich meiner Kenntnis. Es ist aber zu vermuten, dass er gerne gemütlich höherklassigen Fußball sehen wollte. Das kann man wahrlich bis heute in der offiziell „Sportanlage Süd" genannten Arena, die aus einer Tribüne, unüberdachten Stehplätzen und Leichtathletik-Anlagen besteht und seit jeher Heimstätte des SC Fortuna Köln ist. Weder zu Zweitligazeiten (1974 bis 2000) noch danach wurde das einstige Fassungsvermögen von knapp 15.000 ausgeschöpft – sieht man mal vom DFB-Pokal-Halbfinale gegen Borussia Dortmund (5:0, 4.4.1983) und dem Aufstiegsspiel zur 3. Liga gegen Bayerns Zwote im Mai 2014 ab. Stattdessen tummeln sich stets nur wenige hundert Zuschauer im Areal, das 2008 renoviert wurde. Die Tribüne bekam neue Sitzschalen und es gab einen Gästeblock.

Dank Mäzen und Fortuna-Chef Jean Löring, der als gelernter Elektriker 1982 im Spiel gegen Darmstadt das defekte Flutlicht selbst repariert haben soll, konnte der Verein dennoch immer die Klasse halten. Nach Lörings Rückzug, der bis dahin rund 15 Millionen Euro in den Verein gesteckt hatte, erlebte die Fortuna einen Absturz, der erst in der Verbandsliga endete. Hier eroberte eine Fangruppe die nie genutzte Kurve – die wenigen treuen Fans stehen traditionell auf Stehplatz-Mitte – rechts der Tribüne und aktualisierte angesichts der seit ewigen Jahren stillgelegten Anzeigetafel mit selbst angefertigten Schildern die Spielstände gegen BC Berrenrath oder FSV Hünshoven.

Unter Präsident Klaus Ulonska – nicht weniger umtriebig und mit ähnlich viel Herzblut wie Jean Löring – gelang die Konsolidierung und schließlich die Rückkehr in die längst eingeführte 3. Liga. Hier hielt sich der Verein fünf Jahre und freute sich über Besuche traditionsreicher Vereine mit stattlichem Anhang. Nach dem Abstieg in die Regionalliga 2019 ist die Stille der 1970er zurück, die aber eigentlich auch nie ganz weg war.

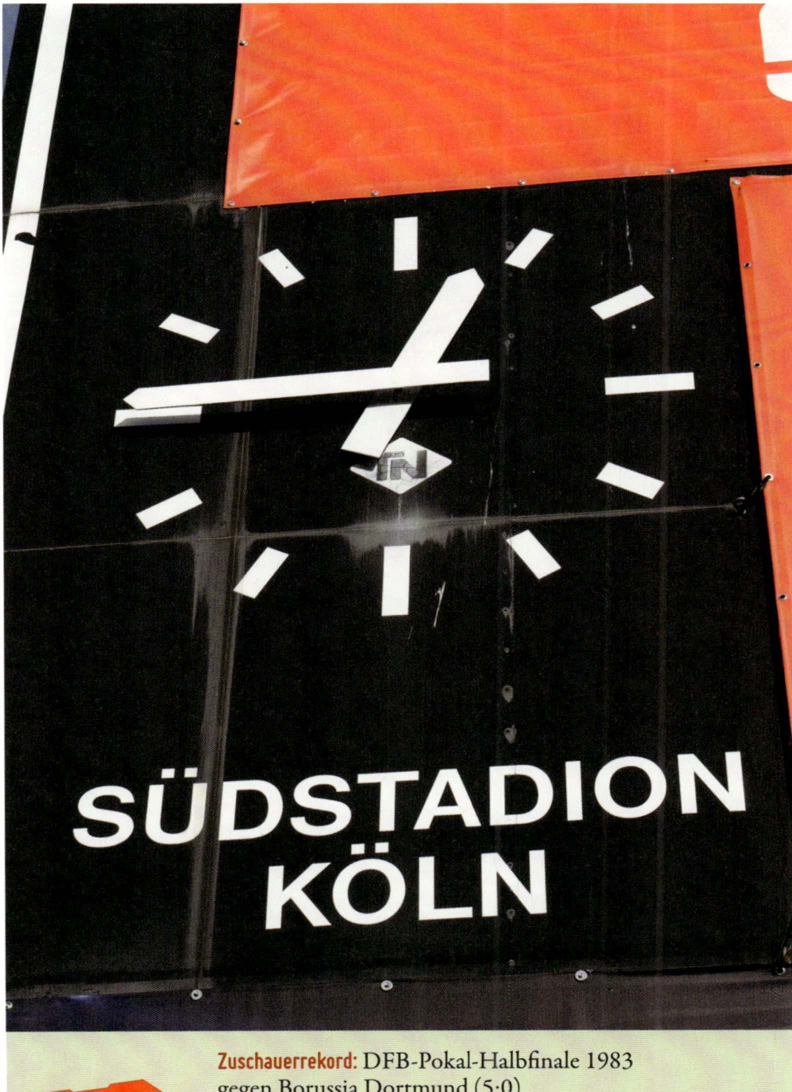

HARTE 4 FAKTEN

Zuschauerrekord: DFB-Pokal-Halbfinale 1983 gegen Borussia Dortmund (5:0)

Baukosten: 7,5 Millionen DM

Weitere Sportarten: American Football, schulische Bundesjugendspiele

Temporäre Heim-Teams: Bayer Leverkusen II, 1. FC Köln II, Yurdumspor Köln, SC Viktoria Köln

Jean-Löring-Sportpark

Alles für das „Vereinche“

Das Südstadion, Heimstätte des SC Fortuna Köln, gehört natürlich dazu; doch auch die Sporthalle, das Clubheim inklusive Geschäftsstelle, ein Kleinfeld sowie drei Groß-Spielfelder (Rasen, Kunstrasen, Asche). Sie alle bilden die städtische „Bezirkssportanlage Süd“. Zu Ehren von Fortunas Dauer-Mäzen und Präsidenten wurde sie 2014 in Jean-Löring-Sportpark umbenannt.

Hans Löring, der sich selbst „Jean“ nannte und von vielen Kölnern liebevoll wie anerkennend „de Schäng“ gerufen wurde, trat 1966 das Amt des Präsidenten beim Südstadtclub an und blieb es für unvorstellbare 35(!) Jahre. In seine Epoche fiel die erfolgreichste Zeit des Vereins, der zunächst im Zwei-Jahres-Rhythmus einen Aufstieg nach dem nächsten feierte, 1973 für ein Jahr in der Ersten Liga ankam und 1983 als Zweitligist das Derby-Pokal-Endspiel erreichte (0:1). Unzweifelhaft ist es Lörings großzügiger finanzieller Zuwendung (über 30 Millionen DM) zu verdanken, dass sich Fortuna bis heute einen vorderen Platz in der ewigen Zweitligatabelle sichern kann, denn angesichts nur weniger hundert Zuschauer, die sich jahrelang auf den Rängen des Südstadions verloren, wäre der Verein nicht überlebensfähig gewesen.

Es sind insbesondere zwei Geschichten, die sich bis heute um Jean Löring, einem der letzten Patriarchen im deutschen Profifußball, ranken: So soll der gelernte Elektriker während eines Heimspiels in den 1980ern nach einem Flutlichtausfall dieses höchstpersönlich repariert haben, und Trainer Toni Schumacher erhielt von ihm in der Halbzeitpause des Spiels gegen Waldhof Mannheim 1999 die Kündigung, was „de Schäng“ mit den Worten „Ich als Verein musste reagieren“ kommentiert haben soll.

Steuerschulden seines Unternehmens trieben ihn, aber auch sein „Vereinche“, wie er ihn nannte, in den Ruin und letztlich in eine mehrfache Insolvenz. Löring starb verarmt im März 2005 und wurde auf dem Südfriedhof, nicht weit vom Ort seines Schaffens, beerdigt.

Schon längere Zeit ist die Modernisierung und eine Erweiterung des Sportparks um vier zusätzliche Plätze und einen Hallenneubau geplant, doch die selbst ernannte „Sportstadt“ Köln lässt dieses Vorhaben seit Jahren ruhen.

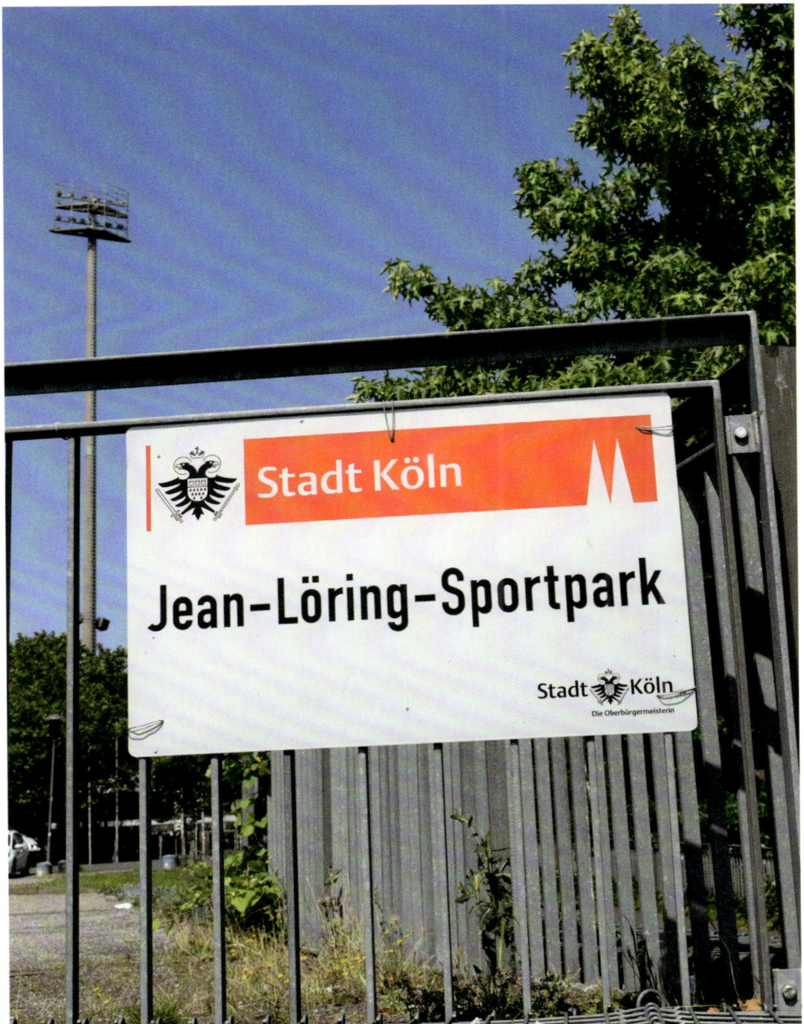

HARTE 4 FAKTEN

Neuer „Sportpark Süd": geplant seit 2015

Ziele: Bau einer neuen Halle und eines reinen Fußballstadions

Anzahl Fortuna-Jugendmannschaften: 22

Standort des Familiengrabs Löring: Südfriedhof, Flur 21

Grabmal Peco Bauwens

Gegner des Frauenfußballs

Fußballer, Schiedsrichter, DFB-Präsident, aber auch vehementer Gegner des Frauenfußballs – Peter Joseph „Peco“ Bauwens war ein Mann mit vielen Gesichtern. Berühmtheit erlangte der Heiligabend 1886 in Köln Geborene etwa als Schiedsrichter der „Dauer-Endspiele“ 1922 zwischen dem HSV und dem Glubb aus Nürnberg, als das erste Finale (2:2) nach 189(!) Minuten wegen Dunkelheit abgebrochen werden musste und auch das Wiederholungsspiel in der Verlängerung beim Stand von 1:1 das gleiche Schicksal ereilte, da der FCN nur noch sieben einsatzbereite Spieler hatte und Bauwens das Spiel vorzeitig beendete. Zudem leitete er 76 Länderspiele, darunter auch das Olympia-Endspiel 1936 in Berlin.

Peco Bauwens wurde aber auch der erste DFB-Präsident nach dem Zweiten Weltkrieg und blieb es für zwölf Jahre (1950–62). In seine Amtszeit fiel der erste WM-Titel der Nationalmannschaft, den er in einer Ansprache allzu euphorisch und mit nationalistischen Tönen als „Repräsentanz besten Deutschtums“ feierte, sodass sich der übertragende Bayerische Rundfunk zu einem Abbruch der Übertragung veranlasst sah.

Generell bleibt auch seine Rolle während der NS-Zeit umstritten. Zwar flog er aus der NSDAP wegen seiner jüdischen Frau raus (die sich später das Leben nahm), dennoch hegte er wohl weiterhin Sympathien für die Nazis und hatte auch kein Problem damit, Zwangsarbeiter in seiner Baufirma zu beschäftigen.

Unumstritten war hingegen seine Haltung zum Frauenfußball, den er, vermeintlich aus ästhetischen und gesundheitlichen Gründen, rigoros ablehnte. „Fußball ist kein Frauensport“, befand er vor dem DFB-Bundestag 1955 und lieferte damit die Steilvorlage für die dann einstimmig verabschiedete Weisung an alle Vereine, die die Bildung oder Aufnahme von Frauen-Abteilungen untersagte und verbot, Sportplätze für Frauenspiele freizugeben oder Schiedsrichter für solche Begegnungen abzustellen.

Peco Bauwens starb am 17. November 1963 und fand in einem Familiengrab auf dem Melaten-Friedhof seine letzte Ruhestätte.

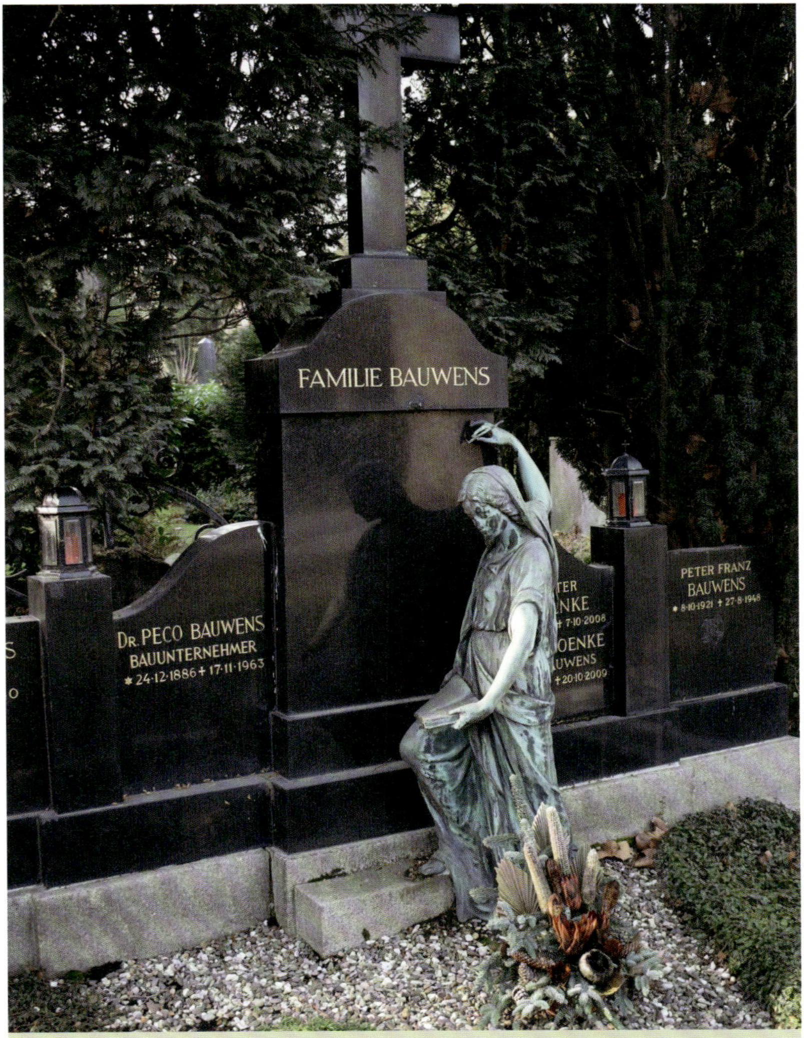

HARTE 4 FAKTEN

Adresse: Aachener Straße 204, Flur 43

Größe des Friedhofs: 435.000 Quadratmeter

Anzahl Gräber: über 55.000

Bauwens als Spieler: VfL Köln 1899 (vorher Kölner SC), Kölns ältestem Fußballverein

Dach Sport- & Olympiamuseum

Ihr Auftritt, Robbie Williams!

Berlin lässt grüßen. Wie der „Metro-Fußballhimmel" am dortigen Ostbahnhof, hat auch Köln einen Fußballplatz in luftiger Höhe. Auf dem Dach des Deutschen Sport- & Olympiamuseums am Eingang des ehemaligen Zollhafens befindet sich ein Kunstrasen-Spielfeld, das neben der Chance auf körperliche Betätigungen zugleich einen beeindruckenden Ausblick über den Rhein auf die „Schäl Sick", die hässlichen – Architekten benutzen auch gerne das Wort „modern" – Kranbauten und natürlich zum Dom bietet.

Auch wenn im Gegensatz zu Berlin hier kein normaler Ligaspielbetrieb möglich ist (dafür ist die Spielfläche mit 18 x 40 Metern zu klein), so kann der Platz dennoch vielfältig genutzt werden. Neben Fußball (Kapazität: 200 Personen) und Tennis (dann sind bis 100 Personen auf dem Dach erlaubt) kann der höchste innerstädtische Sportplatz auch für kleinere Sportturniere, exklusive Firmenfeiern wie auch Empfänge gemietet werden. Häufig finden auch Kindergeburtstage statt, die in den Kategorien Gold, Silber und Bronze gebucht werden können. Museumsbesucher können den Platz sogar kostenlos nutzen; allerdings muss aufgrund des besonderen und daher stark nachgefragten Ambientes häufig mit Wartezeiten gerechnet werden.

Ein Bonmot der Extraklasse erlebte die Dachanlage im Jahr 2000: Gemeinsam mit 400 geladenen Gästen schwebte Superstar Robbie Williams per Aufzug nach oben und gab auf dem Mini-Sportfeld ein Kurzkonzert, das über 2.000, nahezu ausschließlich weibliche Fans auf der benachbarten Severinsbrücke verfolgten und ihrem Idol Jubel und Küsse schenkten. Sein Auftritt leitete die jährliche Messe „Popkomm" ein und diente Williams ebenso als geniale Werbung für sein neues Album „Sing when you're winning".

1999 wurde das Museum eröffnet, das in einer Dauerausstellung einen spannenden Einblick über fast 3.000 Jahre Sportgeschichte vermittelt. Zwischen antiker Athletik und modernen Sportarten lebt der Fußball durch konservierte Originalstücke oder einer „Tor des Jahres"-Ecke auf. Sonderausstellungen runden den lohnenswerten Besuch ab. In naher Zukunft soll das Museum, das sich in einem denkmalgeschützten Gebäude befindet, eine neue Dauerausstellung mit einer moderneren Präsentation erhalten.

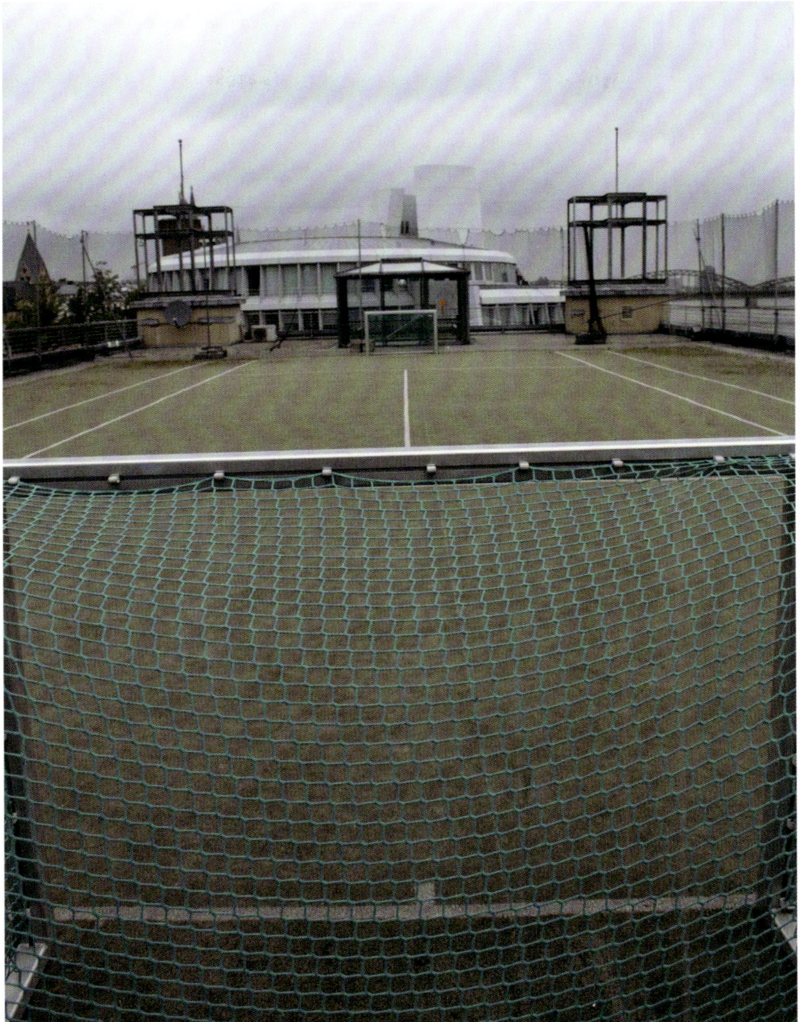

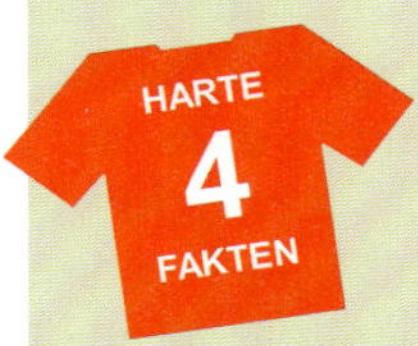

Adresse: Im Zollhafen 1

Öffnungszeiten: Dienstag bis Sonntag, 10–18 Uhr

Eintritt: 8 Euro (ermäßigt 5 Euro)

Nachbarn: Nebenan befindet sich das Schokoladen-, gegenüber das Senfmuseum.

Breslauer Platz

Hooligans gegen Salafisten

Normalerweise bildet der Breslauer Platz die Rückseite des Kölner Hauptbahnhofs, auf dem sich täglich Menschen wiedersehen oder verabschieden, der von ihnen mit einem Kaffee in der Hand passiert wird oder mit seinem fröhlichen Wasserspiel die Zuseher erfreut.

Am 26. Oktober 2014 wurde der Platz indes zur Anlaufstelle von aus dem gesamten Bundesgebiet angereisten Hooligans. Zur ersten großen, medienwirksamen Demonstration hatte die Initiative „Hooligans gegen Salafisten", kurz „HoGeSa", eingeladen. Erst Anfang des Jahres entstanden, rief die Gruppe zunächst via soziale Medien zum Kampf gegen den Salafismus auf. Nach einem ersten lockeren Kennenlernen einiger Aktivisten wenige Wochen zuvor in Dortmund sollte die für die uneingeweihte Öffentlichkeit überraschend stattgefundene Aktion in Köln ein erstes Ausrufezeichen setzen.

Ursprünglich soll von einer Teilnehmerzahl von rund 1.500 Personen ausgegangen worden sein, doch die Resonanz war überwältigend, sodass rund viermal so viele Leute am Sonntagmorgen hinter dem Hauptbahnhof eintrudelten. Mehrere Reden und Musik-Acts bildeten den Auftakt der Versammlung, bevor sich die Menge zu einem Marsch in Bewegung setzte.

Doch weit kam sie nicht. Nachdem schon nach wenigen Metern einige Teilnehmer auf der Suche nach körperlichen Auseinandersetzungen ausscherten und aus der Menge mit rechtsradikalen Sprüchen und Gesten provoziert wurde, löste die unterbesetzte Polizei die Demonstration auf. Diese Entscheidung bewerteten viele als Signal der totalen Enthemmung, und es kam zu heftigen Straßenkämpfen. Während die eine Seite Leuchtraketen und Wurfmaterialien wie Flaschen einsetzte, antwortete die Polizei mit Wasserwerfern, Reizgas und dem Gebrauch von Schlagstöcken. Am Ende gab es mehrere Verletzte – gezählt wurden diese, wie bei Fußballkrawallen auch, nur auf Seiten der Polizei –, zahlreiche Sachbeschädigungen und Festnahmen.

Schon bald brandete Kritik an der Polizeitaktik auf, die als zu nachlässig und auch naiv bewertet wurde. Ein Jahr später folgte eine zweite Demonstration, zu der sich, nun im Stadtteil Deutz, nur noch ein paar Hundert Hooligans versammelten.

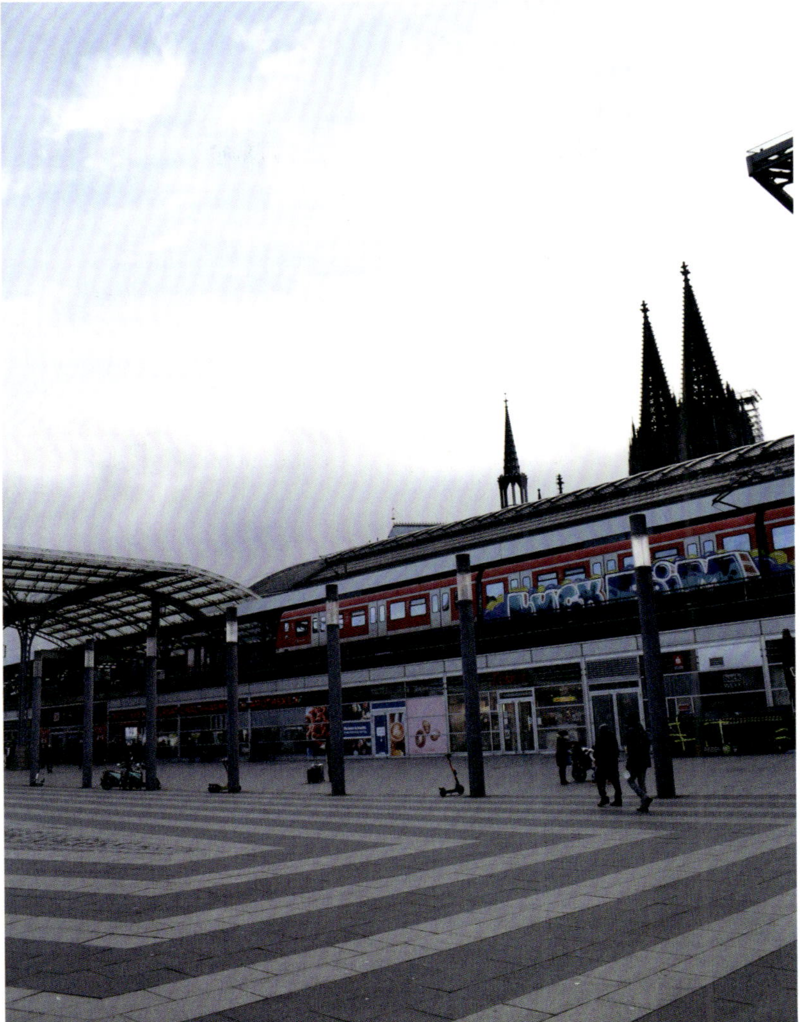

HARTE 4 FAKTEN

Bau Breslauer Platz: 1945

U-Bahn Linienverkehr: Linien 16 und 18

Bilanz der HoGeSa-Demo: 17 Festnahmen, 57 eingeleitete Verfahren

Entertainment: Direkt am Platz befindet sich der „Musical-Dome".

Prälat-Wolker-Anlage

Am Fuße der Moschee

Sechsspurig führt die Innere Kanalstraße, eine von Kölns wichtigsten Hauptverkehrsadern, auch durch den Stadtteil Ehrenfeld. Wäre die Aussichtsplattform in 166 Meter Höhe des 1978 gebauten Fernmeldeturms „Colonius" noch zugänglich (1999 geschlossen), hätten die Besucher einen wunderbaren Blick auf die gegenüberliegende Straßenseite. Hier thront prunkvoll nach achtjähriger Bauzeit die im Juni 2017 eröffnete Zentralmoschee der „Türkisch-Islamischen Union der Anstalt für Religion", kurz DITIB. Und während im Inneren des Gemeindezentrums Muslime ihren Glauben praktizieren, herrscht direkt nebenan der Kampf um den Ball.

Auf drei Plätzen (1x Kunstrasen, 2x Asche) tobt das Fußballleben auf der „Prälat-Wolker-Anlage", die Mitte der 1950er-Jahre eingeweiht wurde und dadurch zweifellos als ein Relikt des alten Stadtteils gilt, das sich trotz Neubaus und teuren Mieten seinen Ruf als Hochburg für Studenten und (Lebens-)Künstler bewahrt hat.

Den vorderen Kunstrasenplatz bespielen die Teams des Ditib Sport Klubs (DSK) Köln, der 1989 für die in Köln lebenden Jugendlichen mit dem Ziel gegründet wurde, ihnen soziale, kulturelle und sportliche Aktivitäten anbieten zu können. Mehrere Jahre kickte die erste Herren-Mannschaft in der Bezirksliga, bevor sie vor drei Jahren runter in die Kreisliga musste. Tipp: Gästefans, die während des Spiels ein kühles Bier genießen möchten, sollten unbedingt zuvor der anliegenden Tankstelle einen Besuch abstatten.

Der mittlere Platz hat indes schon höherklassigen Fußball gesehen. Hier war der FC Eintracht Köln 51/05 zu Hause, der 1998 mit dem Verbandsliga-Aufstieg seine glorreichste Zeit erreichte. Da man sich hierfür jedoch finanziell etwas „verhoben" hatte, hielt den Verein nur eine Fusion mit dem Bezirksligisten Italia Köln 1999 am Leben. Bis 2003 konnte die Klasse gehalten werden, dann folgte der doppelte Absturz in die Kreisliga. Im Jahr 2005 trennten sich die Wege, und Eintracht wurde mit neuer Zahl im Vereinsnamen wieder selbständig. Aktuell spielt auch die Eintracht auf dem im Jahr 2021 neu angelegten Kunstrasenplatz.

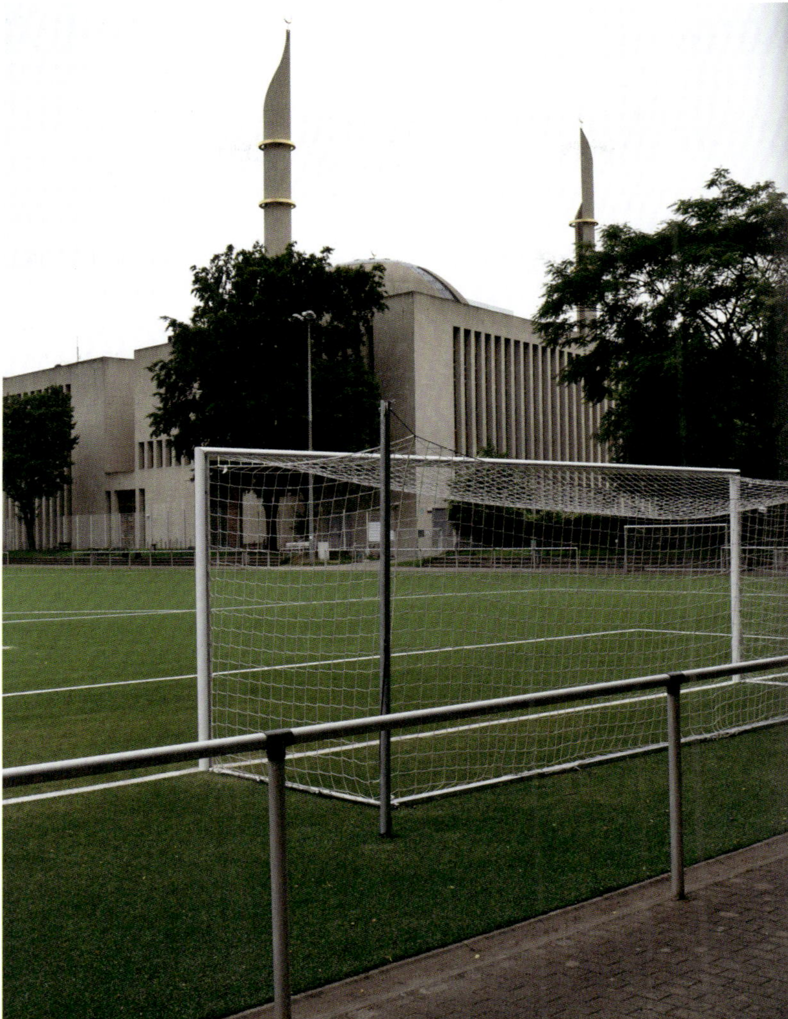

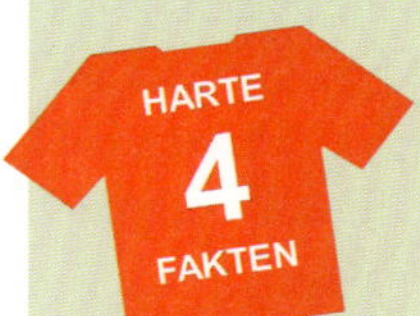

Staugefahr auf Inneren Kanalstraße: 8–20 Uhr
Verpflegung bei DSK-Spielen: Süßigkeiten, Tee, Kaffee
Baukosten Zentralmoschee: 30 Millionen
Anzahl Eintracht-Teams: 10

Kölnisch Wasser-Fabrik

Das Finanzamt musste nicht alles wissen

Zum Stadtbummel durch Köln gehört für viele Touristen neben dem Dom und einigen Kölsch-Brauereien auch ein Besuch im 4711-Haus in der Glockengasse. Hier erhält jeder Stadtgast das weltbekannte „Kölnisch Wasser", das auf einer Rezeptur basiert, die ein Karthäusermönch Wilhelm Mülhens zur Hochzeit am 8. Oktober 1792 geschenkt haben soll. 1874 entstand eine Werksanlage im Stadtteil Ehrenfeld, die Anfang der 1950er-Jahre eine Erweiterung erfuhr. Dabei erhielt das Fabrikgebäude ein einheitliches Aussehen durch eine Fassade in den Fabrikfarben Gold und Türkis.

Im Gebäudekomplex zwischen Venloer und Vogelsanger Straße regierte auch Ferdinand Mülhens junior, von Freunden „Ferdi" gerufen. In Tradition seiner geschäftstüchtigen Vorfahren hatte das Familienunternehmen jede Menge Geld angehäuft, und Fußballfreund Ferdi war begeistert vom SC Preußen Dellbrück, dem Verein unweit seiner Heimatstätte. Als die Preußen 1957 im SC Viktoria Köln aufgingen, war es fast logisch, dass er zu ihrem mächtigen Vereinssponsor wurde. Wie viele Jahre später sein „Nachfolger im Geiste", Franz-Josef Wernze, investierte auch Mülhens viele Millionen seines Privatvermögens in das Herzensprojekt – fürstliche Entlohnung nebst satter Siegprämien für die Oberliga-Kicker inklusive.

Offiziell Amateurverein und somit auf eine monatliche Höchstgage von rund 700 DM beschränkt, durfte das restliche Entgelt jedoch nicht in den Büchern auftauchen. Nur durch einen Zufall durchschaute die Steuerfahndung dieses Gebaren und verlangte Schenkungssteuern. Da der Verein diese nicht aufbringen konnte (obwohl stets im oberen Tabellendrittel, blieb der Zuschauerschnitt häufig sehr bescheiden), wurde Ferdi Mülhens vor dem Landgericht der Prozess gemacht. Entrüstet über dieses Vorgehen, ihm als (aus seiner Sicht) hoch angesehenen Mann der Stadt wegen einer solchen „Lappalie" vor Gericht zu stellen, stellte der Mäzen seine Geldgaben ein. Schon bald ging es mit Viktoria bergab, die schließlich insolvent ging und 2010 aufgelöst wurde. Verbliebene Jugendspieler übernahm der neue FC Viktoria.

1992 wurde auch die 4711-Produktion in Ehrenfeld aufgegeben. Heute ist das Gelände ein lebendiges Quartier im Veedel.

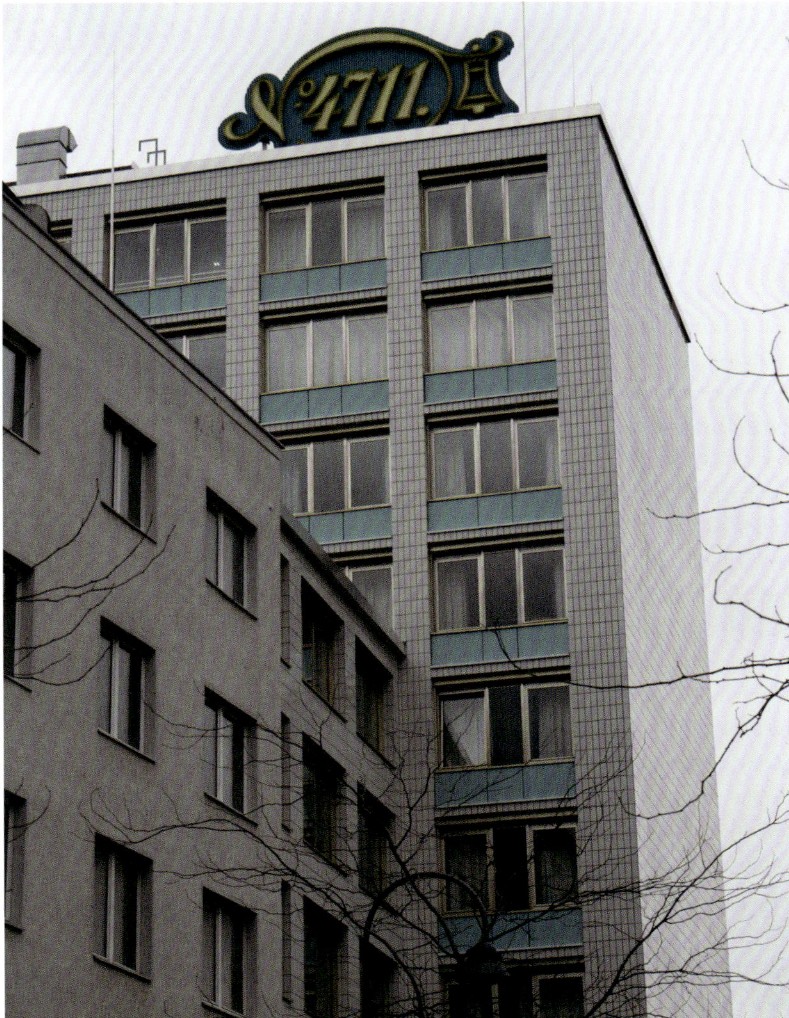

HARTE 4 FAKTEN

Ursprung 4711: laut Legende Hausnummer, erteilt durch französischen Stadtkommandanten

Rezeptur: bis heute ein Familiengeheimnis

Viktoria-Platzierungen in den 1980ern: zwischen Platz 2 und 7

Stadtteil Ehrenfeld: beliebt wegen vielfältiger Lokalkultur

Olympiastadion

Zwischen Puff und Gleisdreieck

Ist es Selbstironie oder Übermut? „Olympiastadion“ prangt an der Bande des Sportplatzes im Kölner Stadtteil Nippes und lässt den Leser unweigerlich schmunzeln. Gut – dass der erste Wortteil nichts mit der Veranstaltung gemeinsam hat, mit der sich alte korrupte Olympia-Komitee-Männer im Vier-Jahres-Rhythmus die Portemonnaies füllen, sondern sich auf den Hausherrn Eisenbahner Sport-Verein (ESV) Olympia Köln bezieht, leuchtet schnell ein. Aber „Stadion“? Immerhin handelt es sich lediglich um einen Kunstrasenplatz, dessen Strafraumgrenzen den Seitenlinien sehr nahe kommen und von Tennisplätzen eingegrenzt wird.

Ohnehin ist es gar nicht mal so einfach, die Sportanlage überhaupt zu finden. Die Hornstraße dürfte vielen männlichen Kölnern (und Auswärtigen) durch Europas größtes Hochhausbordell, dem „Pascha“, ein Begriff sein (unabhängig, ob sie die Inneneinrichtung des blauen Gebäudes bereits begutachtet haben), doch dass die dahinter rechts abbiegende Straße, durch eine ausladende Unterführung und vorbei an Stahlschranken, an einem Sportplatz endet, wissen wohl eher nur Aktive, ESV-Freunde und Ortskundige.

Das Gesamtbild des Areals wirkt etwas bizarr. Einerseits ist der Platz von drei Bahndämmen und mehreren Gleisen umgeben, die das Industrieflair des Gesamtkomplexes widerspiegeln. Andererseits wird er von zahlreichen Bäumen gesäumt, die ein Naturidyll versprechen; „Waldstadion“ wäre daher auch ein prima Name. Den Lärm der unzähligen, täglich vorbeifahrenden Züge hört hier niemand mehr, versichern Kicker der 21 Jugend- und 2 Seniorenteams glaubwürdig.

Bis das Spielfeld im Sommer 2017 grüne Farbe erhielt, galt der Platz als einer der schlechtesten in der gesamten Stadt. Im Sommer zu trocken und zu staubig, verwandelte er sich bei Regen schnell in eine Matschwüste, da das Wasser trotz Drainage den stark beanspruchten Aschenboden nur schwerlich verlassen konnte. Doch diese Zeiten gehören im „Olympiastadion“ zum Glück der Vergangenheit an.

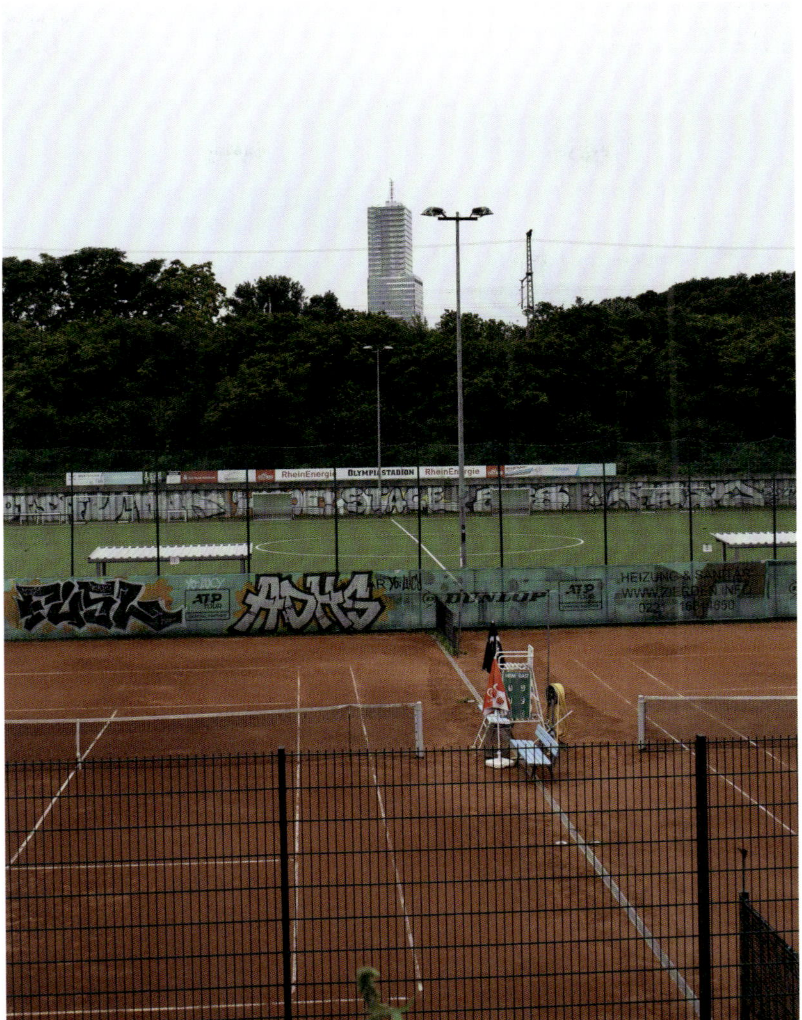

HARTE 4 FAKTEN

Vorbeifahrende S-Bahnen: S6, S11, S12, S13, S19
Anzahl Appartements im „Pascha“: 126
Anzahl ESV-Abteilungen: 9
Ehemaliger Name: Reichsbahnturn- und Sportverein Köln

Weidenpescher Park

Das Wunder von der Rennbahnstraße?

Zwischen Nebeneingang und VIP-Parkplatz der Galopprennbahn schlummert ein Monument Kölner Fußballhistorie, das seit vielen Jahren auf die Erlösung wartet, endlich aus dem Dornröschenschlaf in Form einer sportlichen Wiederbelebung wach geküsst zu werden. Gitterzäune versperren seit Jahren den Zugang zum Sportplatz an der Rennbahnstraße (auch „Stadion Weidenpescher Park"), auf dessen Gelände Kölns ältester Fußballverein VfL Köln 1899 (gegründet als Internationaler Fußball-Club Cöln, später Kölner FC 1899 und 1937 durch Fusion mit dem „Kölner Club für Rasenspiele") bis 2002 zu Hause war.

Immerhin erlaubt das Gatter einen Blick auf das 1968 von Rasen in Asche umgewandelte Spielfeld sowie insbesondere auf die im Stadion-Eröffnungsjahr 1920 erbaute und seit 1989 unter Denkmalschutz stehende alte Tribüne, die nicht nur Fußballhistoriker zum Schwelgen bringt.

Bis zu 16.000 Zuschauer fasste einst die Heimstätte des VfL, der mit dem Halbfinaleinzug um die Deutsche Meisterschaft 1941 (1:4 gegen Schalke in Düsseldorf) seinen größten sportlichen Erfolg erzielte und inzwischen nach einer Fusion mit dem FSV Köln-Nord im 1. FSV Köln 1899 aufgegangen ist. Bereits ab 1903 durfte Kölns Pionierverein das vom Rennverein überlassene Areal bespielen, zu dem seinerzeit auch ein B- und C-Platz gehörten und das in der Frühzeit des deutschen Fußballs sogar zweimal Schauplatz der Endspiele um die Deutsche Meisterschaft war (1905 Union 92 Berlin – Karlsruher FV 2:0; 1910 Karlsruher FV – Holstein Kiel 1:0 n. V.).

Nachdem der VfL seine Heimat nach 99(!) Jahren verlassen hatte, nutzte Regisseur Sönke Wortmann die Traditionsstätte für zweimonatige Dreharbeiten zum Kinofilm „Das Wunder von Bern". Seit 2019 versucht die Initiative „Altes Stadion", Eigentümer (Stadt) und Pächter (Rennverein) von der sinnvollen Sanierung des fußballhistorischen Juwels zu überzeugen. Bisher leider erfolglos. Auch bei Redaktionsschluss deutete leider nichts auf eine Renaissance der Spielstätte hin, die an Renntagen als Parkplatz genutzt wird.

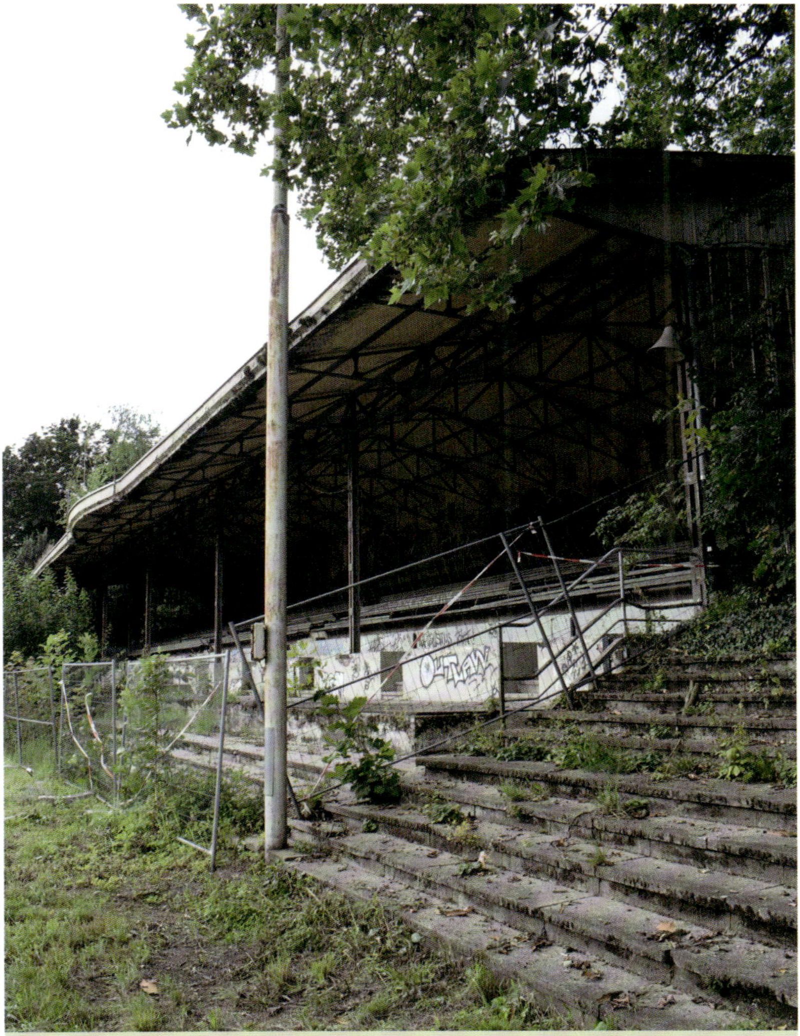

HARTE 4 FAKTEN

Besondere Zahl: 99
(Jahre Heimat des ältesten Kölner Fußballvereins)

Außergewöhnliche Gäste: Newcastle United, Grashoppers Zürich

Größte Erfolge: Westdeutscher Meister 1903 und 1906

Berühmter Spieler: Peco Bauwens
(später erster DFB-Präsident)

Sportplatz Merheimer Heide

Übernommen und weitergereicht

Gleich gegenüber des Haupteingangs zum Sportpark Höhenberg, Heimat des 2010 gegründeten FC Viktoria, befindet sich der Eingang zum vereinseigenen Sportplatz des TuS Köln rechtsrheinisch (kurz: rrh.) mit Aschen- und Rasenplatz (einschließlich blauer Leichtathletik-Laufbahn). Zu den zehn Sportarten, die der 1946 nach einem Zusammenschluss des Turnvereins Kalk 1874 und des Turnvereins Höhenberg entstandene Klub anbietet, gehört auch Fußball. Doch waren und sind es nicht die Männer, die neben der erfolgreichen Leichtathletik-Abteilung Zuschauer in die Merheimer Heide lock(t)en. TuS-Fußball bedeutete für zwölf Jahre starken Frauenfußball, der jedoch just nach dem größten Triumph zum Erliegen kam.

1996 übernahm der TuS rrh. die Frauen-Mannschaft des zuvor weiblichen Aushängeschilds aus Bergisch Gladbach und trat in der zweitklassigen Regionalliga an, wo 2004 die sportliche Qualifikation für die neu eingerichtete Zweite Liga zwar gelang, der Startplatz jedoch nicht wahrgenommen wurde. Ein Jahr später wagte der Verein dann doch den Schritt, den die Frauen bis 2008 mit zwei vierten und einem fünften Platz dankten. Dazu gewannen die Kickerinnen fünfmal den Mittelrhein-Pokal, erreichten zweimal das DFB-Pokal-Viertelfinale und 2008 sogar das Halbfinale, das nebenan im Sportpark vor annähernd 6.000 Zuschauern gegen Saarbrücken jedoch 0:2 verloren ging.

Schon wenige Wochen nach diesem größten sportlichen Erfolg fassten 37 anwesende Mitglieder indes den überraschenden Entschluss, die Abteilung umgehend aufzulösen. Die ungenügende Akquise von Sponsoren erschwere die Fortführung des Spielbetriebs und die Schaffung eines festen Standorts für hochwertigen Frauenfußball, wird TuS-Manager Maruan Azrak als Hauptgrund erläutern. Nutznießer war Nachbar Bayer Leverkusen, der im Vorfeld der Frauen-WM 2011 ohnehin überlegte, fürs eigene Renommee ein Frauen-Team zu gründen und somit, den lästigen Gang durch die Ligen ersparend, zum Start gleich als Zweitligist auflaufen konnte und bereits im zweiten Jahr erstklassig wurde. Schön, dass der Frauen- und Mädchenfußball inzwischen aber wieder fest integriert im TuS-Leben ist.

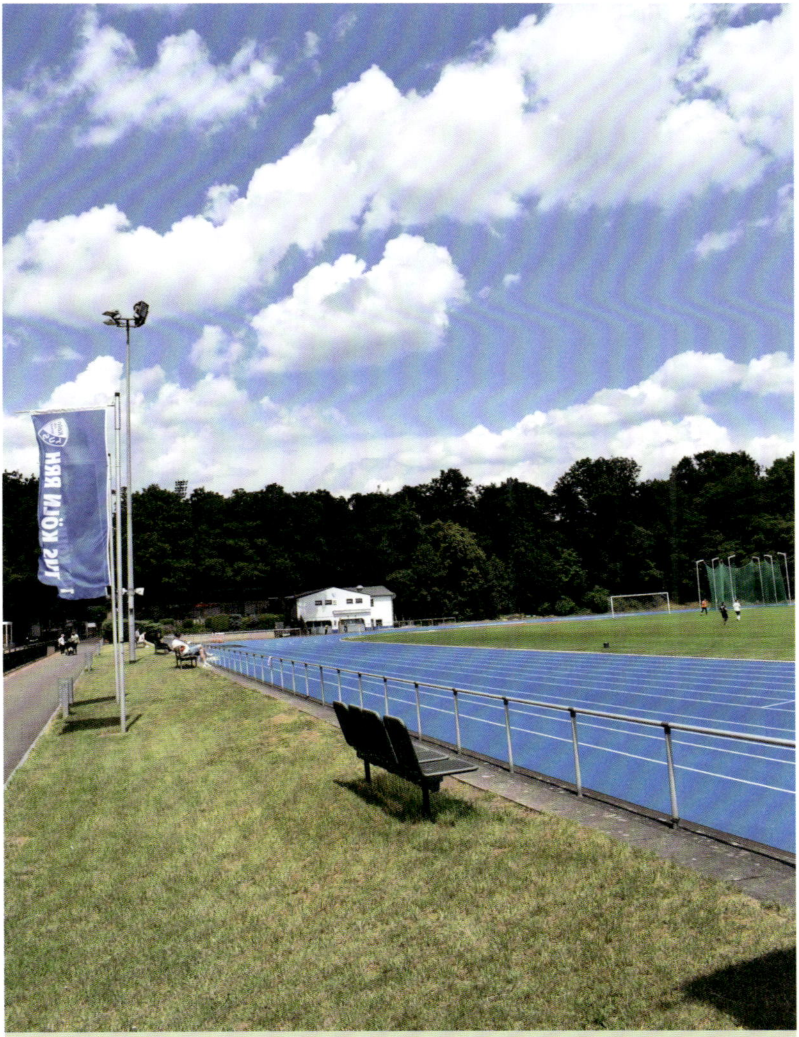

HARTE 4 FAKTEN

Größe Vereinsgelände: 15.000 Quadratmeter

Weitere Abteilungen: Leichtathletik, Tennis, Touch Rugby, Schwimmen, Fitness, Turnen

Weibliche Teams aktuell: 2 Seniorinnen-, 5 Juniorinnen-Mannschaften

Olympia-Teilnehmerin 2004: Läuferin Akosua Serwaa

Sportpark Höhenberg

Keine Lust auf Kreisliga

SC Viktoria, SCB Preußen, SCB Viktoria, FC Viktoria – die Namen der Vereine, die im Höhenberger Sportpark beheimatet waren und sind, ähneln sich. Was nicht verwunderlich ist, denn eigentlich war hier immer nur ein Verein zu Hause.

Doch angefangen hatte alles mit dem VfR 04 rechtsrheinisch (kurz: rrh.), der 1931 eine städtische Anlage im Volkspark Höhenberg auf dem Gelände der ehemaligen Merheimer Heide pachtete. Die Eröffnung als „Sportpark Höhenberg" fand gegen Schalke vor 8.000 Zuschauern auf Graswällen statt. Nach der 1949 erfolgten Fusion mit dem Mülheimer SV 06 zum SC Rapid Köln, der wiederum 1957 mit dem ruhmreichen SC Preußen Dellbrück (1950 im DM-Halbfinale gegen Kickers Offenbach 0:0 und 0:3) im SC Viktoria Köln aufging, erhielt das Stadion 1969 erstmals eine Tribüne (1.200 Plätze), von der die Zuschauer von 1978 bis 1981 Zweitligafußball erleben konnten.

Obwohl die Viktoria trotz großzügiger Investitionen ihres Mäzens Ferdinand Mülhens (damaliger Inhaber der Kölner Parfümfabrik 4711) anschließend in der Oberliga Nordrhein stets die Meisterschaft und somit die Teilnahme an den Zweitliga-Aufstiegsspielen verpasste, ließ die Stadt Köln 1990 für rund neun Millionen DM eine moderne und 115 Meter lange Tribüne für 3.000 Besucher errichten.

Als der SC Viktoria im Sommer 1994 sportlich und finanziell am Ende war, warf sich der Verein bereitwillig in die Arme des von Spielhallenbesitzer Theo Seuffert gesponserten SC Brück und gründete den SCB Preußen Köln (als Reminiszenz an Vorgängerclub Preußen Dellbrück), der 2002 zum SCB Viktoria Köln wurde und acht Jahre später insolvent aus dem Vereinsregister verschwand. Ins ein Jahr brachliegende Stadion zog dann der 2010 neu gegründete Verein FC Viktoria Köln ein, der sich durch Übernahme des Oberliga-Aufsteigers FC Junkersdorf den langen Weg von der untersten Kreisliga in höhere Spielklassen ersparte und nun im 2012 und 2019 modernisierten Sportpark seine Zuschauer in der 3. Liga begrüßt.

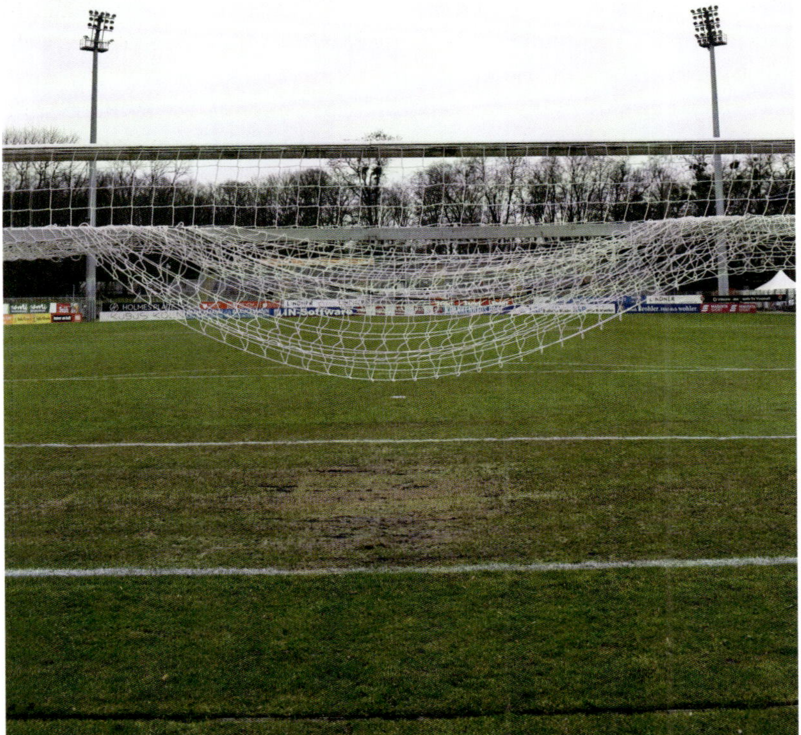

HARTE 4 FAKTEN

Gastvereine in den 1980ern: TuS Xanten, Viktoria Goch, FV Bad Honnef

Einstiger Viktoria-Trainer: Hennes Weisweiler

Weitere Sportarten: Rugby, American Football

Aktuelle Kapazität: 10.001 Plätze

Et Höffge

Preußen Dellbrück – mehr als ein Straßenname

Von der Straßenseite stadteinwärts einsehbar steht eine Gedenktafel an der Bergisch Gladbacher-Straße im Stadtteil Dellbrück und erinnert an den kurzen Ruhm seines Veedelsclubs. In Kooperation mit einem lokalen Wohnungsunternehmen und zweier Banken setzte der Bürgerverein Dellbrück e. V. im Jahr 2010 dem SC Preußen damit ein Denkmal, der an dieser Stelle seine Heimspiele austrug und sich später auf den einmaligen Weg zu einem der vier besten deutschen Vereine machte. Ihm zu Ehren erhielt zudem ein Weg in die 2006 auf der einstigen Spielstätte erbaute Wohnsiedlung den Namen „Preußen-Dellbrück-Weg".

„Et Höffge" hieß der Sportplatz, der 1922 in Eigenarbeit von Aktiven des 1912 als FK Preußen Dellbrück (1919 Umbenennung in FV 1912, ab 1926 schließlich SC Preußen) gegründeten Vereins entstand, und lediglich von aufgeschütteten Erdwällen umgeben war. Besonders eng wurde es auf der Anlage, als sich die Preußen 1947 für die erstklassige Oberliga West qualifizierten und regelmäßig rund 6.000 Zuschauer dabei sein wollten. Gegen die ruhmreichen Schalker und in entscheidenden Abstiegsduellen sollen sich sogar fünfstellige Besucherzahlen um den nicht erweiterbaren Platz gedrängelt haben.

Vom Wiederabstieg nach vier(!) Entscheidungsspielen ließen sich die Preußen nicht erschüttern, kehrten umgehend zurück und zogen als Vizemeister in die Endrunde um die Deutsche Meisterschaft ein. Nach Erfolgen gegen Reutlingen und gegen den amtierenden Meister VfR Mannheim auf neutralen Plätzen stand man urplötzlich im Halbfinale und war somit nur noch zwei Siege vom Meistertitel weg. Zigtausende Anhänger sollen die Spieler nach ihrer Rückkehr am Dellbrücker Bahnhof empfangen haben. Im Halbfinale gegen Kickers Offenbach ging den Schwarz-Weißen allerdings die Puste aus (0:0 und 0:3 im Wiederholungsspiel).

Auch nach der Fusion mit dem SC Rapid zum SC Viktoria Köln (1957) verblasste der Ruhm der Himmelsstürmer nicht. Mit Festschrift, DVD und Fotoausstellung wurde sogar noch in der jüngeren Vergangenheit den Preußen und ihrer Erfolgssaison gehuldigt.

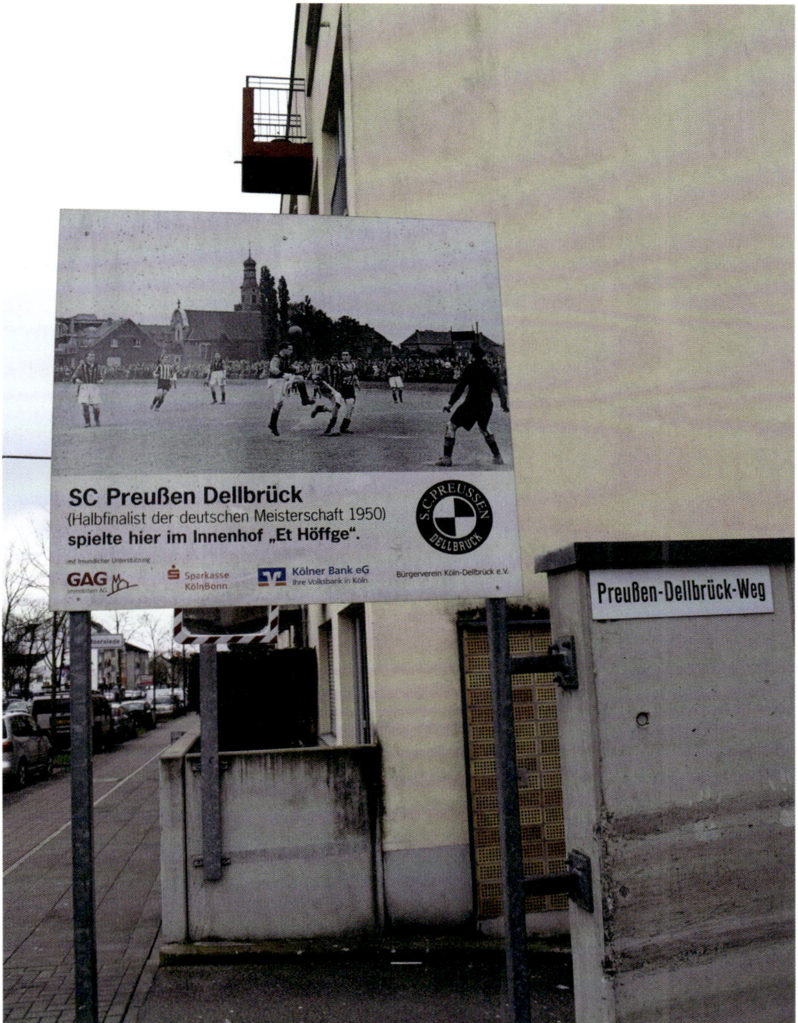

HARTE 4 FAKTEN

Erstes DM-Endrundenspiel: 1:0 n. V. (in Koblenz)

Zweites DM-Endrundenspiel: 2:1 (in Frankfurt)

DM-Halbfinale: 0:0 (in Stuttgart), 0:3 (in Oberhausen)

Heimat: ab 1949 wurden die Oberliga-Heimspiele in Riehl und Müngersdorf gespielt

Sportplatz Am Weidenbruch

Die Asche als Sprungbrett

Gleich neben der Autobahn 3 ist ein Verein zu Hause, bei dem aktuelle und ehemalige Profis wie Marcel Risse oder Sven Demandt ihre Fußballkarriere begannen. Direkt nach der Abbiegung in die Straße „Am Weidenbruch" (von der Berliner Straße stadtauswärts kommend) befindet sich der Eingang zum Sportplatz des 1919 gegründeten Turn- und Sportverein Höhenhaus. Auch zu seiner besten Zeit, als die Männer insgesamt sechs Jahre in der Verbandsliga Mittelrhein (in den 1960ern höchste Amateurliga) spielten, trug der Klub seine Heimspiele auf damals alltäglichem, dennoch nicht weniger gehasstem Aschenplatz aus.

Während die Männer von 1967 bis 1969 und erneut von 1994 bis 1998 Gäste aus entfernteren Regionen wie dem Aachener Umland zum sportlichen Vergleich erwarteten, war der Verein insbesondere für Jugendspieler eine begehrte Adresse und wurde dabei in einem Atemzug mit Bayer Leverkusen und dem 1. FC Köln genannt. So wurde die A-Jugend im Jahr 2000 Mittelrheinmeister und stieg in die seinerzeit erstklassige Regionalliga West auf.

Die erfolgreichste Zeit in der über 100-jährigen Vereinshistorie war eng mit Karl-Heinz Gillet verbunden, der nach seinen Tätigkeiten als Betreuer und Jugendleiter in den 1970ern der starke Mann beim TuS wurde. Jede freie Sekunde investierte er in „seinen" Verein mit dem Lorbeerkranz im Wappen und schonte zu dessen Wohle weder sich noch andere. Dies wurde ihm schließlich zum Verhängnis, als er 1997, gerade einmal 52-jährig, seinem dritten Herzinfarkt erlag.

Während der Jugendbereich noch einige Zeit von Gillets Wirken zehren konnte, ging es für die erste Mannschaft schnell bergab. Dem Abstieg 1998 folgten weitere, bis man 2005 in der Kreisliga C angekommen war. 2015 wurden beide Herrenteams aus dem Spielbetrieb abgemeldet. Bis zur letzten Saison duellierte sich die Erste in der C-Liga; Jugendspieler finden sich nur noch in den jüngeren Jahrgängen, verteilt auf sieben Mannschaften. Schrammen holen sich alle jedoch weiterhin auf Asche.

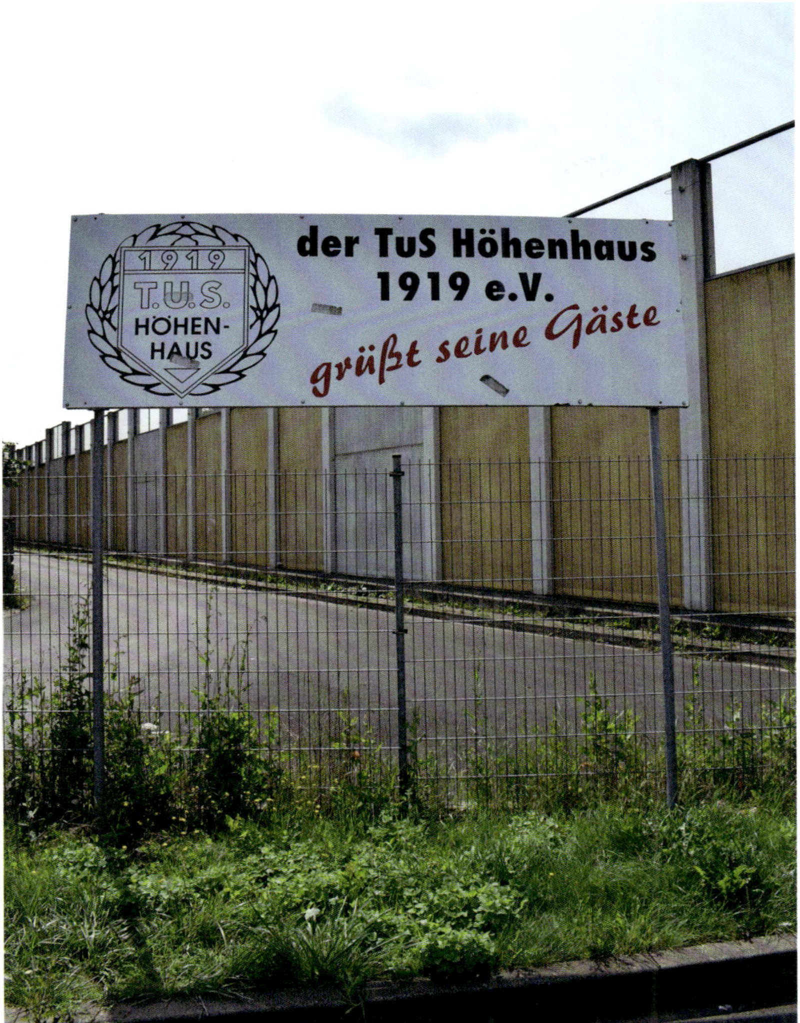

HARTE 4 FAKTEN

Vereinsfarben: Rot-Weiß
Höchste Spielklasse: Verbandsliga
Größter Jugenderfolg: Teilnahme am DFB-Pokal 1987
Sportplätze in unmittelbarer Umgebung: 3

Sportplatz Piccolministraße

Noch da, aber irgendwie auch nicht

Busse säumen den Wegesrand in der Abbiegung, wo die Romaneystraße in die Piccolministraße übergeht. Das Reiseunternehmen H.J. Placke hat hier seinen Stammsitz und nutzt den überschaubaren Parkraum zur Abstellung seiner Firmen-Fahrzeuge. Nur selten muss sich dabei um die Fläche mit Fußballern oder Zuschauern gestritten werden, die die Sportanlage nebenan besuchen oder für Trainings- und Spielzwecke nutzen. Es ist ruhig geworden auf der früheren Heimstätte des DJK Winfriedia Mülheim, der, einst Viertligist, 2009 insolvent aufgelöst wurde.

Der Eingangsbereich wirkt inzwischen schmuddelig und verwahrlost. Vergilbte und beschmutzte Hauswände, ein verlassenes, teilweise zerstörtes Kassenhäuschen und ein Kiosk, in dem lange nicht mehr Kölsch oder Snacks die Besitzer wechseln, lassen Schlimmes vermuten. Doch der Sportplatz selbst ist überraschenderweise in einem guten und vorzeigbaren Zustand. Kicken wäre also immer noch möglich!

Nur eine kurze Zeit drängten sich die Besucher auf den Stehtraversen einer Längsseite. Es war zur Hoch-Zeit der 1923 gegründeten DJK, als der Verein dank der finanziellen Unterstützung durch den Spielhallenbesitzer Theo Seuffert (der zuvor dem SC Brück in die Oberliga verholfen hatte) nach drei aufeinanderfolgenden Aufstiegen 1994 in der Oberliga Nordrhein angekommen war. Doch interne Streitigkeiten und Zuwendungskürzungen machten dem Höhenflug ein jähes Ende. Nach dem sofortigen Wiederabstieg (und dem Rückzug Seufferts) und weiteren Abstiegen landete der Klub, für den die Bundesligaprofis Hans Sarpei und Danny da Costa die Schuhe schnürten, im Jahr 2000 in der A-Liga.

Mit zwei Aufstiegen in die Bezirksliga nach der Jahrhundertwende sendete der Verein ein letztes Lebenszeichen, dann gingen die Lichter aus. Während des Kunstrasen-Umbaus ihrer eigenen Sportstätte gingen zuletzt die Fußballer des TuS Stammheim auf der Anlage ein und aus.

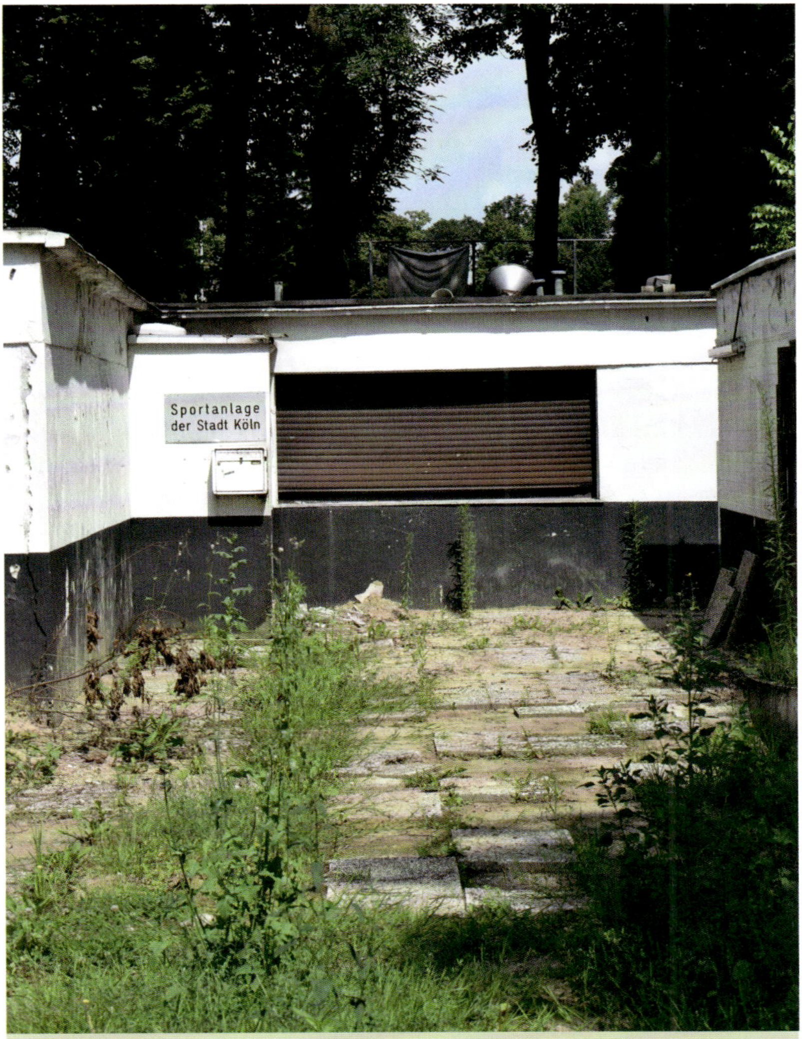

HARTE 4 FAKTEN

Herkunft Winfriedia: Ableitung von Winfried, dem Hl. Bonifatius

Nachbarverein: Tennisclub Mülheim

Letztes Winfriedia-Heimspiel: 2011

Stadtteil: Köln-Buchheim (nicht Mülheim)

Schulzentrum Ostheim

Dritte Liga auf Asche

Schon lange macht die stetig zunehmende Reglementierung des gesellschaftlichen Lebens auch nicht vor der dritten deutschen Fußball-Liga Halt. Um hierfür die Zulassung zu erhalten, gibt der Deutsche Fußball-Bund (DFB) strenge Auflagen für die Ausstattung der Heimspielstätten vor. So muss ein Stadion über mindestens 10.000 Plätze verfügen (davon mindestens 2.000 Sitzplätze). Die Presse- und Ehrentribüne muss ebenso überdacht sein wie mindestens ein Drittel der Sitzplätze. Eine Flutlichtanlage mit einer Beleuchtungsstärke von Mittelwert E-Cam 800 lx ist genauso vorgeschrieben wie ein Spielfeld aus echtem Gras und mit Rasenheizung. Gleichwohl: Zukünftig sollen diese Vorgaben etwas abgeschwächt werden.

Ach, was war das doch in den 1980ern für eine herrliche, im Grunde abenteuerliche Zeit, als unterhalb der 2. Liga acht drittklassige Oberligen existierten und Vereine wie Starkenburgia Heppenheim oder DJK Hellweg Lütgendortmund stolze Mitglieder der dritthöchsten Spielklasse sein durften. In der Oberliga Nordrhein konnte sich ab 1988 auch der SC Brück, zuerst für zwei Jahre, Drittligist nennen.

Seine Heimspiele trug der 1930 gegründete und 1994 durch eine Fusion mit Viktoria Köln im SCB Preußen Köln aufgegangene Klub dabei anfangs auf dem Aschenplatz des Schulzentrums Ostheim aus. Statt Rasen, abgetrenntem Gästeblock, Tribüne und VIP-Plätzen gab (und gibt) es hier lediglich eine Handvoll Stehplätze auf einer Längsseite. Sonst nichts. Stadion- und rasenverwöhnte Teams wie RW Oberhausen oder Wuppertaler SV mussten sich daher auf hartem, ungewohntem Geläuf dem forschen Aufsteiger stellen und erlebten trotz lautstarker Fan-Unterstützung ihr sportliches Fiasko.

Ein Jahr später wich der damals vom Spielhallenbetreiber Theo Seuffert finanzierte Verein auf den Rasenplatz von Lokalnachbar Rot-Schwarz Neubrück aus, wo nach dem Abstieg der sofortige Wiederaufstieg gelang. 1993/94 als Dritter für die neu geschaffene Regionalliga West/Südwest qualifiziert, folgte schließlich die Fusion zum SCB Preußen Köln und der sofortige Abstieg.

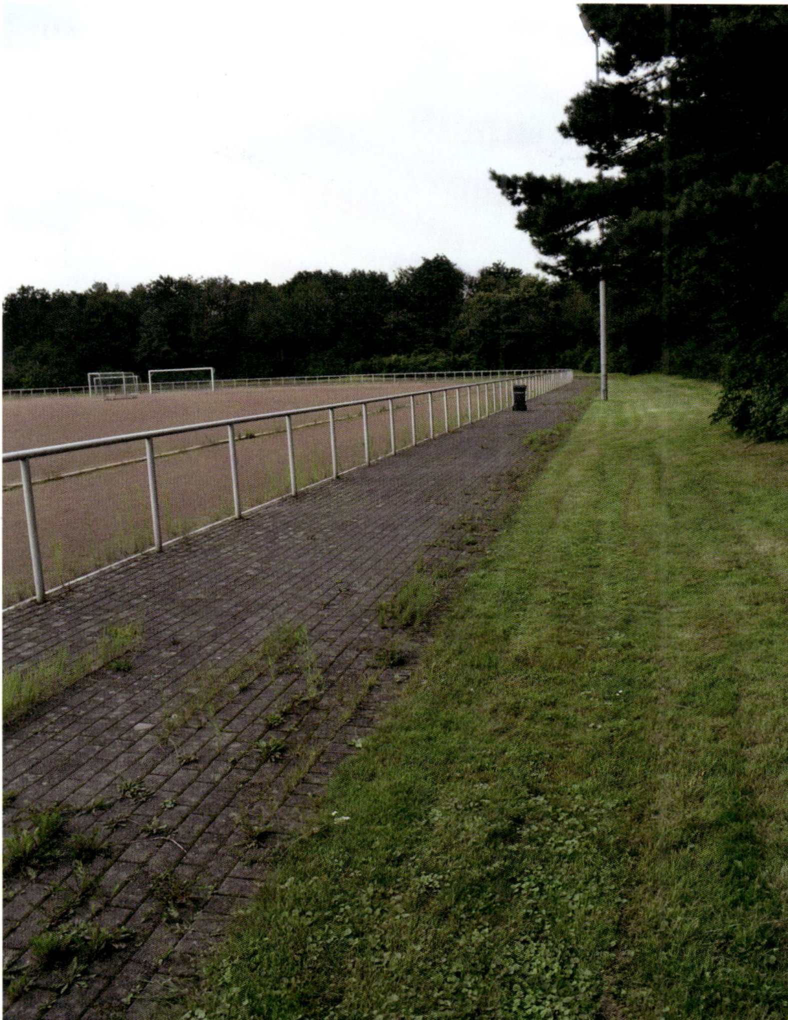

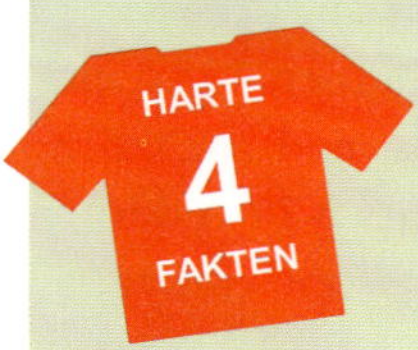

Bekannte Spieler: Andreas Rettig, Günter Breitzke
Bekanntester Trainer: Tony Woodcock
Aktuelle Liga: Kreisliga C
Heutiger Spielort: Sportplatz Flehbachstraße

Stadion Brucknerstraße

Deutsche Meister und WM-Teilnehmer

Wolfgang Weber schaut immer noch regelmäßig auf der Platzanlage der Sportvereinigung Porz 1919 vorbei und wird auch nicht müde, auf Bitten die berühmte Geschichte um das „1966er-Wembley-Tor-oder-nicht-Tor“ zu erzählen, dem er bis heute die Gültigkeit aberkennt. Der ehemalige Nationalspieler, der acht Jahre für die „Rothosen“ dem Ball nachjagte, ist einer von mehreren Spielern, die ihre Karriere auf dem Sportplatz an der Brucknerstraße begannen. Auch Bernd Cullmann, dessen Sohn Carsten oder Herbert Neumann schnürten zunächst im südöstlichen Stadtteil ihre Fußballschuhe, bevor sie wie Weber in den Klettenberger Grüngürtel wechselten und auf der anderen Rheinseite Erstligaluft schnupperten.

Bereits im ersten Jahr nach der Gründung als „Sport-Klub Porz“ gelang der Aufstieg in die B-Klasse, dem sich sogleich der Durchmarsch in die A-Klasse anschloss. Nach einer sportlich wertlosen Fusion mit Germania Zündorf (1935) gründeten zahlreiche Aktive im darauffolgenden Jahr ihren alten Verein wieder, der jedoch nach den damaligen Statuten nicht die alte Bezeichnung annehmen durfte und zudem in der untersten Spielklasse beginnen musste.

Wenigstens konnte der „Sportvereinigung Porz“ getaufte Klub, der 1954 sein Gründungsjahr in den Vereinsnamen aufnahm, ein Gelände der Kall-Chemie AG zum eigenen Sportplatz umbauen, den er bis zum Neubau des Porzer Krankenhauses 1962 bespielte. Ab diesem Zeitraum begannen die Rothosen dann ihre Klassenfahrt durch Verbands-, Bezirks-, Kreis- und Landesliga, in der sie pünktlich zum 100-jährigen Bestehen 2019 wieder einmal angekommen waren.

Angesehenes Standbein auf der Vereinsanlage, auf der auch der sieben Jahre ältere Bezirksnachbar RSV Urbach zu Hause ist, sind seit 1982 auch die Alten Herren, die bereits mehrere Titel auf Verbands- und Kreisebene gewannen. Nach dem Sieg beim bundesweiten Ü32-Supercup 2014 durften sich die „Deutschen Meister“ sogar ins „goldene Buch von Porz“ eintragen.

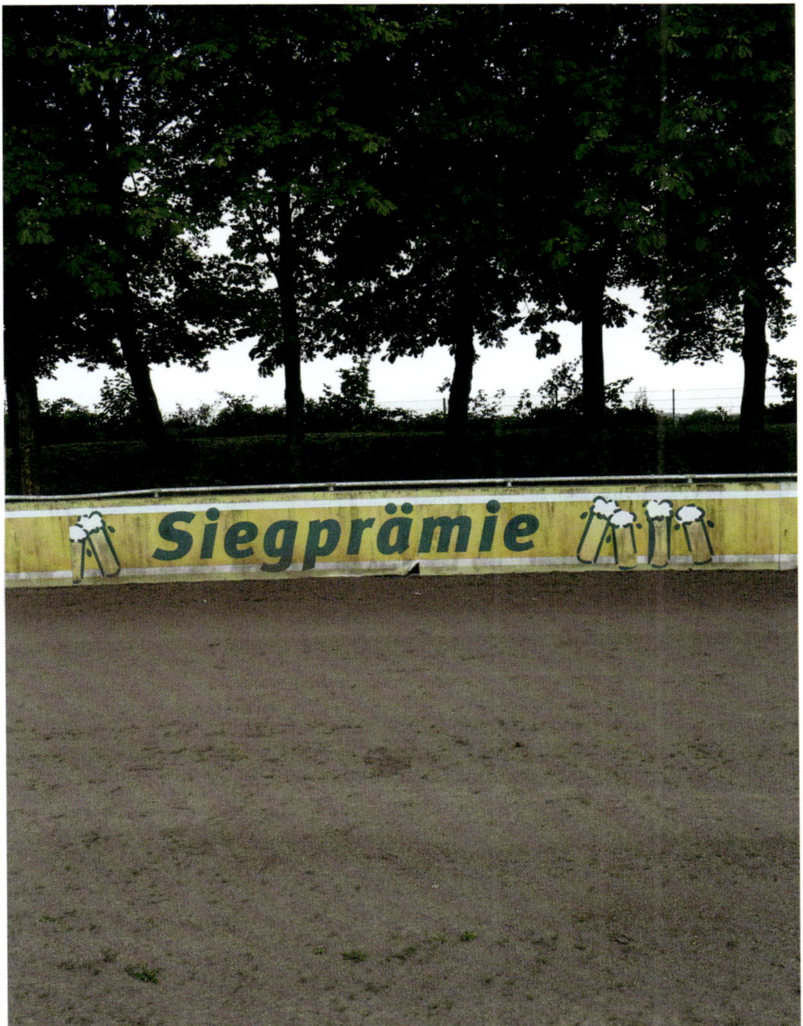

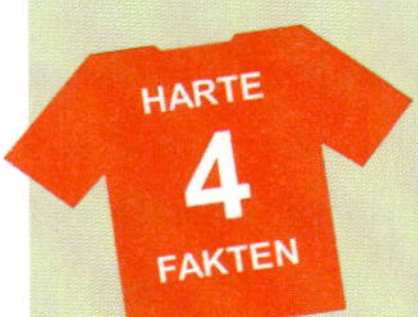

Spielflächen: Rasen und Kunstrasen
Navi-Eingabe: Zündorfer Straße 43
Gründungsdatum: 25. Juni 1919
Bekanntester Fußballer: Wolfgang Weber

Grotenburg-Kampfbahn

Sehnsucht nach der Heimkehr

Von CF Barcelona über Waldhof Mannheim und hinab bis zum SV „HöNi“ Hönnepel-Niedermörmter – wohl kaum ein Stadion am Niederrhein durfte Welt- wie Dorffußballer in seiner Gästekabine begrüßt haben wie die Grotenburg-Kampfbahn in Krefeld. Dies lag an der sportlichen Berg- und Talfahrt, die ihr Gastgeberverein FC Bayer 05 Uerdingen respektive Krefelder FC Uerdingen 05 in den zurückliegenden Jahrzehnten hingelegt hat.

Es dauerte einige Zeit, bis der Ball in der Nähe des Zoos ins Rollen kam, denn ursprünglich war die September 1927 eröffnete Kampfbahn, die ihren Namen vom Gut und Bauernhaus im Tierpark erhielt, Heimat für Leichtathleten und Feldhandballer. Als der 1953 gegründete FC Bayer 05, der zuvor im heutigen Bayer-Stadion am Löschenhofweg kickte, erfolgreicher wurde und einzog, änderte auch der Sportplatz sein Aussehen. Zum Aufstieg in die Bundesliga am 22. Juni 1975 passten dank neuer Tribüne 22.000 Zuschauer rein; später folgten weitere Sitz- und Stehtribünen (die alte Holztribüne musste weichen) und erlaubten den Verkauf von 34.500 Eintrittskarten.

Dank Bayer ging es auch auf dem Rasen voran. Als Pokalsieger 1985 (2:1 gegen die Bayern) lief man am 19. März 1986 zum legendären Europacupspiel gegen Dynamo Dresden auf, in dem die Sachsen nach einem 1:3 zur Pause (mit Hinspiel zusammen 1:5) noch 7:3 niedergewalzt wurden. Atletico Madrid war im Halbfinale Endstation; ein halbes Jahr später schaute Barcelona im UEFA-Pokal vorbei. Als das Bayerwerk entschied, nur noch in Leverkusen für Fußball sehr viel Geld auszugeben, ging es abwärts. In KFC Uerdingen 05 umbenannt, geriet der Verein schnell in finanzielle Schwierigkeiten. Nach Lizenzentzug und mehreren Insolvenzen kam der Club 2009 in der sechstklassigen Niederrheinliga an.

Dank dubioser Gelder des russischen Investors Michail Ponomarew stieg Uerdingen bis in Liga Drei auf. Da die einstige Europacup-Stätte seit 2018 für Profifußball gesperrt war, fand der KFC „Asyl“ in Duisburg, Düsseldorf und Lotte. Momentan trägt er seine Heimspiele, jetzt wieder in der Regionalliga, in Velbert aus und hofft nach einer Generalsanierung der Grotenburg-Kampfbahn auf eine baldige Heimkehr.

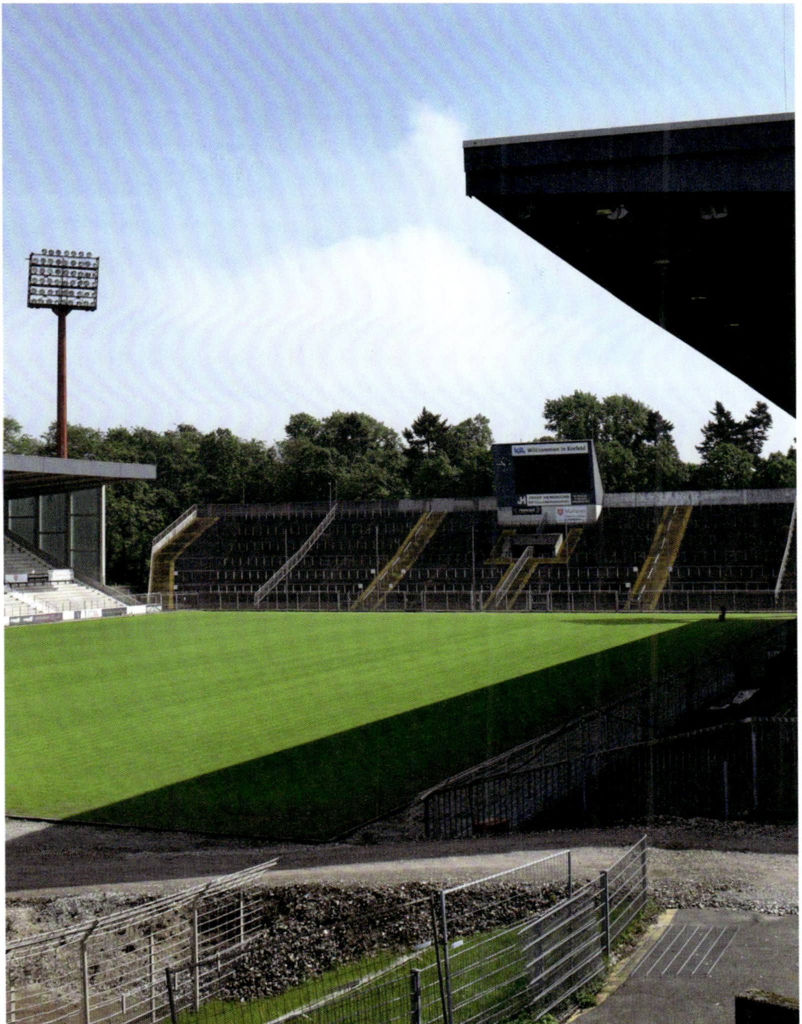

HARTE 4 FAKTEN

Erstes Fußballspiel: Stadtauswahl Crefeld – DFC Prag (18. 9. 1927)

Zuschauerrekord: 34.500 (Bayer 05 Uerdingen – FC Bayern 1:1)

Sperrung sämtlicher Stehplätze: Sommer 2013

Einziges Länderspiel: Deutschland – Luxemburg 7:2 (27. 9. 1936)

Hubert-Houben-Kampfbahn

Der Fixstern am Preussen-Himmel

Denkt man an Krefelder Fußball, drehen sich die mentalen Eingebungen fast ausschließlich nur um Uerdingen, das 7:3-Europapokalspiel und die Grotenburg-Kampfbahn. Doch wesentlich älter als das Stadion unweit des Zoos und dem dort (bis 2018) beheimateten Verein ist die Hubert-Houben-Kampfbahn im Stadtteil Kliedbruch westlich des Stadtwalds. Hier ist seit 1925 einer der ältesten städtischen Traditionsvereine, der Krefelder Turn- und Sportverein Preussen, zu Hause.

Eröffnet als „Blumenthal-Sportplatz“, erhielt die Kampfbahn durch einen Ratsbeschluss vom 24. November 1956 ihren bis heute unveränderten Namen. Hubert Houben war das Aushängeschild von Preussens „Rothosen“ (als Kontrast zu den grünen Rhenania-Hosen) und wurde von 1921 bis 1927 mehrmals Deutscher Meister über 100 und 200 Meter sowie mit Preussens 4x100 Meter-Staffel. Zudem gewann Houben in der gleichen Disziplin Silber bei den Olympischen Spielen 1928 in Amsterdam. Die Festschrift zum 100-jährigen Jubiläum des 1855 als Krefelder Turnverein gegründeten Clubs, aus dem 40 Jahre später der Crefelder Fußballclub hervorging (der 1949 heimkehrte und mit dem KTV den KTSV Preussen bildete), nennt Houben ehrfurchtsvoll einen „Fixstern am Preussenhimmel“.

Bereits seit der Eröffnung genießen Zuschauer den Blick auf den Rasen von der bis heute erhaltenen Tribüne (600 Plätze); 5.000 Leute passen insgesamt hinein. Preussens Fußballer traten am 8. Juli 1928 in Duisburg-Hamborn im Achtelfinale um die Deutsche Meisterschaft an, mussten sich jedoch Tennis Borussia aus Berlin 1:3 geschlagen geben. In den 1990ern erlebte die Abteilung eine Renaissance, als die Erste für fünf Jahre (1991–96) in der drittklassigen Oberliga Nordrhein (ab 1994 vierthöchste Spielklasse) antrat und dabei mit zweimal Platz sieben Bestmögliches erreichte. Nach einem Rückzug aus der Bezirksliga 2012 und einem weiteren Abstieg sind die Preussen aktuell in der Kreisliga B angelangt.

Wie in Kapitel „Goch“ bereits dargestellt, existiert dort, im Geburtsort des Sprinters, ein Hubert-Houben-Stadion.

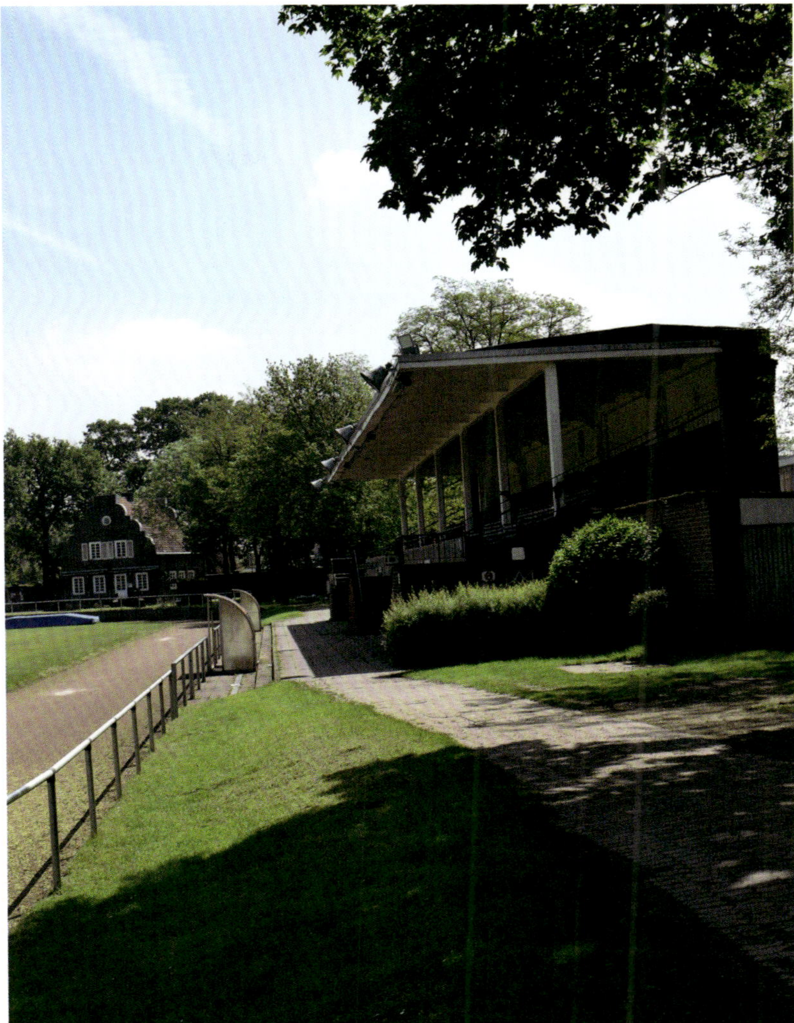

HARTE 4 FAKTEN

Letztes Einschalten der ersten westdt. Nachkriegs-Beleuchtungsanlage: 1960

Abschluss Um- und Ausbau der Anlage: 1987

Zuschauerrekord: 2.800

Rekordspiel: KTSV Preussen – Bayer Leverkusen A. 1:0 (16. 8. 1991)

Schul- und Sportzentrum

Stammplatz in der Oberliga

Als „schönsten Weihnachtsmarkt 2011" kürte der Westdeutsche Rundfunk das Ambiente vor und im Schloss Merode und lenkte damit die Aufmerksamkeit auf die Gemeinde Langerwehe im Kreis Düren. Auch das Töpfereimuseum, das die Geschichte von mehr als 1.000 Jahren Töpferkunst erzählt, mitsamt jährlich gut besuchtem Eifelmarkt und Gospelkonzert ist nicht nur bei den Einheimischen gefragt. Für über ein Vierteljahrhundert machte aber auch der heimische Turn- und Sportverein 1908 überregional von sich reden, da er von 1973 bis 1999 nahezu ununterbrochen der höchsten Amateurliga am Nordrhein angehörte.

Bereits Ende der 1920er-Jahre bezog der TuS einen Sportplatz an der alten Kirche, der von arbeitslosen Sportlern erbaut worden war und bis in die 1970er als Heimstätte diente. Mit einsetzendem Erfolg (1973 Verbandsliga, 1978 Oberliga-Gründungsmitglied) wechselte man ins Schul- und Sportzentrum, wo die Blau-Weißen insbesondere im DFB-Pokal für Furore sorgten. 1977 gegen die Proficlubs Würzburg 04 und VfL Osnabrück siegreich, schaltete der TuS 1980 in der dritten (!) Runde Bundesligist Hertha BSC (mit Trainer „Fiffi" Kronsbein) mit 2:1 im Wiederholungsspiel aus, nachdem schon im Olympiastadion ein sehr beachtliches 0:0 gelang. Auch im Achtelfinale hielt sich die von Manfred Schlebusch trainierte Elf hervorragend und musste sich erst in der Verlängerung der SpVgg Bayreuth mit 2:5 geschlagen geben. In der Liga avancierte der Dorfclub indes zum Dauerbrenner und ließ mehrmals Vereinsgiganten wie den WSV, SW Essen oder den Bonner SC hinter sich. 1990/91 kam es dann sogar zu umjubelten Spielen gegen den großen Nachbarn vom Tivoli.

1999 musste das Team jedoch aus wirtschaftlichen Gründen abgemeldet werden, und erst drei Jahre später wurde ein Neuanfang gewagt. Bis 2015 pendelte der TuS zwischen A- und B-Liga und kam dann in der heutigen Heimat Bezirksliga an.

Mit der Eröffnung des Kunstrasenplatzes auf dem altehrwürdigen Sportplatz „An der alten Kirche", der inzwischen nach einem Autozubehör-Anbieter benannt wurde, kehrte der TuS im Jahr 2017 zu seinen Wurzeln zurück.

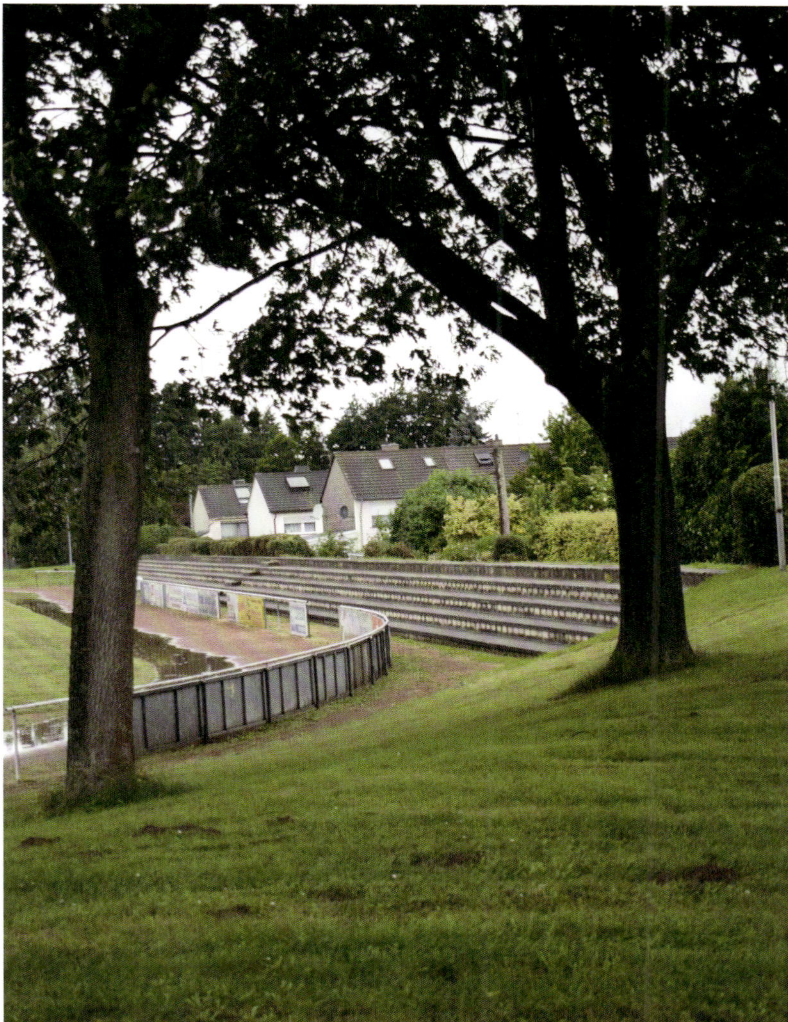

HARTE 4 FAKTEN

Fassungsvermögen Schul- und Sportzentrum: 8.000 Zuschauer
Gegner im Eröffnungsspiel: FC Schalke 04
Kapazität „Autoteile Reinartz-Sportpark“: 1.500 Zuschauer
Adresse: Rymelsberg 21 (ältester Ortsteil Langerwehes)

Stadion „Am Stadtpark"

Haltestation in Originalgröße

Wer bis zum Frühjahr 2021 an der grünen Oase Leverkusens, dem Stadtpark, entlangschlenderte und dabei an der Ecke zur Walter-Nernst-Straße das Lise-Meitner-Gymnasium passierte, muss sich in der Historie von Bayer 04 schon gut auskennen, um zu wissen, dass sich bis 1960 auf dem dahinter liegenden Gelände die ehemalige Heimstätte der Werkskicker befand. Dank einer Initiative der „Nordkurve 12", dem unabhängigen Fan-Dachverband, wird dort die Geschichte des Areals nun wieder ein Stück lebendig.

Ein originalgetreuer Nachbau des einstigen Eingangsbereichs (einschließlich altem Wappen, Schriftzug und Fahnen) erinnert an die erste große Leverkusener Fußballanlage, die 1932 von arbeitslosen Vereinsmitgliedern auf einem drei Hektar großen Gebiet erbaut wurde. „Der neue Bayer-Platz erhielt direkt einen Holzzaun, aber erst später Aufschüttungen und eine Holztribüne entlang der heutigen Nernst-Straße. Zur Anlage gehörte auch ein Feldhandballplatz", erklärt Denkmalpfleger Jochen Simon.

Bis zu 15.000 Plätze fasste das Stadion, und die wurden spätestens nach dem 1951er Aufstieg in die höchste Spielklasse, der Oberliga West, auch benötigt. „Das wissen heute nur Insider, dass Bayer bereits damals für einige Jahre erstklassig war", betont NK12-Vorstandsmitglied Oliver „Wuppi" Willutzki.

War das Stadion anfangs noch von Freiflächen umgeben, entstand mit der Zeit jedoch eine Wohnsiedlung, die einen Ausbau der Anlage unmöglich machte. Auch zunehmendem Trainings- und Spielbetrieb geschuldet, suchte der Klub eine neue Heimat, die er im benachbarten Stadtteil Küppersteg fand.

Als der Rasen im dort entstandenen Ulrich-Haberland-Stadion nach einem Spiel gegen Köln im November 1958 stark ramponiert war, kehrten die Fußballer für mehrere Monate noch einmal an ihre alte Spielstätte zurück, die nach dem endgültigen Auszug bereits im darauffolgenden Jahr abgerissen wurde.

Der nachgebaute Stadioneingang ist eine von elf Stationen der von der NK12 initiierten „Fußballroute Leverkusen".

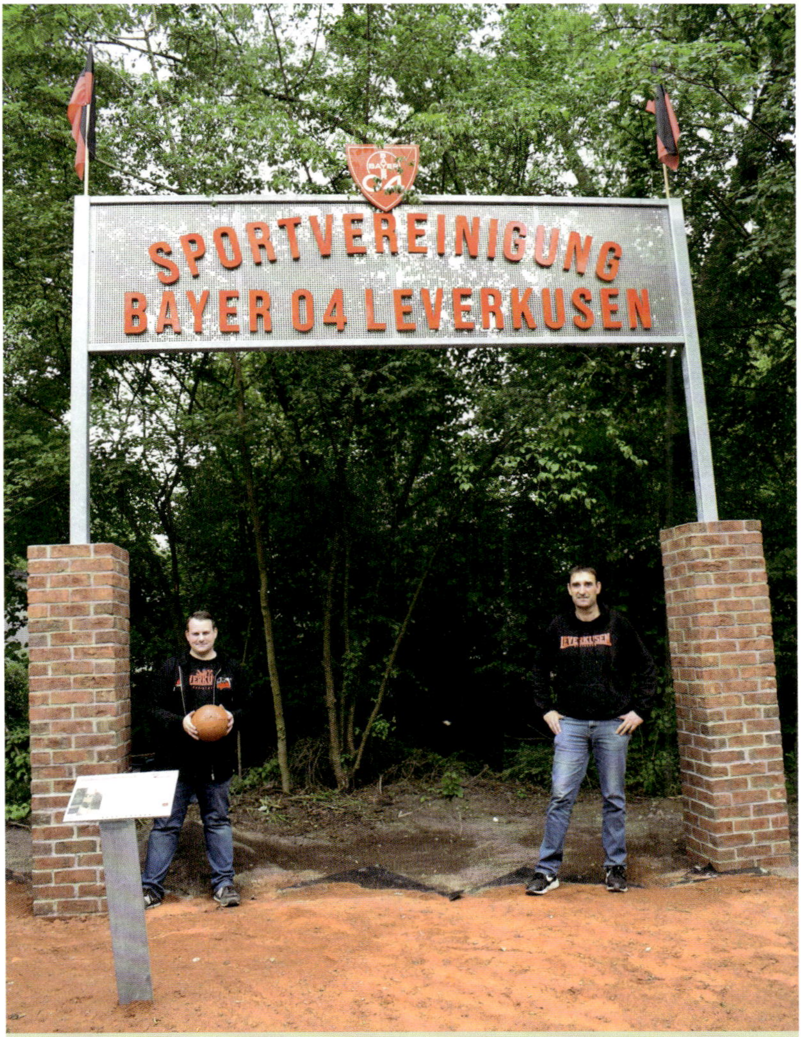

HARTE 4 FAKTEN

Grund des Stadionbaus: häufige Überschwemmungen des ersten Sportplatzes an der Dhünnaue

Heutige Nutzung: Schulturnhalle und Kita

Kosten des nachgebauten Stadioneingangstors: rund 8.000 Euro

Und sonst noch: Nur wenige Meter entfernt steht der letzte verbliebene Pfeiler des Stadions.

BayArena

Urgestein der Kommerz-Tempel

6.000. Oder auch schon mal 7.000. Viel mehr Zuschauer lockte der Erstligafußball in den 1980ern häufig nicht ins damals noch Ulrich-Haberland-Stadion genannte Areal, was nicht unbedingt der Attraktivität der Gastvereine zuzuschreiben war. Die Bundesliga hatte es in dieser Dekade in vielen Städten schwer, die Massen zu mobilisieren, und dies galt erst recht für den oft als „Plastikklub" oder „graue Maus" etikettierten Verein nördlich von Köln, der seit dem 1. Juli 1984 TSV Bayer 04 Leverkusen hieß. Gemäß Aussagen damaliger Werksarbeiter, die für das gigantische Chemie- und Pharmaunternehmen tätig waren, sollen freitags vor dem Haupttor regelmäßig Freikarten für das nächste Heimspiel am folgenden Tag verteilt worden sein.

Dies geschah in der Zeit, als nach dem 1979 erfolgten Bundesliga-Aufstieg das 1958 mit Musik des Bayer-Blasorchesters eröffnete Stadion, das nach dem Chemiker und späteren Bayer-Vorstandsvorsitzenden (1951–1961) benannt wurde, mit dem Bau einer Tribüne auf der Ostseite und damit einhergehender Überdachung der dortigen Stehplätze Erstligareife erhalten hatte.

Doch ab 1986 rollten die Bagger an und verwandelten das Oval bei laufendem Spielbetrieb nach und nach vollständig in eine moderne Spielstätte. Doch damit nicht genug: 1996 folgte ein Fast-Food-Restaurant, 1998 die Umbenennung in BayArena und 1999 die Eröffnung eines an der Nordkurve angebauten Hotels (das leider nicht den eigentlich passenden Namen „Bay-Schlaf" erhielt ...).

In Folge der stets sehr großzügigen Unterstützung durch das Mutterwerk blieben auch die sportlichen Erfolge nicht aus, die inzwischen von vielen Fans bejubelt wurden. Bald erwies sich das Fassungsvermögen (22.500 Plätze) daher als zu gering. Dank Erhöhungen der Tribünenbereiche sitzen und stehen seit 2009 30.000 Besucher in der Arena; in den „Skyboxen" auf der Ostseite können bis zu 2.000 mehr oder weniger wichtige Personen bei Sekt und Lachs die Spiele verfolgen. Kein Zweifel: Die BayArena ist ein Urgestein der heutigen Kommerz-Tempel.

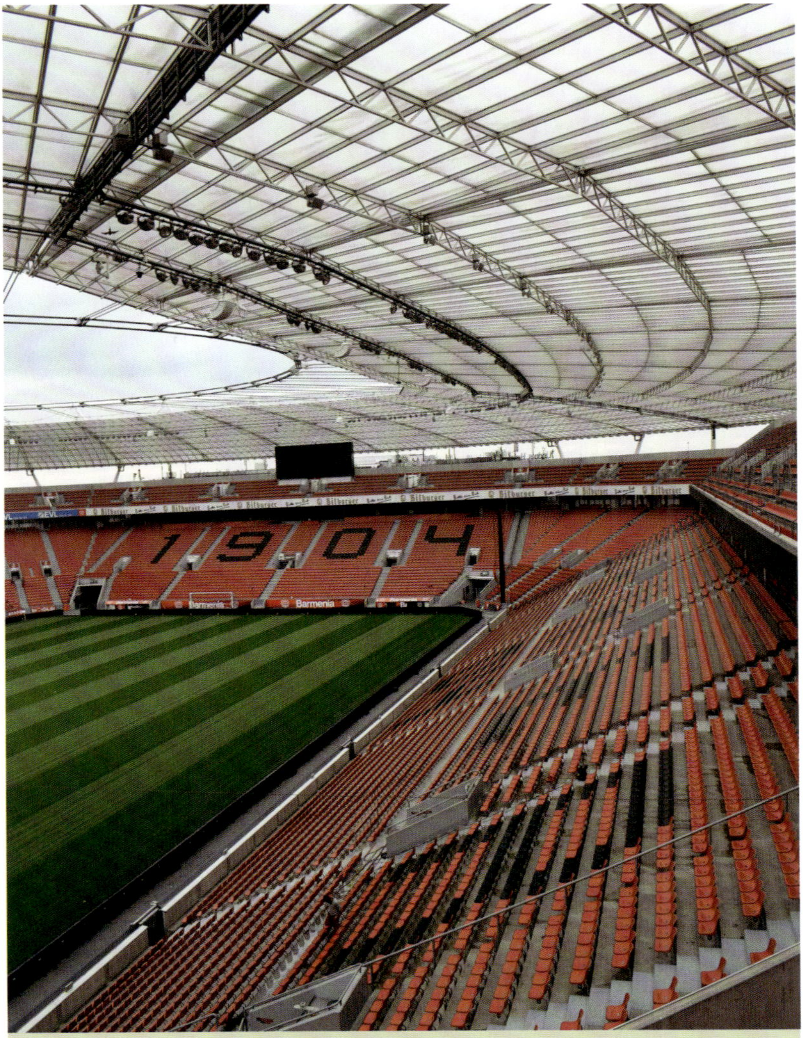

HARTE 4 FAKTEN

Größtes Spiel: UEFA-Pokal-Endspiel gegen Espanol Barcelona, 18. Mai 1988 (3:0, 3:2 n. E.)

Größte VIP-Loge: 90 qm

Größte Lounge: Premium-Lounge mit 2.100 qm und 1.000 Business-Sitzen

Teuerstes Hotelzimmer: Studio (Preis pro Nacht ohne Frühstück: zwischen 200–320 Euro)

Ulrich-Haberland-Stadion

Der klein gemachte Vorstandsvorsitzende

Wie der große Nachbar BayArena hat auch das Sportgelände hinter der ehemaligen Haupttribüne (jetzt Westtribüne) eine immense Veränderung erfahren. Mehrere Jahrzehnte befand sich hier lediglich ein normaler Sportplatz, der der zweiten Mannschaft oder auch der A-Jugend als Spielstätte diente, mit Grashügeln auf den Längsseiten, auf denen sich fast immer eine sehr überschaubare Zuschaueranzahl zumeist zu Spielen der Oberliga Nordrhein, später auch der Regionalliga West, versammelte. Ulrich Haberland, von 1951–1961 Vorstandsvorsitzender der Bayer AG, durfte damals seinen Namen sowohl dem 1958 eröffneten Sportpark als auch dem Sportplatz (umgangssprachlich „Kleines Haberland-Stadion") schenken, wobei die Bezeichnung „Stadion" doch sehr gewagt war.

Als 1998 das Ulrich-Haberland-Stadion (also das große) zur BayArena wurde, sollte der gewohnte Name jedoch nicht verschwinden, und ohne viel Aufhebens wurde die Größenbezeichnung beim „kleinen Bruder" durch den Namen des Chemikers und Industrie-Managers ersetzt.

Der Umbau der Arena zum heutigen Kommerztempel ab dem Jahr 2008 führte zu einem Stillstand und zu einer Auslagerung des Spielbetriebs. Während die Zwote ins Kölner Südstadion auswich, wurde der Rasen zur Materiallagerung und zum Treffpunkt der bedeutsamsten Besucher der Profi-Heimspiele, die es sich vor, während und nach dem Spiel im dort aufgebauten VIP-Zelt munden ließen.

Nach Vollendung der Bauarbeiten erhielt der Sportplatz nach über 50 Jahren erstmals die Gestalt eines Stadions. Eine Tribüne, flankiert mit unüberdachten Stehplätzen, und Stehtraversen in den Kurven sorgen seit 2010 für ein offizielles Fassungsvermögen von 3.200 Plätzen. Nach der Auflösung der zweiten Mannschaft tragen aktuell das Frauen-Bundesligateam sowie mehr oder weniger regelmäßig die A-Jugend ihre Heimspiele im Ulrich-Haberland-Stadion aus – stets gut bewacht und kontrolliert von Sicherheits-Mitarbeitern, deren Gruppengröße nicht selten an die Anzahl der Besucher heranreicht.

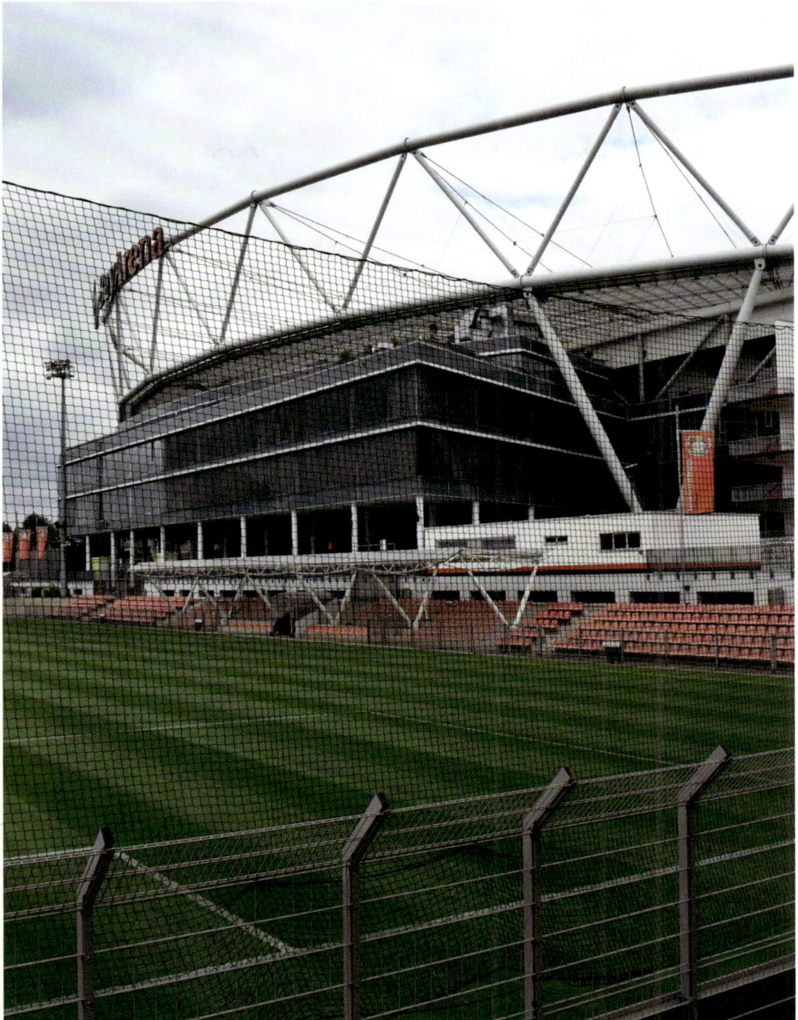

HARTE 4 FAKTEN

Ulrich Haberland: geboren 6. 12. 1900, gestorben 10. 9. 1961

Schauplatz des DFB-Pokalspiels: 1. FC Monheim – FC Ingolstadt 04 am 3. 8. 2013 (1:4)

Fassungsvermögen VIP-Zelt während Umbau der BayArena: 800 Plätze

Öffnung der Gästekurve in der Saison 20/21: Fehlanzeige

Bökelberg I

Für immer unvergessen

Der Bökelberg war ein Mythos. Auch heute, rund 16 Jahre nach seinem Abriss, schwelgen (nicht nur) Borussia-Fans umgehend und gerne in Erinnerungen, wenn sie auf ihre Zeit auf den steilen Stehtreppen zurückblicken.

Ein Besuch in der am 21. September 1919 mit einem Spiel gegen den Lokalrivalen FC Eintracht (1:0) eröffneten und ein Jahr später „Westdeutsches Stadion" getauften Sportstätte war auch für Auswärtsfans ein Erlebnis. War der Aufstieg zum Stadion für manchen schon beschwerlich, folgten im Inneren des nach dem in den 1960er und 1970er-Jahren erfolgten Ausbaus der einstigen „Kull" (Kuhle) von der Lehmgrube zum 32.000-Plätze-Stadion noch vielfache Stufen, bevor der erste Blick ins weite Rund geworfen werden konnte.

Dieser hatte es jedoch immer wieder aufs Neue in sich: Eine (seit 1978) doppelstöckige Tribüne war von riesigen, allerdings unüberdachten Stehtraversen umgeben, die auch bei größeren Vorderleuten beste Sicht aufs Spielfeld versprach. In der Heimkurve durfte beim Einlaufen der Teams der Papierregen nicht fehlen, und Trommler Manolo gab vom Zaun den Takt vor.

Große Trainer- und Spielerpersönlichkeiten standen auf oder neben dem Rasen für Borussia. Hennes Weisweiler, Jupp Heynckes, Günter Netzer, Wolfgang Kleff, Ulrik le Fevre, Allan Simonsen oder Berti Vogts sind nur die i-Tüpfelchen aus der Ägide legendärer Angestellten. Nicht minder ist die Liste unvergessener Spiele: Zweistellige Bundesliga-Siege, deutsch-deutsches UEFA-Cup-Finale 1980 gegen Frankfurt (3:2) oder dramatische Pokalbegegnungen finden sich hier ebenso wie Skandalspiele. Der Büchsenwurf gegen Inter Mailand 1971, der Pfostenbruch im gleichen Jahr, eine Tränengasbombe im Pokal-Halbfinale gegen Werder Bremen 1984 und ein Kastanienwurf gegen Oliver Kahn (1993) werden für immer in Erinnerung bleiben.

Da das Bökelbergstadion nicht ausgebaut werden konnte, war Anfang des 21. Jahrhunderts sein Ende besiegelt. Ab Dezember 2005 begann der Abriss der Kultstätte. Nach der Sprengung der Haupttribüne, die bei der ersten Detonation noch kurz gegen ihren Exitus aufbegehrte, fiel am 2. August 2006 der letzte Flutlichtmast.

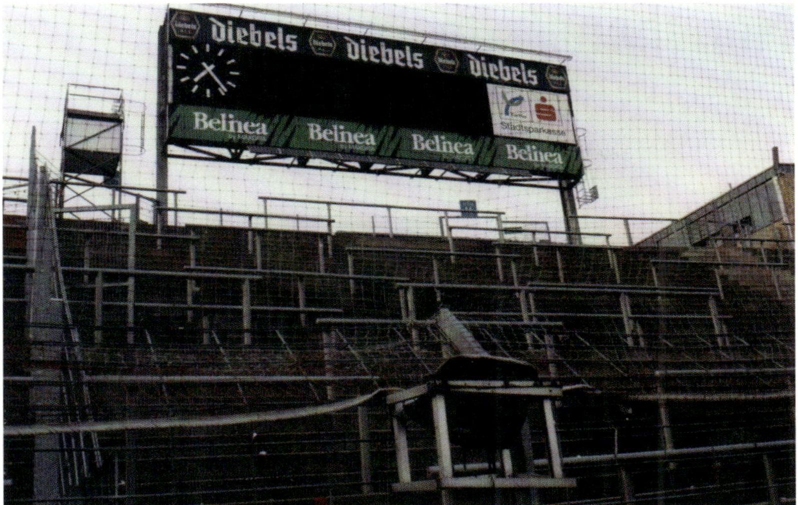

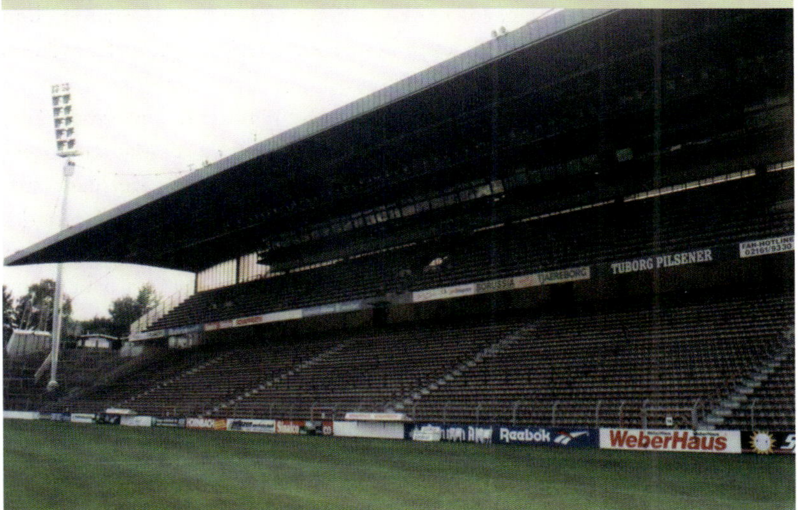

HARTE 4 FAKTEN

Eröffnung: mit Fußball und Turnübungen durch den TV Germania am 21. 9. 1919

Verkauf an die Stadt: am 28. Juli 1954

Montage Anzeigetafel: 1993

Letztes Spiel: 22. Mai 2005 (Borussia U23 – Bonner SC 5:0)

Bökelberg II

Pilgerstätte für Fans

Ein freundliches Lächeln schenkt der Mann, der auf seiner schmucken Terrasse Bratwürstchen auf den Grill legt, der Gruppe, die mit Fotoapparaten an seinem modernen und gewiss auch teuren Haus vorbeizieht. Er weiß, dass auch diese überwiegend älteren Herrschaften wie so viele andere vor ihnen auf den Spuren des alten Bökelbergstadions wandeln.

Hinter der Häuserzeile „Bökelstraße 135–167“ befindet sich ein frei zugänglicher Wallfahrtsort nicht nur für Borussia-Fans, der die Phantasie anregt und in Erinnerungen schwelgen lässt. Einfach herrlich, sich auf den inzwischen begrünten Hängen der ehemaligen Haupttribüne oder auf den bewusst erhaltenen original Treppen der Heimkurve (mit Wellenbrecher!) niederzulassen und sich Manolos Trommeln und Anfeuerungsrufe noch einmal ins Gedächtnis bzw. Gehör zu rufen. Die Wälle erlauben dabei einen Blick auf das ehemalige Spielfeld, auf dem inzwischen Wohnhäuser stehen, die überwiegend von früheren und aktuellen Profis wie von Fans bewohnt werden.

Es heißt, dass niemand hier zufällig wohne. Denn jeder kennt die Geschichte des Geländes, über das jetzt Kinder mit Laufrädchen tollen oder Fangen spielen, und weiß ebenfalls, ob sein Haus im Strafraum oder an einer Eckfahne steht. Doch anfangs war es nicht leicht, potente Eigentümer zu finden, die die teuren Grundstückspreise bezahlen konnten oder wollten. Erst die deutliche Herabsetzung des Quadratmeterpreises ließ das Interesse ansteigen. Im Sommer 2015 konnten dann schließlich doch die letzten freien Parzellen bebaut werden.

Spaziergänger, Gassigeher oder Fußball-Historiker können sich bei der Begehung übrigens zwischen zwei Niveauebenen entscheiden. Während der Fußweg am einstigen Spielfeld entlangführt, ermöglicht ein anderer Pfad zehn Meter höher jenseits der früheren Haupttribüne einen phantastischen Blick über das Areal, das für 87 Jahre Borussias Heimat war.

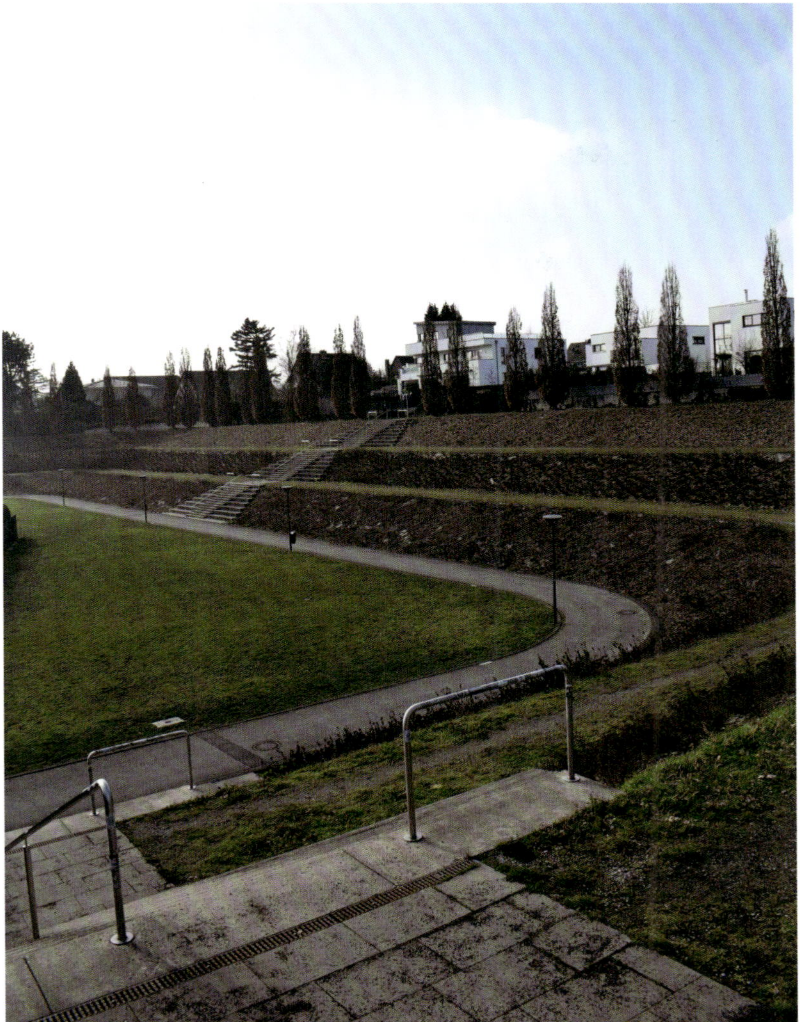

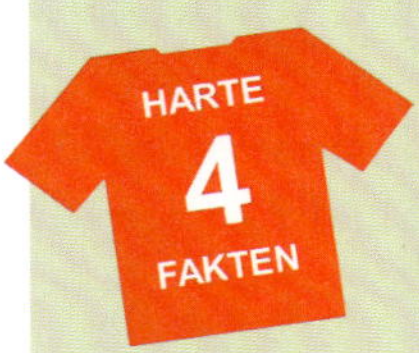

Straße „In de Kull": erinnert an den ersten Gründungsnamen des Sportplatzes

„Kull": bedeutet Kuhle oder Grube

Historie: Borussia erwarb das Sportplatzgelände auf einer ehemaligen Kiesgrube 1914

Gegenwart: Das Wohngelände ist jederzeit öffentlich zugänglich.

Bökelberg III

Für immer siegreich

Wer seinen Spaziergang auf dem begrünten Gelände und über die Terrassen des ehemaligen Bökelbergstadions mustergültig abschließen möchte, der sollte unbedingt auch am Denkmal an der Kreuzung Bökelstraße/In de Kull, unmittelbar auf der Höhe der ehemaligen Geschäftsstelle, vorbeischauen. Auf 500 Quadratmetern wurde hier 2019, und somit exakt 100 Jahre nach dem ersten Spiel auf dem seinerzeitigen Sportplatz „De Kull", in nur zweimonatiger Bauzeit ein Erinnerungsort an die Sportstätte geschaffen, der in Miniatur den Mythos des legendären Ortes bewahrt.

Während mehrere Stufen die Dimensionen der früheren Stadionränge symbolisieren und einen Blick auf das Kunstrasen-Dreieck erlauben, sind die perfekt gelungenen Nachbildungen eines Flutlichtmastes und der Anzeigetafel aus Edelstahl, mit jubelnden Fans davor, die Stars des Monuments. „Borussia 1 – Gäste 0" verkündet die Anzeige, wodurch die Fohlenelf zumindest hier auf ewig unbesiegbar sein wird. Ergänzt wird die historische Verweilstation durch eine Info-Tafel und den in die Stehstufen eingelassenen Schriftzug „Bökelberg-Stadion 1919–2006".

Noch vor dem Abriss des Bökelbergs verkündeten Verein und Stadt, die sich die Kosten von 200.000 Euro teilten, damals ihre Absicht zum Bau einer Gedenkstätte auf dem ehemaligen Stadiongelände, die jedoch erst mit erheblicher zeitlicher Verzögerung und mit Unterstützung des städtischen Tochterunternehmens mags realisiert werden konnte.

Borussia-Präsident Rolf Königs, der auch den symbolischen Spatenstich vorgenommen hatte, zeigte sich bei der Eröffnung des Denkmals hocherfreut. „Der Bökelberg war ein Zuhause für Borussia-Fans. Hier sind sie erwachsen geworden, hier haben manche Freunde fürs Leben gefunden. Es ist wunderbar, dass es nun einen Erinnerungsort an dieser Stelle gibt."

Und schon längst haben sich Anwohner daran gewöhnt, dass regelmäßig wildfremde Menschen im Fan-Outfit zwischen Flutlicht und Anzeigetafel Platz nehmen und dabei ein paar Bierchen vernichten.

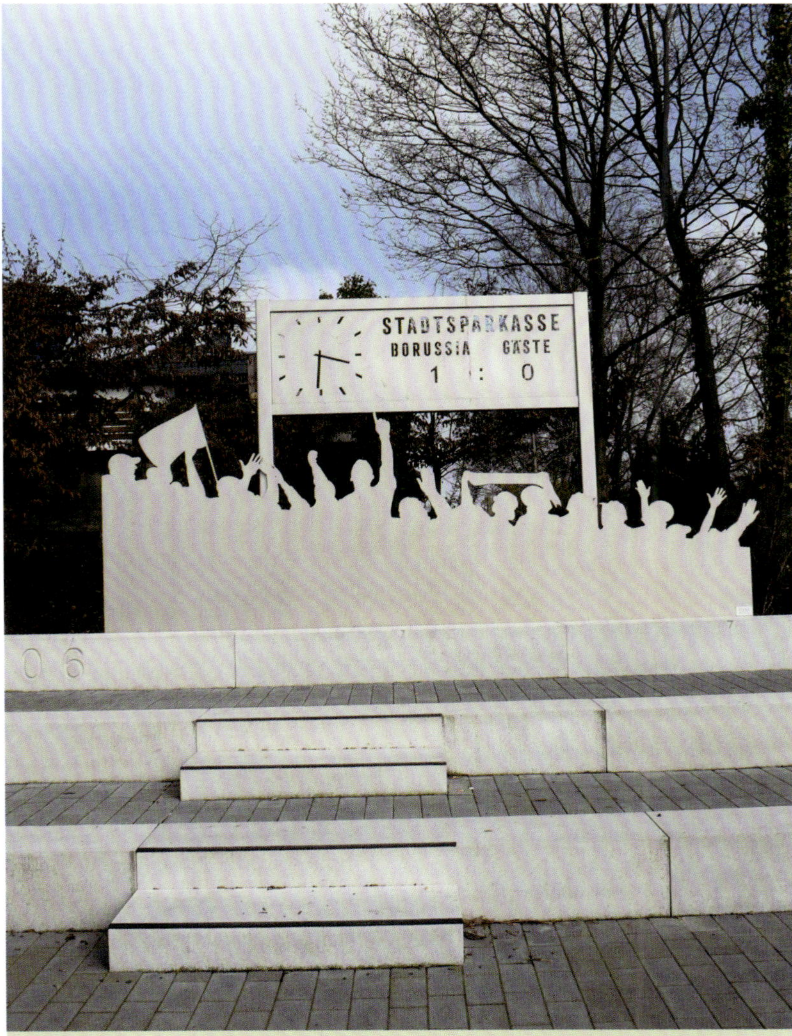

HARTE 4 FAKTEN

Bauzeit: Oktober bis Dezember 2019

Finanzpartner: Stadtsparkasse, Puma, NEW AG

Flora: Pflegeleichte Pflanzen umrahmen das Monument.

Licht: Das Flutlicht des Mastes ist mit der Straßenbeleuchtung synchron geschaltet.

Borussia-Park

Symbolischer Gang in die Neuzeit

Für die einen ist der Borussia-Park der Fußballtempel schlechthin, für die anderen ist er ein typischer Ausdruck des hochmodernen Kommerzfußballs. Seit 2004 ist das vereinseigene Stadion, das mit einem Mini-Turnier eröffnet wurde, die Nachfolgeheimat der Mönchengladbacher Fohlen-Elf, die zuvor 85 Jahre am legendären Bökelberg beheimatet war.

Eindrucksvoll klingen die schlichten Fakten und Zahlen: Max. Kapazität 60.250 (bei Bundesligaspielen jedoch „nur" 54.022, international dürfen 46.291 rein), 2.064 Geschäftssitze, 684 Logenplätze in 45 Logen, 29 Kioske, 70 Überwachungskameras. 230 Monitore erlauben auch beim Bratwurst- und Bieranstehen den Blick aufs Spielfeld; 32 Pylone halten das 3.000 Tonnen schwere und aus 6.000 Einzelteilen bestehende Dach, dessen Fläche mit dem Farbton „Champions Grey" gestaltet wurde. Wie nahezu alle Stadion-Neubauten heutzutage wurde der Borussia-Park an den Stadtrand und in Nähe zur Autobahn gebaut. In Sichtweite befindet sich seit Februar 2019 der Gebäudekomplex „Borussia-8-Grad", der Büroräume, Vereinsmuseum, Fanshop, aber auch ein Hotel, Arztpraxen sowie Reha- und Fitnesszentrum beherbergt.

Der Spatenstich zum rund 87 Millionen Euro schweren Neubau im Nordpark, der ab 1913 militärisch genutzt wurde und nach dem Zweiten Weltkrieg als „Fliegerhorst Mönchengladbach" internationale Bekanntheit erlangte, erfolgte am 15. März 2002 durch NRW-Ministerpräsident Wolfgang Clement; nach rund 20-monatiger Bauzeit war das neue Mekka errichtet. Ein Fanmarsch vor dem Eröffnungsturnier vom Bökelberg zur neuen Heimat symbolisierte eindrucksvoll das Ende einer Ära und den Beginn eines neuen Kapitels in der Stadionhistorie der Borussia, die den Neubau als „überlebenswichtig" bezeichnete.

Voll besetzte Ränge erlebte der Borussia-Park nicht nur bei Gladbachs Europapokalauftritten, sondern auch während der Frauen-WM 2011 und Besuchen der Männer-Nationalmannschaft. Elton John, Herbert Grönemeyer und Bruce Springsteen testeten die musikalischen Qualitäten des Stadions. Als Corona 2020 mehrere Monate die Fans ausschloss, ließen sich einige Anhänger freiwillig zur Papp-Staffage umfunktionieren.

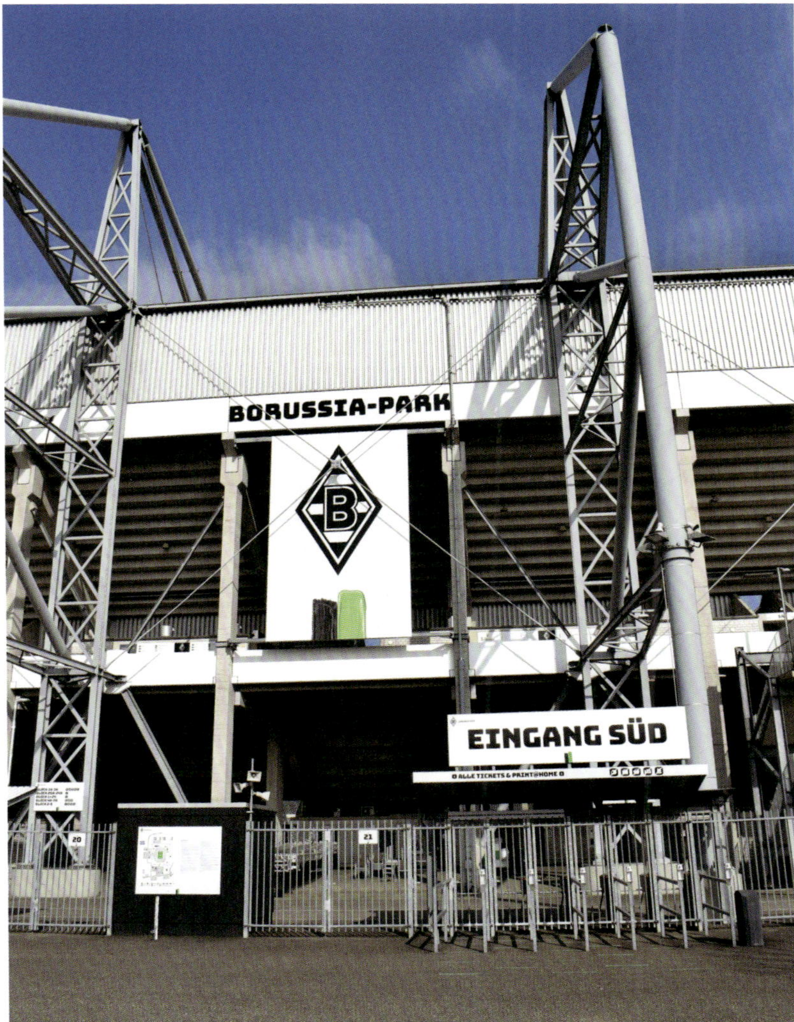

HARTE 4 FAKTEN

Erstes Bundesligaspiel: 14. August 2004 (Borussia Dortmund, 2:3)

Stehplätze Gästeblock: 2.066

UEFA-Klassifikation: 4-Sterne-Stadion

Höhe über Meeresspiegel: 80 Meter

Walli-Hamraths-Weg

Die Mutter aller Borussen

Wer vom FanHaus, der Heimat des „Fan-Projekt Mönchengladbach Supporters Club“, zum Borussia-Park wandert, nimmt hierfür einen ungeteerten, groben und durchs Grüne führenden Weg. Seit Juni 2018 trägt ein Teil dieses Pfades den Namen einer Fan-Seele Borussias.

Waltraud „Walli“ Hamraths war eine Institution in der Fanszene. Die 1934 Geborene war nicht nur ihr Leben lang Anhängerin der Fohlen-Elf („Borussia ist Mönchengladbach, Mönchengladbach ist meine Heimat, also ist auch Borussia meine Heimat“), jahrzehntelange Dauerkartenbesitzerin und nahezu bei jedem Auswärtsspiel dabei. Walli war weitaus mehr: Sie half im Eickener Fanladen (nahe des alten Bökelbergs) und FanHaus aus, unterstützte die Planung von Auswärtstouren und war für den Souvenirverkauf zuständig.

Als „Mutter aller Borussen“ war sie stets präsent und kümmerte sich um die Fans. „Für die Jugend war sie wie eine Mama und konnte kleinen wie großen Fans auch mal eine Standpauke halten, wenn diese Mist gebaut hatten, aber das nahm man ihr nie übel. Sie war einfach immer da; auch wenn mit angepackt werden musste, war sie sich für nichts zu schade. Hauptsache, sie war bei ihrer Borussia“, erinnert sich Tochter Erika, natürlich selbst eingefleischte Borussin.

Die Idee zum Andenken Wallis, die die EC-Tour nach Rom 2013 als einen ihrer Fan-Höhepunkte bezeichnete und nach dem Tod der Schwiegereltern direkt gegenüber vom alten Bökelberg wohnte, hatte Borussia-Fan Stefan Rademacher, der bei der Einweihung die passenden Worte fand. „Walli war ein ungehobelter Fan, die Schnauze vorweg, ganz ehrlich, so wie jeder Fan sein sollte und wollte. So ungehobelt, wie Walli war, so sollte auch dieser Weg sein.“ Nur wenige Meter entfernt wurde zudem eine Bank mit Widmungsspruch initiiert, die sich die Fan-Seele aufgrund fortschreitender Beschwerden zum Ausruhen stets gewünscht hätte.

Waltraud Hamraths starb 2018 mit 83 Jahren. Mit Spruchbändern, Choreographien und Schweigeminuten nahm die Fanszene ehrfurchtsvoll und tief ergriffen Abschied vom Gladbacher Original. Lott jonn, Walli!

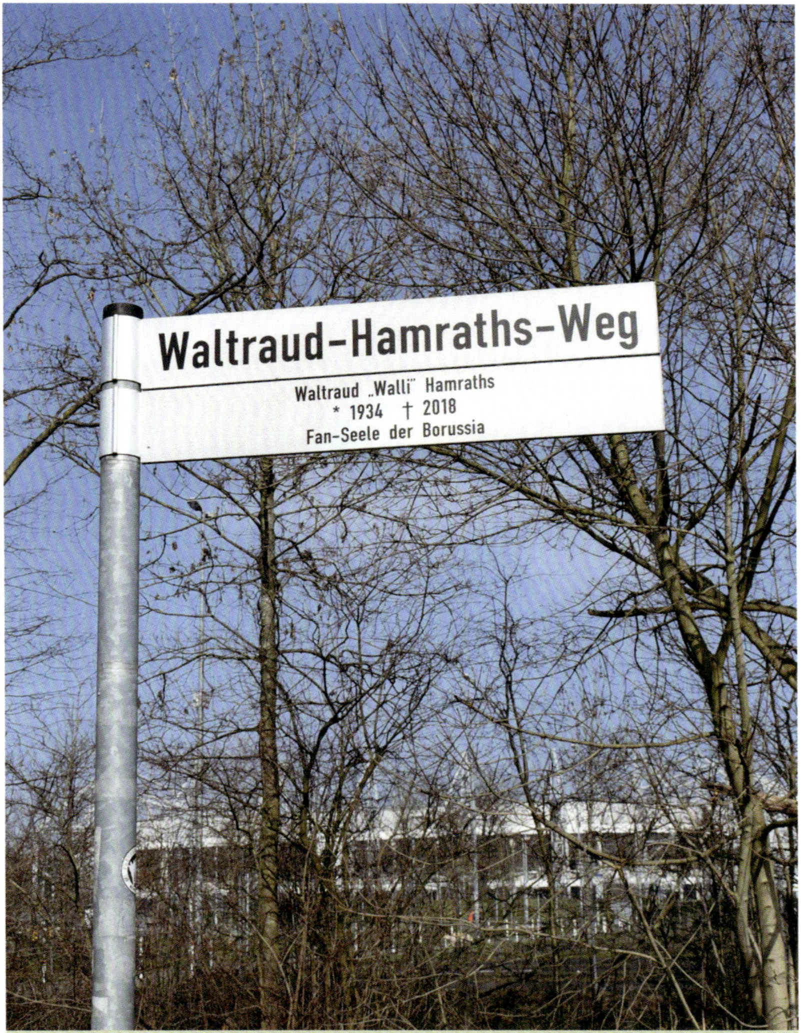

HARTE 4 FAKTEN

- **Walli Hamraths Kutte:** hängt im FanHaus; auch ihr letzter Deckel ist dort verewigt
- **Effe:** Zum Pokal-Endspiel 1995 ließ sie sich den „Effe"-Tiger in die Frisur färben
- **Ehren-Mitglied:** in den Fan-Clubs „Spreeborussen" und „Borussen Knights"
- **Inschrift der Bank:** „Hee wüed Walli sette, wenn Walli hee sette wüed"

Lovers' Lane

Günters Nebenverdienst

Vermutlich werden Düsseldorfer und Kölner nur milde lächeln. Doch selbstverständlich hat auch Mönchengladbach seine Party- und Feiermeile. Die Waldhausener Straße ist dabei bis heute ein beliebtes Ziel zahlreicher Einheimischer und auch von Gästen, die Unterhaltung und Tanz in Clubs und angesagten Szenekneipen suchen.

Während manche Lokalität mit bunter Aufmachung einladend wirkt, lädt das Gebäude mit der Hausnummer 55 im Frühjahr 2021 nicht zum Verweilen ein, denn es steht leer. Dort, wo in den 1970ern der Schriftzug „Lovers' Lane" (zu deutsch: Liebhaberspur oder Liebesgasse) über der Tür verruchtes Treiben gleich hinter der schwarzen Eingangspforte erahnen ließ und eine Tafel den Einlassbegehrenden die Öffnungszeiten verkündete, befinden sich nun kahle Stellen im schwarzen Putz. Graffitis auf der Tür und ein demolierter Briefkasten laden ebenso wenig ein, das verwaiste Innere zu betreten.

Doch vor 50 Jahren steppte hier der Bär, und dies war der Verdienst von Borussias Idol Günter Netzer. Vom Gehalt eines Bundesligaprofis könne er nicht leben, begründete der spätere Welt- und Europameister seinen Einstieg in die Tanzlokalbranche, und so feierte der „Sündenpfuhl" am 15. April 1971 seine Eröffnung. Zweifellos passte die Inhaberschaft der komplett in Schwarz ausstaffierten Disco zu Netzers unangepasstem Lebensstil, auch wenn sein Trainer Hennes Weisweiler dies mit „Das ist das Ende!" kommentiert haben soll.

Wer in den ehemaligen Friseurladen rein wollte, musste klingeln – und das wollten sehr viele. Selbst aus Düsseldorf und Köln (ach nee ...) kamen die Gäste, um die Nacht zum Tage zu machen. Ein Portier überprüfte den Dresscode, bevor er Einlass in die maximal 60 Leute fassende Tanzbar gewährte. Auch Sänger Udo Jürgens, Schauspielerin Elke Sommer und Franz Beckenbauer sollen hier gewesen sein.

Als Netzer 1973 nach Madrid wechselte, ließ der Andrang jedoch nach, denn seine (mutmaßliche) Anwesenheit war das Zugpferd. 1980 wurde aus „Lovers' Lane" der „Sunrise Club", der, wie auch weitere Nachfolger, indes nicht mehr an den Ruhm des Originals anknüpfen konnte.

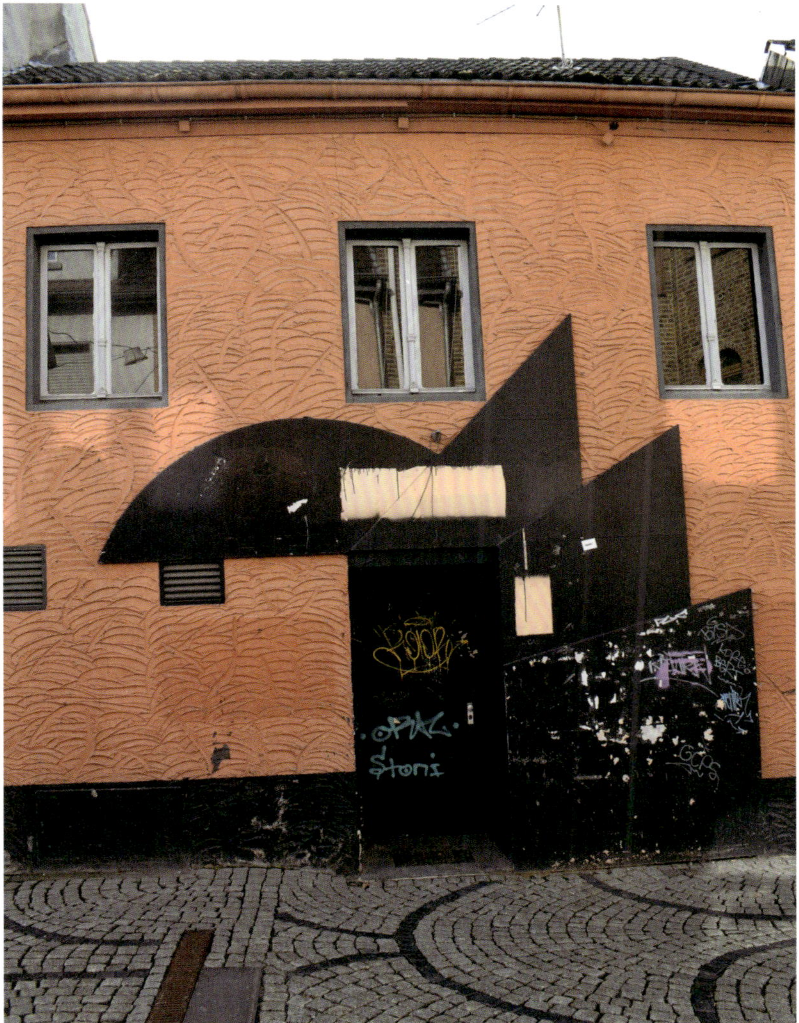

HARTE 4 FAKTEN

Adresse: Waldhausener Straße 55

Damalige Mitinhaberin: Netzers Ex-Freundin Hannelore Girrulat

Musik: per Plattenspieler oder Tonband

Barkeeper: Picco Corazzini

Fohlen-Kicker

Trifolium der größten Vereinsepoche

Waren es betrunkene oder bekiffte Jugendliche, die sich im Rausch einer mutwilligen Zerstörungswut hingaben? Oder waren es gar Anhänger rivalisierender rheinländischer Vereine, die sich an Berti Vogts, Günter Netzer und Herbert „Hacki" Wimmer, dem stellvertretenden Trifolium für die Jahrhundert-Elf der „Fohlen", vergriffen hatten? Borussia-Fans werden es jedenfalls gewiss nicht gewesen sein, die die Bronze-Figuren in der Eickener Fußgängerzone im November 2011 teilweise verstümmelt hatten. Die Bilanz: Netzer fehlte ein Arm, Daumen und Mittelfinger der anderen Hand waren abgebrochen. Auch Vogts hatte gelitten und den kleinen Finger der linken Hand eingebüßt. Wimmer zeigte sich indes von seiner robusten Art und blieb unversehrt.

1975 hatte der Bildhauer Bonifatius Stirnberg aus dem sauerländischen Freienohl die Plastik „Fohlen-Kicker" zur Erinnerung an die glorreiche Ära Anfang der 1970er-Jahre erschaffen, deren Figuren mit beweglichen Gelenken ausgestattet sind und somit auch gerne zum Spielzeug von kletternden Kindern werden.

Sechs Jahre später ließ die Stadtsparkasse das Denkmal im Stadtteil Eicken, Borussias Geburtsort, direkt vor der Kult-Fankneipe „Alt Eicken" an der Gabelung Schwogen-/Eickener Straße, aufstellen. Über 20 Jahre war es somit nicht nur für Borussia-Anhänger guter Brauch, auf dem Weg vom Hauptbahnhof zur Kneipe zu ziehen und an der Statue lehnend noch ein paar Alt zu zischen, bevor es alle dann hinauf zum Bökelberg zog.

Auch die Kosten der zwei Monate dauernden Reparatur übernahm die Sparkasse, und nachdem ferner Fugen und Schweißnähte optimiert wurden, konnte die „Operation" erfolgreich beendet werden.

Die „Fohlen-Kicker" waren Teil der Skulpturenmeile, einer heute rund 30 Skulpturen umfassenden und knapp fünf Kilometer langen Kunstroute. Aktuell sind die Bronze-Figuren weiterhin eine Station der „Deutschen Fußball-Route NRW", die in 15 Städten zu Touren entlang fußballrelevanter Sehenswürdigkeiten einlädt.

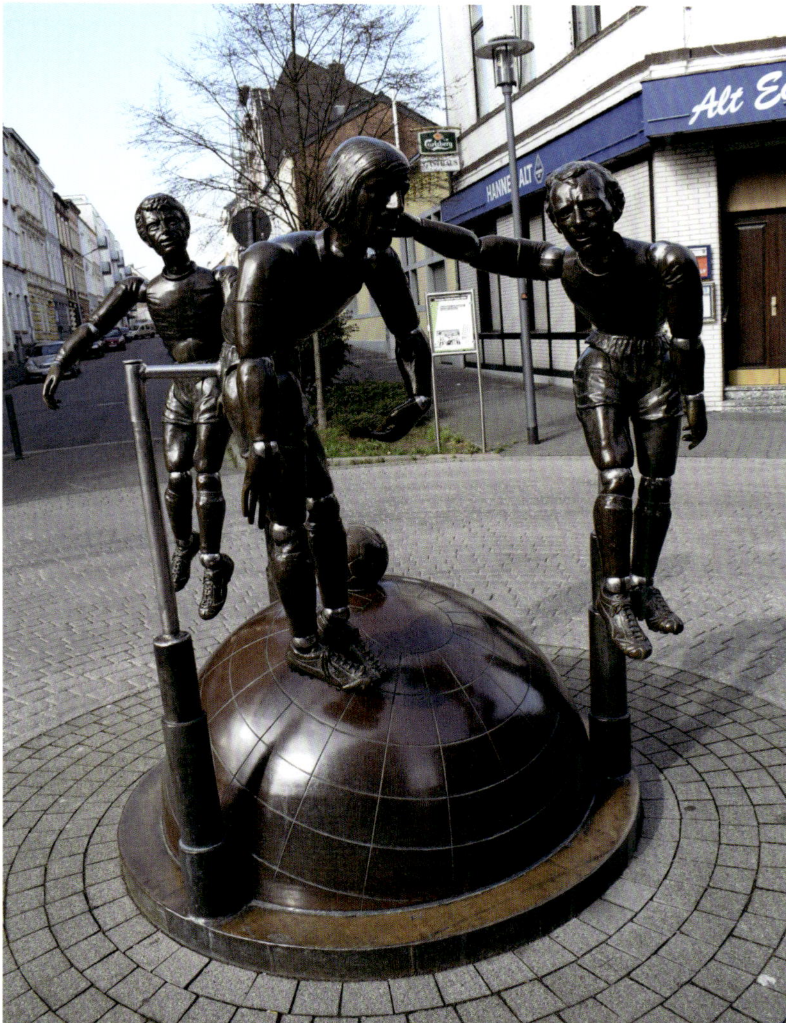

HARTE 4 FAKTEN

Gewicht der Plastik: 50 Kilogramm

Einsätze Berti Vogts: 419 Spiele für Borussia (= Vereinsrekord!)

Einsätze Herbert Wimmer: 366 Spiele

Titel Herbert Wimmer: 4x Dt. Meister, 1x DFB- und UEFA-Cup-Sieger, Welt- und Europameister

Grenzlandstadion

Bundesliga-Fußball knapp verfehlt

Gleich neben der früheren traditionsreichen Sportstätte des Rheydter SV befindet sich das im Juli 1927 auf einem Gelände einer ehemaligen Ziegelei fertiggestellte Grenzlandstadion, seit vielen Jahren Heimat von Borussias Jung-Fohlen. Wer es heute betritt, sieht ein Leichtathletikstadion (das übrigens für Sportler jederzeit frei zugänglich ist) mit Tribüne auf einer Längsseite vor sich, ahnt jedoch nicht, dass hier beinahe Erstligafußball stattgefunden hätte.

Einen imposanten Eindruck muss das Stadion nach seiner Eröffnung gemacht haben: Zwei Fußballfelder in einem Stadion und dazu ein mächtiges Ehrenmal, das Erzengel Michael im Kampf mit dem Drachen auf einem eine Kapelle beinhaltenden sechs Meter hohen Sockel zeigt. Von den Nazis entfernt, erhielt die Kampfbahn während derer Herrschaft den Namen des SA-Manns Heinz Brands.

Nach dem Krieg wurde das Stadion wiederaufgebaut, indem mehrere hunderttausend Kubikmeter Trümmerschutt zu Stehstufen für rund 25.000 Zuschauer und Sitzplätze für 3.000 Personen verwendet wurden. Aufgrund seiner gigantischen Ausmaße wurde dem Stadion, das am 3. Juli 1960 seine zweite Eröffnung mit Namensgebung erlebte, eine Kapazität von über 60.000 Plätzen nachgesagt.

Anfangs machte die Sportstätte mit gut besuchten Landesturnfesten auf sich aufmerksam, doch fast hätte hier auch Lokalmatador Borussia die Kontrahenten zu Erstligaspielen empfangen. 1960/61 machte der Bökelberg einen niederschmetternden Eindruck, sodass der Verein in die damals noch eigenständige Stadt Rheydt umzog. Dieser Ortswechsel motivierte die Mönchengladbacher Stadtväter prompt, den Bökelberg auszubauen. Doch die Borussia fühlte sich in Rheydt pudelwohl und wollte auch nach dem Bundesliga-Aufstieg 1965 zurückkehren. Nach dem Bau der imposanten Tribüne am Bökelberg wurden die Pläne jedoch fallen gelassen.

Bis 1981 erhielt das Grenzlandstadion zur Durchführung renommierter Leichtathletik-Veranstaltungen und für den Schulsport das heutige Aussehen einschließlich Tribüne und Flutlicht; Borussias Zwote und das Frauenteam fühlen sich hier zu Hause.

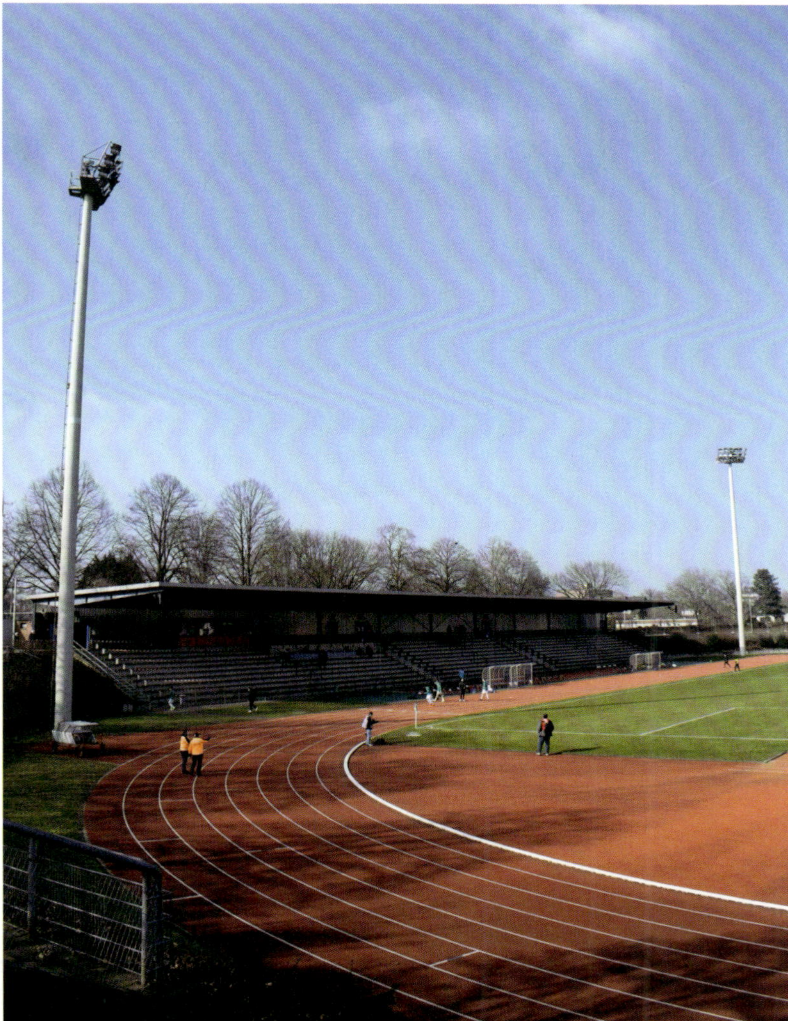

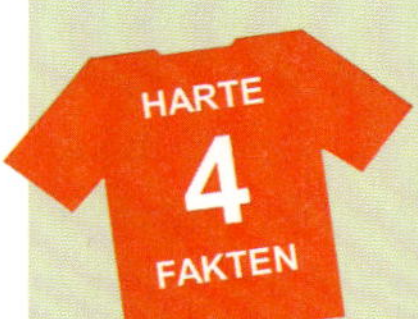

Eröffnungsfeiern: 1927, 1960, 1981

Aktuelle Kapazität: 10.000 (2.500 Sitzplätze)

Infrastruktur Leichtathletik: Laufbahn, Sprunganlagen und Kugelstoßanlage

Weiterer Nutzer: Boule-Abteilung der DJK Sportfreunde 08 Rheydt

RSV-Stadion

Sporthistorischer Frevel

Gelblich schimmerte das Flutlicht auf das Spielfeld im Stadion des Rheydter Spielvereins und erzeugte bei Spielern und Zuschauern umgehend eine besondere Atmosphäre, die sich doch merklich von der ansonsten eher üblichen Scheinwerfer-Atmosphäre abhob. Die Zuschauer saßen entweder auf der 1925 erbauten Tribüne oder genossen das Spielgeschehen von einer der über 30(!) Stufen, die dem Stadion seinen prächtigen und imposanten Charakter verliehen.

Doch diese Fußballabende, die bis Ende 2019 insbesondere Groundhopper und Fußballromantiker faszinierte, sind Geschichte. Zur Saison 2021/22 sollte der RSV, der im Volksmund „Spö" genannt wird, seine Heimspiele im „Campuspark" genannten Stadion austragen, meldete jedoch die Erste vom Spielbetrieb ab. Statt auf Rasen und Asche wird nun auf Kunstrasen gespielt; die beeindruckende Stehplatz-Gerade musste einem einstöckigen Gebäude weichen. Geblieben sind lediglich die (sanierte) Tribüne, die Stadionmauern und das Ehrenmal.

Begründet wurde der Umbau, den oben genannte Fangruppen nicht zu Unrecht als „sporthistorischen Frevel" bezeichnen, wie so oft mit dringend notwendigen Maßnahmen zur Zukunftssicherung der Sportanlage. Seit 1922 rollt an der Jahnstraße der Ball. 1948 erfolgte der Ausbau der Tribüne; ab 1953 fanden 35.000 Zuschauer Platz. In den gemeinsamen Oberliga West-Spielzeiten 1950/51 und 1953/54 passierten sogar mehr Zuschauer die RSV-Stadiontore als die Eingangskontrollen auf Borussias Bökelberg. Von dort kam Mitte der 1990er die alte Anzeigetafel zum Spö, die jedoch später ins nebenan gelegene Grenzlandstadion, Heimat von Borussias Zwoter, umzog.

Unzählige Spieler bekannterer (Dortmund, Schalke) wie auch von Dorf-Vereinen (Teutonia Kleinenbroich, RW Hockstein) zogen sich in den vergangenen Jahrzehnten im Bauch der Tribüne um, in die auch das Klubhaus und Geschäftsräume integriert waren. Nach einem sportlichen Niedergang ab 2003 hatte der RSV 2015 seinen Tiefpunkt mit der Ankunft in der Kreisliga A erreicht, die er nach zwei Jahren Richtung Bezirksliga verließ. Während des Neubaus zog der „Spö" nach Mülfort um.

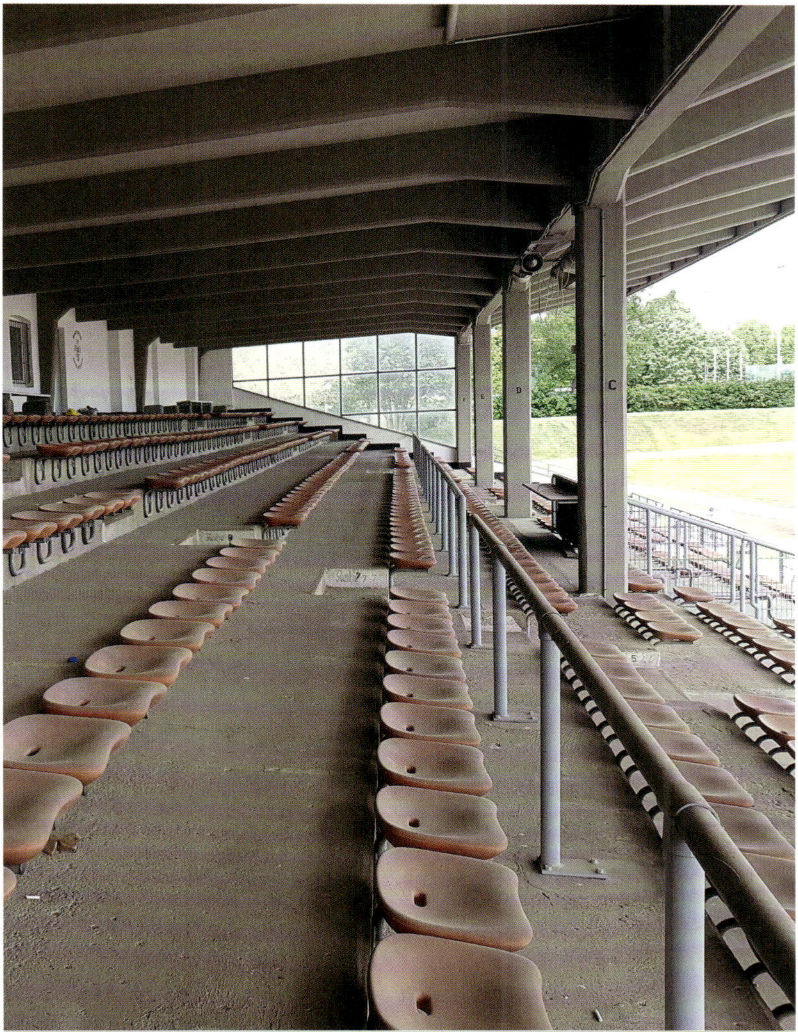

HARTE **4** FAKTEN

Zuschauerrekord: 35.000 im Heimspiel gegen Bor. Mönchengladbach (1:2, 30. 8. 1953)

Bekanntester Trainer: Hennes Weisweiler

Letztes Spiel: Rheydter SV – Sportfreunde Neuwerk (2:2, 7. 12. 2019)

Kosten Neubau: 4,6 Mio. Euro

Ernst-Reuter-Kampfbahn

Wo Günter Netzer zuerst die Schuhe schnürte

Es müssen ein paar Meter Höhenunterschied bewältigt werden, bevor sich das Hauptspielfeld der durchaus schmucken Ernst-Reuter-Kampfbahn vor den Augen des Stadionbesuchers offenbart. Bis auf wenige Stehtreppen weist sie zwar keine baulichen Besonderheiten auf, dafür lädt jedoch das großzügige Vereinsheim bei bestmöglicher Sicht zur gemütlichen Beobachtung der Heimspiele des ältesten noch bestehenden Fußballvereins im Westdeutschen Fußballverband ein.

Seit 1957 ist der 1. FC Mönchengladbach, der sieben Jahre zuvor durch die Fusion des SC München-Gladbach mit Eintracht München-Gladbach (so die ehemalige Schreibweise der einzigen deutschen Stadt mit zwei Hauptbahnhöfen) entstanden war, auf dem Sportplatz zwischen Luisen- und Hügelstraße zu Hause. Spätere Bundesligaprofis wie Simon Jentzsch oder Dominik Jansen eigneten sich auch auf dem oberhalb gelegenen Aschenplatz (jetzt Kunstrasen) die Robustheit für ihre nachfolgende Karriere an. Überstrahlt werden alle jedoch von Fußball-Ikone Günter Netzer, der als Neunjähriger zum FCMG kam und dort alle Jugendteams durchlief. 1963 wurde er Profi beim seinerzeitigen Regionalligisten Borussia.

1894 schuf Sportlehrer H.C. Heesch den München-Gladbacher FC 94, der nach dem Ersten Weltkrieg zum Sportclub 1894 wurde. 1909 hatte sich der Verein als Westdeutscher Meister (3:2 gegen Preußen Duisburg) für die DM-Endrunde qualifiziert, wo man in Duisburg jedoch gegen Phönix Karlsruhe (ein Vorgängerclub des Karlsruher SC) mit 0:5 unterging. Nach dem Zweiten Weltkrieg, auch Eintracht stagnierte in der Bezirksklasse, war der Zusammenschluss eine Vernunftehe.

Gleich in seiner ersten Saison schaffte der neue Klub den Aufstieg in die Landesliga (höchste Amateurliga). Als größten sportlichen Erfolg zählt der Verein indes den 2015er Aufstieg in die fünftklassige Oberliga Niederrhein, der nach der abgebrochenen Corona-Spielzeit 2019/20 dank eines besseren Punkte-Koeffizienten wiederholt werden konnte.

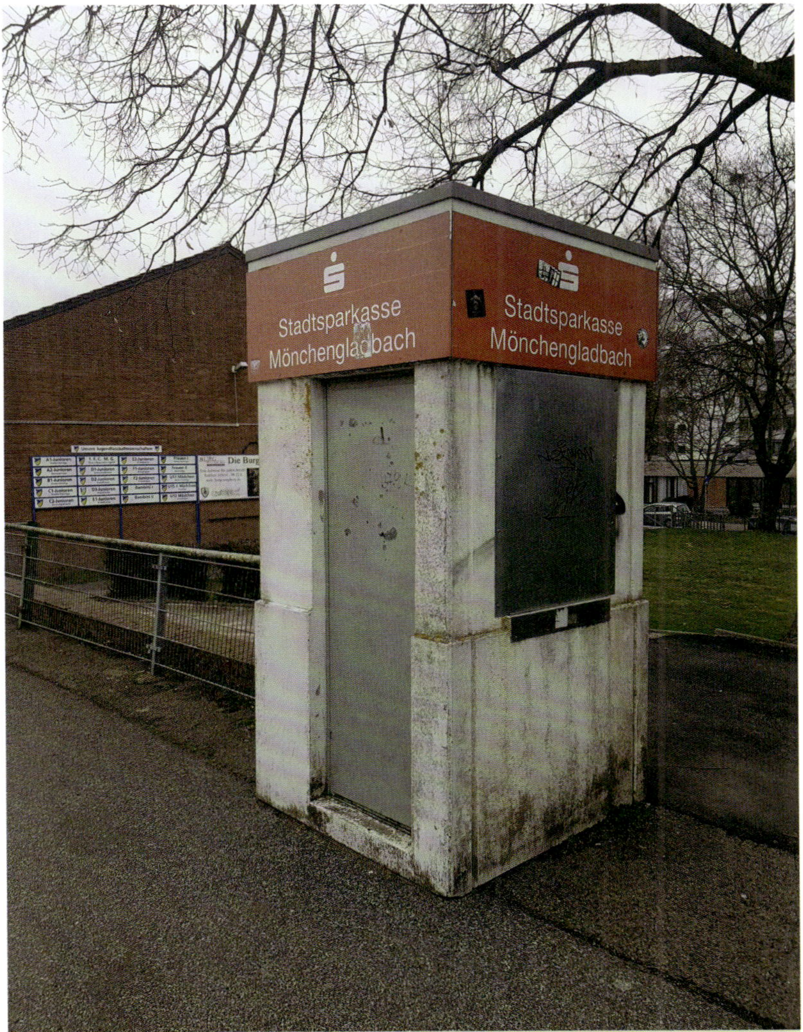

HARTE 4 FAKTEN

Frühere FC-Spielstätte: Kampfbahn „Am alten Wasserturm“

Frauenteams: Abspaltung im Juni 2020 zum FV Mönchengladbach

Punkte-Koeffizient für Aufstieg 2019/20: 1,87

Weitere Abteilungen: Leichtathletik, Volleyball

Stadion an der Hammer Landstraße

Tribünenbau gegen Zaungäste

Auch in Neuss, der rund 155.000 Einwohner zählenden linksrheinischen Stadt gegenüber von Düsseldorf, stand ein Stadion, das nicht nur wegen seiner Holztribüne von Fußball-Nostalgikern gerne aufgesucht wurde. Bereits 1919 errichtete der Verein „Sportfreunde von 1906“ (aus dem 1946 nach einer Fusion mit dem Sport-Club Neuß der „Verein für Rasensport“ wurde) einen Sportplatz am von Hochwasser gefährdeten Hammer Feld (später „Hammer Landstraße“), der dank des spendablen damaligen Vorsitzenden Paul Simons 1923 eine erste Tribüne aus Holz mitsamt Sanitäranlagen erhielt.

Nach dem Krieg und der Übereignung der Stadionfläche an die Stadt wurde die Anlage wieder nutzbar gemacht und eine neue, 750 Plätze zählende Holztribüne gebaut. Bei der offiziellen Umbenennung 1957 in „Bezirkssportanlage Hammer Landstraße“ (der Volksmund blieb jedoch bei „VfR-Platz“) konnten 12.000 Personen rein. 1978 erhielt das Stadion eine überdachte Stehtribüne, auch damit die nicht zahlungswillige Kundschaft nun weniger Chancen hatte, den Spielen von einer Anhöhe fernab des Geländes beizuwohnen.

Nachdem die Sportstätte auch angesichts der negativen sportlichen Entwicklung des Hausherrn (2010 Insolvenz, 2012 Sturz in die Kreisliga A) nur noch notdürftig instandgehalten wurde, war angesichts städtischer Sparzwänge und jährlicher Unterhaltskosten im sechsstelligen Bereich abzusehen, dass das Stadion aufgegeben wird. So gab die Stadt im April 2013 die Schließung zum Ende der laufenden Saison bekannt; Interventionen durch Verein und Mitglieder blieben erfolglos. Ein Jahr später rückten die Bagger an. Immerhin: Ein Bombenfund setzte die Abrissarbeiten kurzzeitig aus, was Fans als letztes Protestzeichen des Stadions gegen seine Demontage nach fast über 100-jährigem Bestehen deuteten.

Bis heute erinnern sich ältere Zeitzeugen gerne an das größte Spiel auf dem VfR-Platz, als am 13. August 1967 der große Nachbar Fortuna Düsseldorf vor über 13.000 Besuchern mit 5:4 (nach 1:3 zur Halbzeit) besiegt wurde. An die Traditionsstätte selbst erinnert heute leider gar nichts mehr.

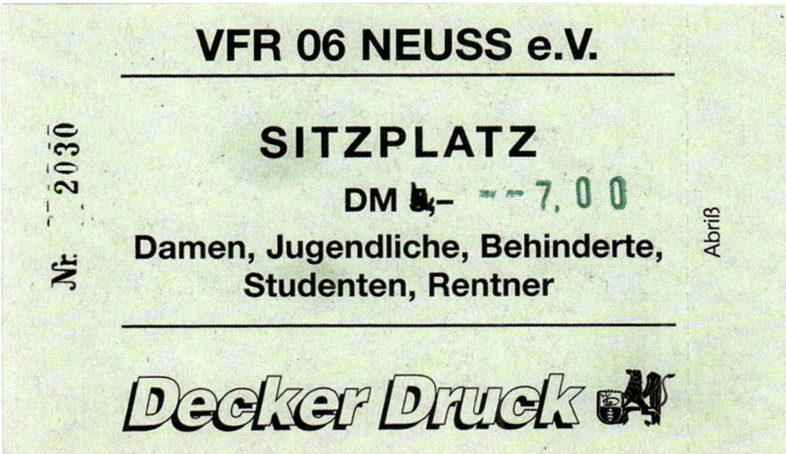
Nr. 2030

VFR 06 NEUSS e.V.

SITZPLATZ

DM 5,- 7,00

Damen, Jugendliche, Behinderte, Studenten, Rentner

Abriß

Decker Druck

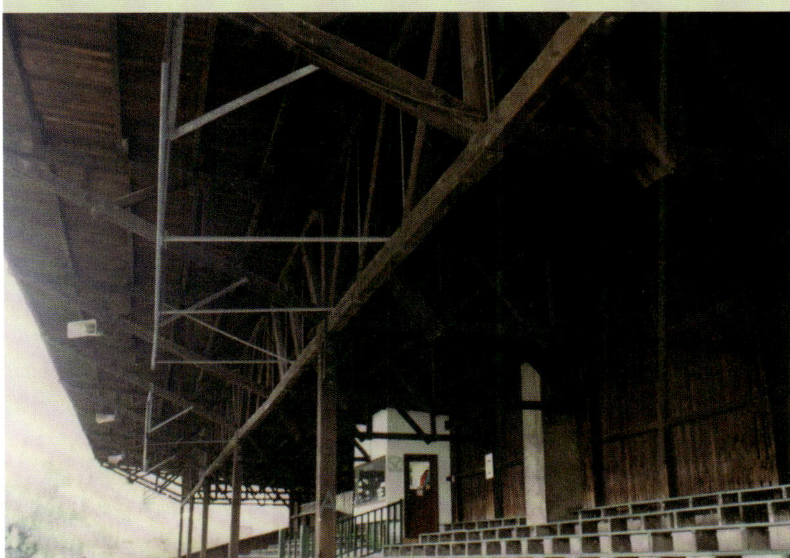

HARTE 4 FAKTEN

Vereinsfarben VfR 06 Neuss: Grün-Weiß

Heutige Spielstätte: Jahnstadion

Aktuelle Spielklasse: Kreisliga A

Karrierestart beim VfR: Wolfgang und Friedhelm Funkel

Abtei-Sportpark

Pokalsieg als Zweitligist

Brauweiler ist ein Stadtteil von Pulheim, einer mittleren Kreisstadt im Westen Kölns. An der dortigen Donatusstraße trägt der SV Grün-Weiß Brauweiler seine Heimspiele aus – einst auf Rasen, nun überwiegend auf der gegenüberliegenden Straßenseite auf Kunstrasen.

In den 1990ern sprachen viele Fußballfreunde über die Grün-Weißen, doch standen hierbei nicht die Herren im Fokus der Erörterungen. Es war das Frauen-Team, das Männer wie Frauen begeisterte und dem Verein bundesweite Aufmerksamkeit bescherte.

1974 versammelte Thomas Meyer eine weibliche Trainingsgruppe um sich, aus der sich schnell eine Frauenmannschaft bildete. Von Beginn an in der höchsten Klasse, der Verbandsliga, startend, löste sich die Frauenfußball-Abteilung 1987 vom Gesamtverein ab, was sich sportlich als richtige Entscheidung erwies. Nach drei Mittelrheinpokal-Siegen in Folge wurde 1991 das Jahr des Triumphes: Mit den späteren Nationalspielerinnen Silke Rottenberg und Bettina Wiedmann gelang der Aufstieg in die ein Jahr zuvor eingeführte Bundesliga und schließlich, offiziell als Noch-Regionalligist, der Gewinn des DFB-Pokals (1:0 gegen den Deutschen Meister TSV Siegen) – bis heute unerreicht. Es folgte die beste Phase der Kickerinnen: Dreimal Vizemeister und dreimal Meister der Nordgruppe, endlich Deutscher Meister 1997 (6:4 nach Elferschießen gegen den FC Rumeln-Kaldenhausen, heute MSV Duisburg), dazu zwei weitere Pokalsiege (1993 und 1997). Frauenfußball der 1990er bedeutete GW Brauweiler und Dauerrivale TSV Siegen.

Mit dem Ausscheiden verdienter Spielerinnen ging die Erfolgsstory allmählich zu Ende. Nach der Umbenennung in FFC Brauweiler Pulheim zum 1. Juli 2000 folgten durchschnittliche Jahre, ehe 2004 der Abstieg nicht mehr zu verhindern war. Nach sofortiger Rückkehr ging es zwei Jahre später gar ohne einen einzigen Punkt wieder runter. Hier kam es dann knüppeldick: Nach Insolvenzantrag landete das ehemalige Aushängeschild des deutschen Frauenfußballs in der Regionalliga. Nach dem Wiederaufstieg wurde der FFC zur Saison 2009/10 zum Frauen-Team des 1. FC Köln.

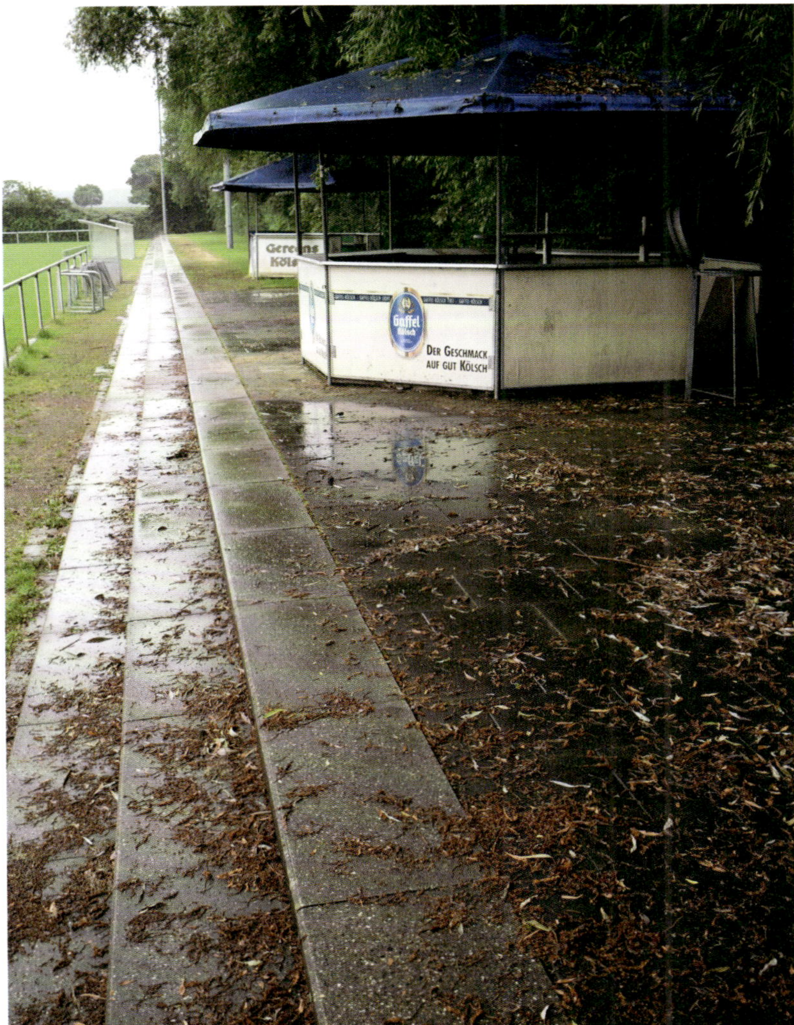

HARTE 4 FAKTEN

Bekannte Spielerinnen: Maren Meinert, Silke Rottenberg, Tina Theune-Meyer

Meister Frauen-Bundesliga Nord: 1995, 1996, 1997

Vizemeister Frauen-Bundesliga-Nord: 1992, 1993, 1994

Frauen-Team GW Brauweiler: heute in Mittelrheinliga (4. Liga)

Städtisches Stadion

Oberliga, Länderspiele, Leichtathletik

Vor den nordöstlichen Toren Düsseldorfs liegt Ratingen, die größte Stadt des Kreises Mettmann. Zweifelsohne lohnt sich ein Abstecher in die Stadt, wo Burgen, Schlösser, Reste der Stadtmauer mit drei noch erhaltenen Türmen oder das ehemalige Herrenhaus der Textilfabrik Cromford auf historisch interessierte Besucher warten.

Aus sportlicher Sicht machte die Stadt indes selten und wenn nur kurzzeitig von sich reden. Am bekanntesten dürfte noch die knapp 30-jährige Existenz des Eishockeyclubs Ratingen sein, der, obwohl erst 1977 gegründet, bei der Einführung der Deutschen Eishockey-Liga (DEL) 1994 dabei war, drei Jahre später gegen den Willen seiner Mitglieder nach Oberhausen umzog und als „Revierlöwen“ sportlich und finanziell abstürzte.

Unangefochtenes fußballerisches Aushängeschild ist hingegen die Ratinger Spielvereinigung Germania 04/19, die sich seit ihrem Aufstieg 2014 (herausragend: Platz Drei in der Saison 2014/15) konstant in der Oberliga hält. Bereits zuvor qualifizierten sich die Blau-Gelben von 2000–04 für diese Klasse, konnten indes nach dem Abstieg den Durchmarsch in die Landesliga nur mit Mühe verhindern.

Seine Wurzeln hat der Klub im 1904 gegründeten FC Alemannia, der zwei Jahre später dem TV Ratingen beitrat und hier eine Fußballabteilung aus der Taufe hob. 1919 fusionierte diese mit dem BV Vorwärts zum TSV Ratingen, aus dem sich im darauffolgenden Jahr die Fußballer als SpVgg 04 abspalteten. Seit dem 1965 erfolgten Zusammenschluss mit dem ESV Germania tritt der Verein unter seinem heutigen Namen an.

Heimstätte des RSV Germania ist das am Rande der historischen Altstadt gelegene Städtische Stadion, das neben Leichtathletikanlagen auch über eine 2003 erbaute Tribüne mit rund 1.500 Sitzplätzen verfügt. Es ist regelmäßig Schauplatz eines internationalen Mehrkampfmeetings des Deutschen Leichtathletikverbandes; auch Jugend-Nationalspiele (etwa die UEFA U17-Eliterunde) fanden hier bereits statt. Überschaubarer geht es bei den Heimspielen von Ratingen 04/19 (so die Kurzform) zu, wo ein fester Stammkern dem Klub treu beisteht.

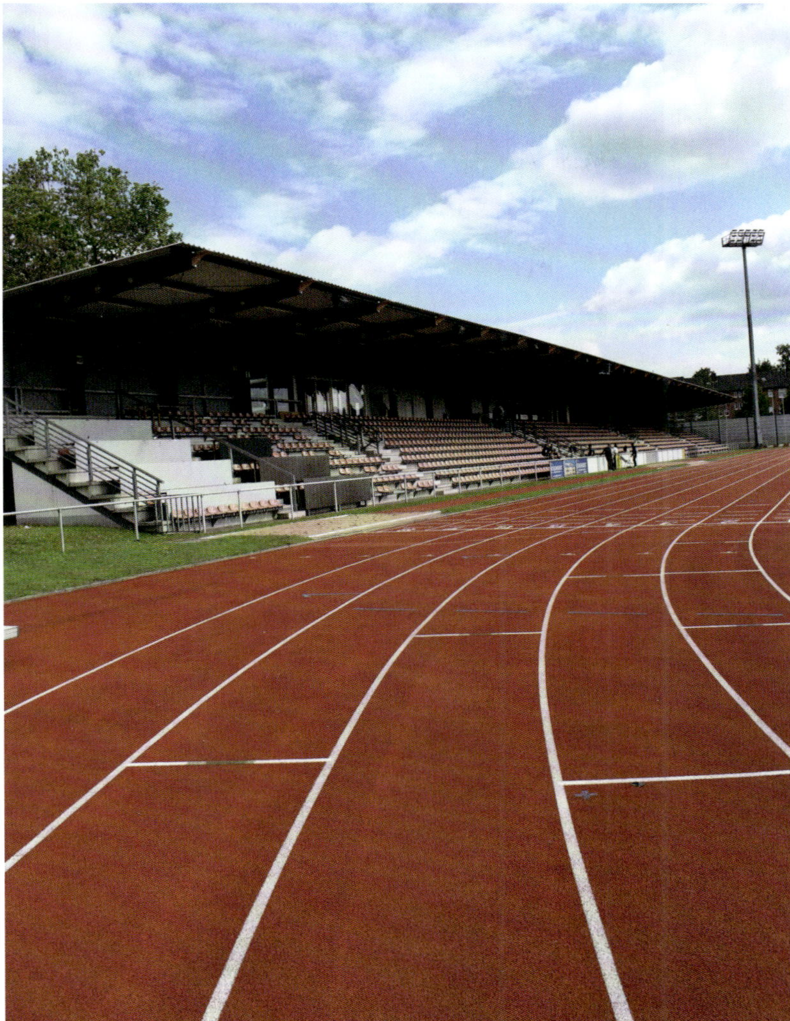

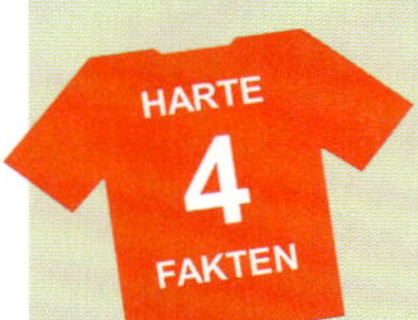

Länge der Tribüne: 115 Meter
Gesamtkapazität Stadion: 5.000 Zuschauer
Bekannteste Spieler: Mike Rietpietsch, Olivier Djappa
Aktuelle Teams: 3x Herren, 1x Frauen, 28x Jugend

Röntgen-Stadion

Per Diesellok zur 2. Liga

Alphabetisch rangiert Remscheid vor Solingen, doch in meiner persönlichen Fußball-Biographie folgte die kreisfreie auf die Klingenstadt. Als Gast im Solinger Hermann-Löns-Stadion tauchte bisweilen auch eine Mannschaft auf, die auf den dörflich klingenden Namen „BV 08 Lüttringhausen“ hörte. Das, was die Blau-Weißen auf dem Rasen zeigten, konnte indes auch mit großstädtischen Klubs konkurrieren. Immer häufiger wurde daher der Bahnhof Solingen-Ohligs (heute Hbf.) in den 1980ern für mich nicht zum End-, sondern zum Umsteigebahnhof, von wo die per kleiner Diesellok betriebene Regionalbahn über die Müngstener Brücke mit ihrer großartigen Aussicht den Zielort Lennep ansteuerte.

Das 1925 erbaute und 1982 nach dem in Lennep geborenen Wilhelm Conrad Röntgen umbenannte Stadion drängte dank des Zweitligaaufstiegs des BV 08 (1982) in die bergische Phalanx des Wuppertaler SV und von Union Solingen. Sukzessive wurde das einst 5.000 Zuschauer fassende Areal zur 12.463 Plätze bietenden Sportstätte ausgebaut, die sich ihr Zweitliga-Outfit mit Haupt- und Gegentribüne sowie zwei unüberdachten Stehplatzkurven bis heute bewahrt hat. Mitreißende Spiele in der Meisterschaft, im DFB-Pokal (u. a. gegen den FC Bayern 0:1) und beim Gewinn der Deutschen Amateurmeisterschaft 1986 (2:1 n. V. gegen VfR Bürstadt) lockten Zuschauer auch aus den beiden größeren Städten des Bergischen Landes an.

1987 sorgte der seit 1985 als BVL 08 Remscheid auflaufende Verein ebenso für Furore, als er, nicht zuletzt dank der Tore seines Goalgetters Frank Kremer, zunächst in der Oberliga Nordrhein Favorit MSV Duisburg hinter sich ließ und sich dann in der Aufstiegsrunde gegen Hertha BSC durchsetzte und dabei just im Olympiastadion mit einem 3:1 alles klarmachte. Zurück in der Oberliga, reiften Fusionspläne mit Ligakonkurrent VfB Marathon, die 1990 in der Gründung des FC Remscheid mündeten. Noch einmal spielte man für zwei Jahre im Bundesliga-Unterhaus und 1996–1999 in der drittklassigen Regionalliga. Danach ging´s bergab. Aktuell versammeln sich nur noch wenige treue Anhänger zu sechstklassigen Landesligaspielen im Röntgenstadion, das zudem von Abrissplänen bedroht ist.

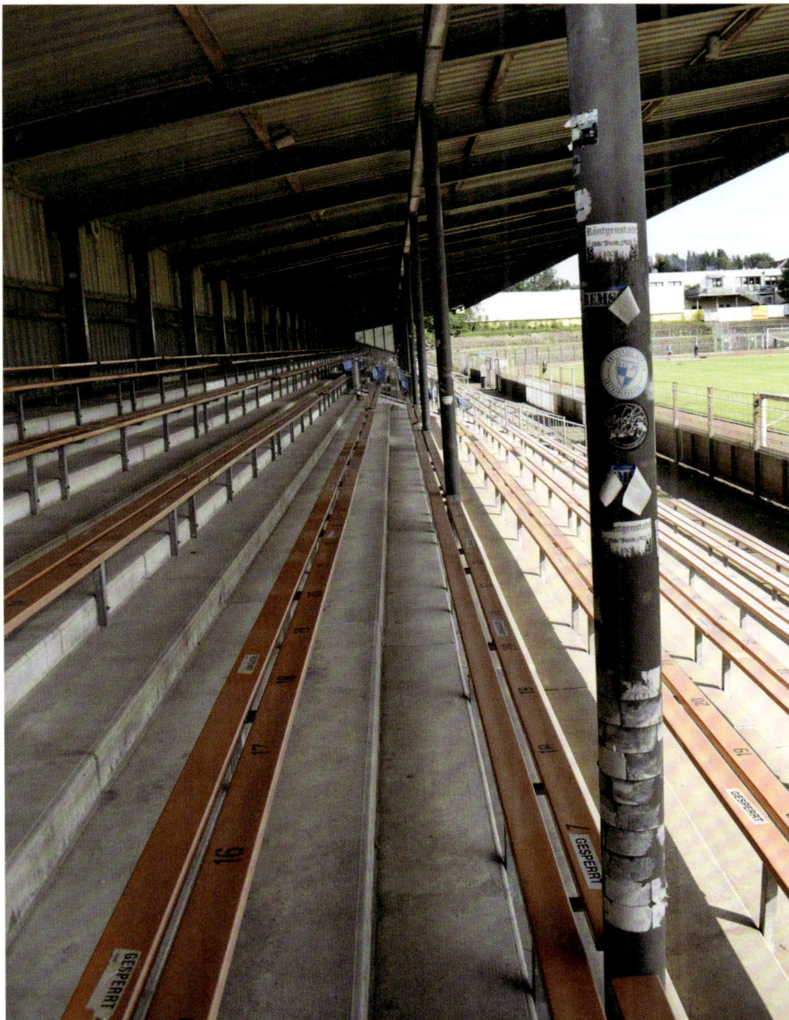

HARTE 4 FAKTEN

Temporäres Flutlicht: Zwei Niederrhein-Pokalspiele gegen RW Oberhausen

Benefizspiel: für die Hinterbliebenen der Opfer eines Flugzeugabsturzes am 8.12.1988 gegen Bayern München (3:0)

Anzahl Sitzplätze: 2.168

Abriss: seit Jahren angekündigt

Stadion Reinshagen

Fusionsaufschwung nur von kurzer Dauer

Wie in so vielen Städten ist auch in Remscheid lokales Fußballdenken an Generationen gebunden. Die Jüngeren kennen den FC Remscheid, die Älteren noch den BVL Remscheid respektive BV 08 Lüttringhausen, nicht zuletzt aufgrund seiner mehrjährigen Zweitliga-Zugehörigkeit in den 1980ern und 1990ern. Nur die wenigsten, und dabei zwangsläufig oft Veteranen, wissen jedoch, dass der VfB Marathon lange Zeit das fußballerische Aushängeschild der bergischen Großstadt war.

Als FC 1906 gegründet und nach Auflösung 1917 als VfB 06 wieder zum Leben erweckt, fusionierte der Verein im Zweiten Weltkrieg mit dem 1928 entstandenen VfL Marathon (bis 1937 als Betriebssportgemeinschaft unter dem Namen „SV Edelstahlwerke Remscheid" antretend) und kam als VfB Marathon 1949 in der 2. Liga West an, wo mit einem hervorragenden vierten Platz nur knapp der Aufstieg verpasst wurde. Größter Erfolg bedeutete rund 20 Jahre später der Gewinn der Deutschen Amateurmeisterschaft, als am 29. Juni 1968 in Bochum vor 12.000 Zuschauern ein 5:3-Sieg nach Verlängerung gegen den FC Wacker München gelang.

Auch nach der 1971 erfolgten Fusion mit dem BV 08 Remscheid zum VfB 06/08 stellten sich Erfolge ein. Dreimal Vizemeister in der drittklassigen Amateurliga Niederrhein und 1974 eine weitere DM-Amateur-Endspielteilnahme (1:2 im Wiederholungsspiel gegen den SSV Reutlingen) weist die Historie auf. In den 1980ern in der Viertklassigkeit angekommen, musste man neidisch den Vorbeimarsch der Emporkömmlinge aus Lüttringhausen registrieren. Als deren Höhenflug abebbte und sich beide Klubs 1988 in der Oberliga trafen, wurden kurz darauf die Kräfte gebündelt und 1990 der FC Remscheid gegründet, dessen Historie mit zwei Jahren Zweitligafußball (1991–93) leider auch nur wenige sportliche Glanzzeiten aufweist. Inzwischen besitzt der VfB Marathon wieder eine eigene Fußballerriege, die in den bewährten Traditionsfarben Blau und Gelb aktuell in der Bezirksliga antritt. Sportliche Heimat ist seit 1968 das Stadion Reinshagen, wo jedoch überwiegend auf Kunstrasen und nicht auf dem Naturgrün vor der herrlichen, gut erhaltenen Tribüne gespielt wird.

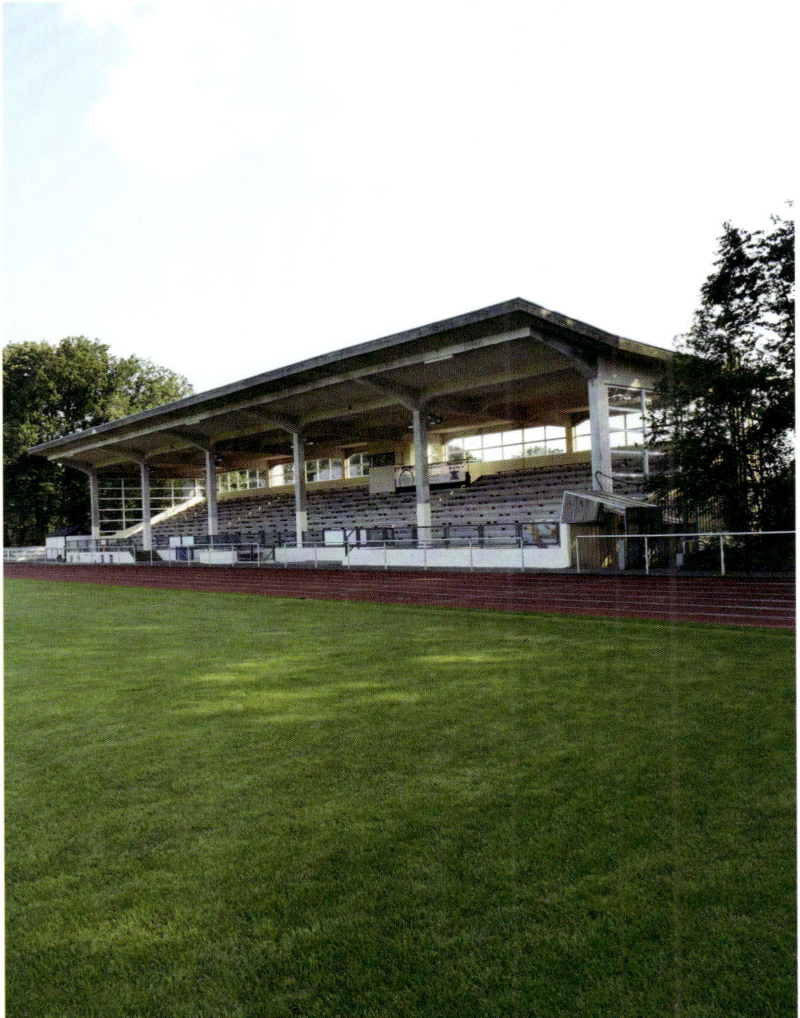

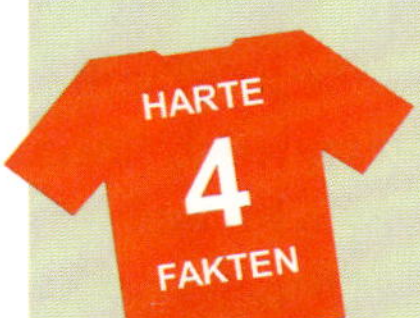

Stadion-Baujahr: 1925

Fassungsvermögen: 11.000 Zuschauer

Stachel: 1982 Zweitliga-Aufstiegsfeier des Rivalen BV 08 Lüttringhausen

Internationales: Spielort der ersten U18-Europameisterschaft 1981 (Schweden – Rumänien 1:1, 29. Mai)

Sportzentrum

Zuschauerrekord im Oberliga-Derby

Drei Weltmeistertitel holte Christoph Lensing im Einzel für den Reiterverein Rhede zwischen 1988 und 1996. Nicht nur deshalb hat sich die im Kreis Borken gelegene westmünsterländische Stadt Rhede im Pferdesport einen Namen gemacht. Doch auch die Fußballer des VfL 1920 Rhede erwarben sich Meriten für ihren Heimatort und können auf fünf Jahre im nordrheinischen Amateuroberhaus zurückblicken.

Nach Jahrzehnten auf Bezirksebene begann die erfolgreichste Epoche des 1938 durch einen Zwangszusammenschluss vom Spiel- und Sportverein sowie Turnverein entstandenen „Verein für Leibesübungen" mit dem Landesliga-Aufstieg 1976, der im übernächsten Jahr mit dem Verbandsliga-Aufstieg getoppt wurde. Neu-Trainer Dieter Münnich formte das Team zu einer starken spielerischen Einheit, die schließlich 1982 in die Oberliga vorrückte. Im ein Jahr zuvor bezogenen Sportzentrum liefen nun Vereinsgrößen aus Oberhausen, Wuppertal, Köln und natürlich die Lokalkontrahenten FC und Olympia aus dem benachbarten Bocholt auf. Das von 8.000 Zuschauern beobachtete Derby gegen den 1. FC Bocholt wird dabei wohl auf ewig die Rekordkulisse im Rheder Fußball bedeuten.

Dem sofortigen Abstieg folgte umgehend die Rückkehr, und nun konnten sich die VfL-Anhänger gar für vier Jahre an hochklassigem Fußball im rund 5.000 Plätze bietenden Sportpark erfreuen. Aufgrund finanzieller Probleme, vorwiegend bedingt durch Steuernachzahlungen und den Bau eines Vereinsheims, musste sich der VfL jedoch von höheren sportlichen Zielen verabschieden und pendelte anschließend zwischen Verbands- und Landesliga. 2012 erreichte man noch einmal für zwei Jahre die Oberliga, die inzwischen jedoch nicht mehr dritt-, sondern nur noch fünftklassig war.

Dramatisch wurde es 2017, als der VfL Rhede als Landesliga-Zweiter Oberliga-Aufstiegsspiele gegen den 1. FC Monheim bestritt und nach einem torlosen Auswärts-Hinspiel erst durch den Ausgleich in der 95. Minute zum 2:2 aufgrund der Auswärtstor-Regel in der Liga verbleiben musste. Das Stadion trägt inzwischen den Namen einer Unternehmensgruppe aus der Kunststoffindustrie.

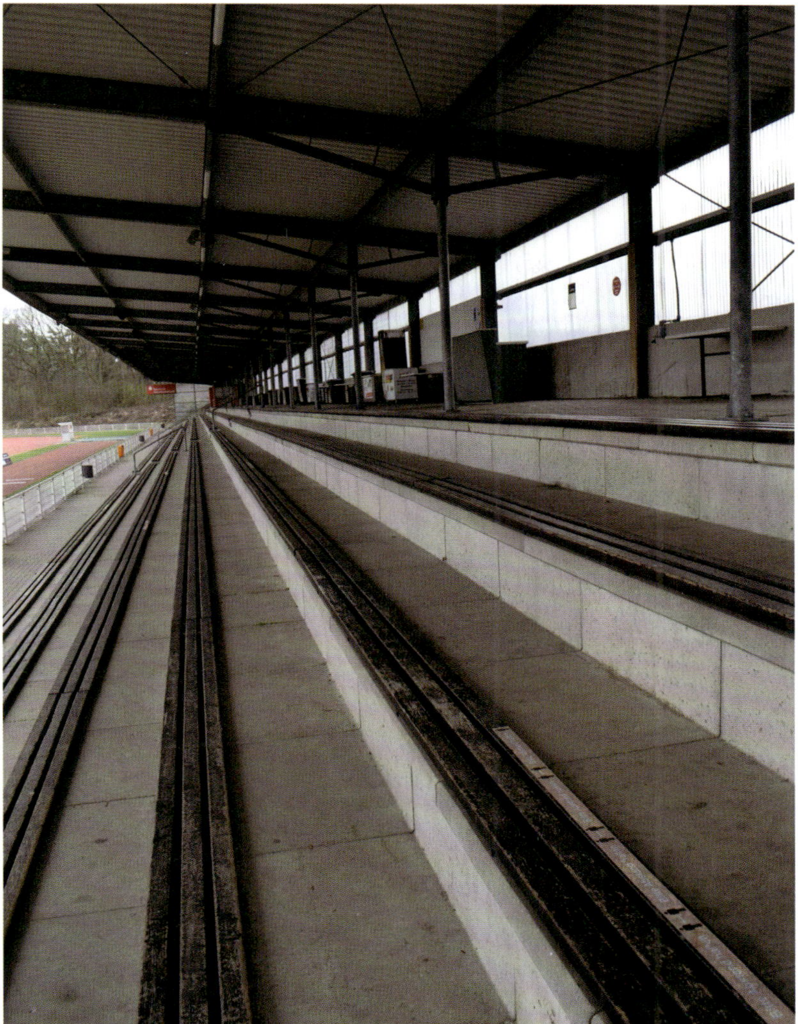

HARTE 4 FAKTEN

Vereinsfarben: Schwarz und Weiß

Karrierestart beim VfL: Simon Terodde, Pascal Testroet

Weitere Vereinssportart: Tischtennis

Früherer Sportplatz: An der Münsterstraße

Siegburg 086

Walter-Mundorf-Stadion

Parken an der Autobahn

Hübsch ist es nicht unbedingt, eher zweckmäßig. Gleichwohl setzt das Walter-Mundorf-Stadion in Siegburg, östlich zwischen Köln und Bonn gelegen, mit seinen Dimensionen und der langgezogenen Stehplatzgeraden schon ein bauliches Ausrufezeichen. Pfingsten 1978 wurde die nach dem langjährigen Mäzen und Vorsitzenden benannte Sportstätte eröffnet und erlebte exakt 40 Jahre später nach dem Abschluss von Sanierungs- und Modernisierungsarbeiten eine „Wiedergeburt" (unter anderem Drainage für den Rasenplatz, Erweiterung der Leichtathletikbahnen).

Neben weiteren Nutzern ist insbesondere der Siegburger SV 04, 1909 aus Siegburger FC 04, FC Adler Siegburg und VfB Siegburg entstanden, hier Gast. Dieser freut sich insbesondere über die Flutlichtanlage, die nun abendliche Spiele und Trainingseinheiten ermöglicht. Erfolgreichste Zeit des SSV 04 waren die Jahre zwischen 1978 und 1986, als sie für insgesamt sechs Spielzeiten in der drittklassigen Oberliga Nordrhein mitwirkten. Zuvor, 1977, verpassten die Blau-Weißen in zwei Entscheidungsspielen gegen den 1. FC Bocholt die Aufstiegsrunde zur 2. Bundesliga. 1961 wurde das Endspiel um die Deutsche Amateur-Meisterschaft mit 1:5 gegen Holstein Kiel verloren.

Richtig voll wurde es im rund 10.000 Zuschauer fassenden Stadion an der Bernhardstraße im Herbst 1989, als Franz Beckenbauer mit der Nationalmannschaft zu einem Testspiel gegen den SSV vorbeischaute (und ein mir bekannter Bayern-Fan sich nach dem Spiel den Stuhl vom Franz für seinen Balkon sicherte ...). Viele Zuschauer dürften dabei ihre Autos auf dem Parkplatz der Raststätte Siegburg an der A3 abgestellt haben – liegt diese doch nur einen kurzen Spazierweg vom Stadion weg.

Berühmtester Sohn der Null-Vierer ist zweifellos Wolfgang Overath, der neun Jahre in der SSV-Jugend kickte und während dieser Zeit in der deutschen Jugend-Nationalmannschaft debütierte (1960). 1963 wechselte er zum 1. FC Köln und begann dort seine beeindruckende Karriere, die ihn zum Deutschen Meister, zweifachen Pokalsieger und 1974 zum WM-Helden machte.

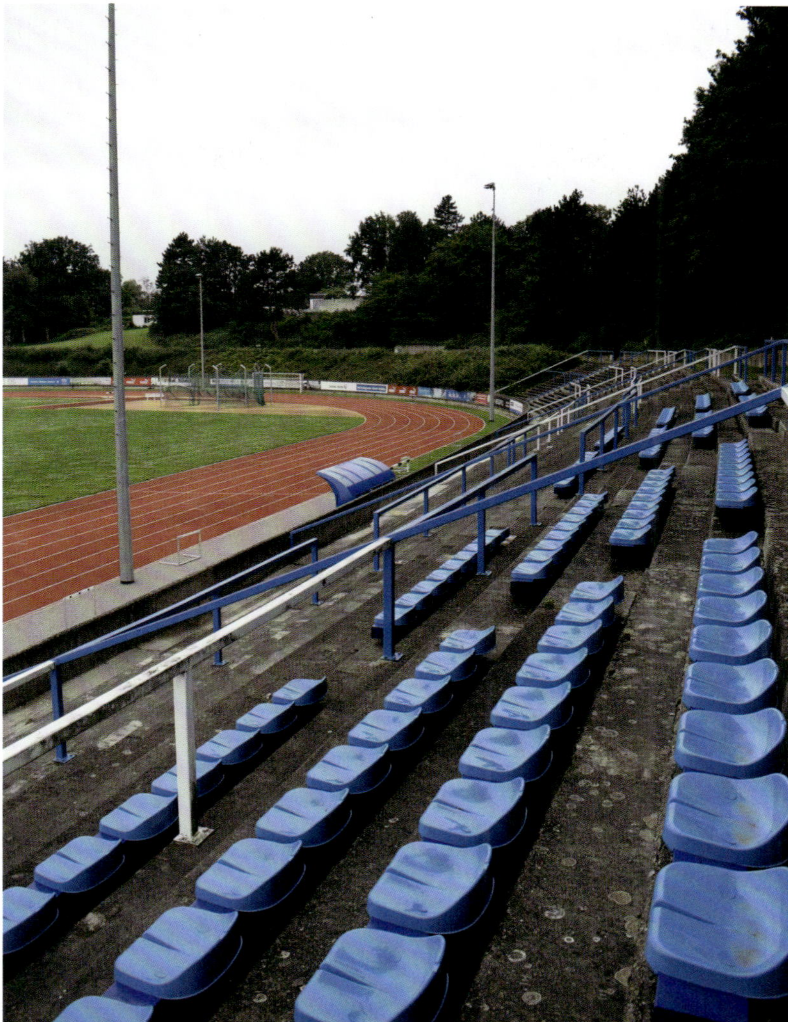

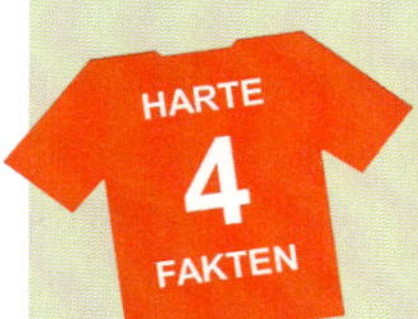

Größter SSV-Erfolg: Endspiel um Dt. Amateur-Meisterschaft 1961 gegen Holstein Kiel (1:5)

Frühere Spielstätte: Waldstraße

Einwohnerzahl Siegburg: ca. 40.000

Bier-Tipp vor oder nach dem Spiel: Anno zwanzigsiebzehn (im Brauhaus)

Hermann-Löns-Stadion

Ein Ende als Schafsweide

Erst später hieß sie Birgit oder Melanie, doch zuerst trug meine erste große Liebe den Namen „Union". Mangels emotionalem Bezug zu allen Kölner Proficlubs suchte und fand ich als Heranwachsender im Bergischen Land eine fußballerische Heimat. Bei der SG Union Solingen mit ihren herrlichen blau-gelben Vereinsfarben fühlte ich mich schon beim ersten Besuch im Hermann-Löns-Stadion pudelwohl, und es sollten noch viele Besuche folgen, um Manfred Dum, Daniel Jurgeleit und Volker Diergardt zuzuschauen.

Taschengeld und Schülerjob erlaubten nicht nur den Fahrkartenkauf über 4,80 DM (hin und rück mit Junior-Pass), sondern neben Bratwurst und einem(!) Bier bisweilen sogar einen ermäßigten Tribünen-Randplatz für 8 DM. Zweite Liga in den 1980ern … Von hier hatte ich einen wunderbaren Blick aufs Spielfeld und die oft gut gefüllten Stehränge. Während die meisten Zuschauer unterhalb der Tribüne Schutz vor möglichen Wetterkapriolen suchten, waren die drei unüberdachten Seiten den Heimfans, Gästeanhängern und Gelegenheitsbesuchern überlassen.

Den größten Tag in seiner 90-jährigen Historie erlebte das 1929 erbaute Stadion mit dem DFB-Pokalviertelfinale gegen Borussia Mönchengladbach am 16.2.1985, als Union nach Siegen über Kellinghusen, Bayreuth und Haiger sich dort nur unglücklich 1:2 geschlagen geben musste. Auch Spiele gegen die bergische Konkurrenz aus Wuppertal und Lüttringhausen (später Remscheid) lockten immer wieder zahlreiche Fans an.

Nach zwei Abstiegen Ende der 1980er-Jahre und einem Konkurs begann jedoch der Niedergang der Solinger Fußball-Herrlichkeit. Der 1. FC Solingen folgte der aufgelösten SG und entwickelte sich zur Fahrstuhlmannschaft, die zwischen Ober- und Landesliga pendelte und nach mehreren Insolvenzverfahren 2012 wieder von der Fußballkarte verschwand. Das Stadion war viele Jahre Sinnbild für den darnieder liegenden Fußball in der Stadt. Nicht mehr genutzt, wuchsen vor der Tribüne meterhohe Bäume und Büsche heran, während auf dem einstigen Spielfeld Schafe grasten. Nach jahrelanger Verzögerung machte die Stadt dem Trauerspiel 2018 ein Ende und riss das Stadion zur Schaffung neuer Wohnflächen ab.

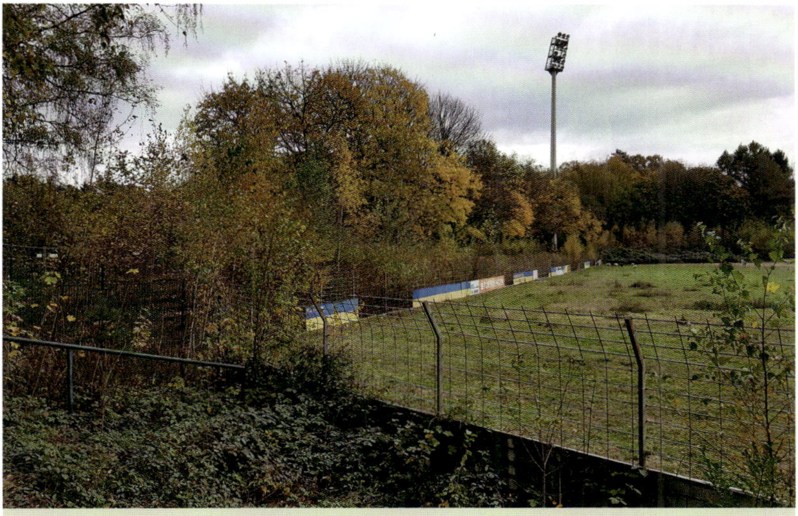

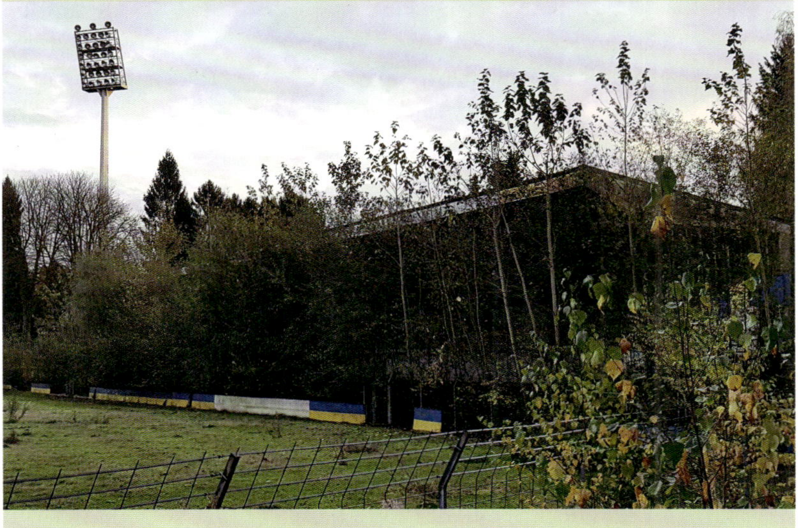

HARTE 4 FAKTEN

Zuschauerrekord: DFB-Pokal-Viertelfinale gegen Bor. Mönchengladbach (15.500)

Letztes Spiel: 1. FC Solingen – KFC Uerdingen 05 3:6 (30.5.2010)

Nutzer des Nebenplatzes: OFC Solingen (ab 2011)

Namensgeber: Schriftsteller Hermann Löns (1866–1914)

Solingen 088

Jahnkampfbahn

Rettung durch Förderverein

Auch wenn die Jahnkampfbahn, auch „Walder Stadion" (nach dem gleichnamigen Stadtteil) genannt, aktuell keinen Fußballverein als festen Nutzer hat, gebührt ihr ein Platz in diesem Buch. Vorwiegend ist dies dem VfB Wald und insbesondere dem VfL Wald 1897 zu verdanken, der 1955 Bezirksmeister wurde, 1974 mit dem Ohligser SC Solingen zur SG Union Solingen fusionierte und somit einen großen Anteil am fußballerischen Werdegang des späteren Zweitligisten haben sollte, der 1976 und 1977 auch einige Heimspiele in der Jahnkampfbahn austrug.

Am 11. Mai 1920 beschloss die seinerzeit eigenständige Stadt Wald, ein Sumpfgelände des Krausener Bachs zu kanalisieren und zur Herstellung eines „Spielplatzes" aufzufüllen. Während der Inflation stellten Notstands- und Pflichtarbeiter in rund 20.000 Arbeitsstunden das Stadion fertig, das schließlich am 27. Mai 1928 mit einem Fest-Wochenende einschließlich des Spiels einer Walder Stadtauswahl gegen den seinerzeit renommierten VfR Mannheim eröffnet wurde.

Als Fußball-Zuschauerrekord gilt das Entscheidungsspiel um den Oberliga-Abstieg zwischen der TSG Vohwinkel 80 und Preußen Dellbrück (1:0 n. V.) vor annähernd 22.000 Zuschauern im Juni 1948. Auch Gastspiele mehrerer Bundesligaclubs (u. a. Fortuna Düsseldorf, Bayer Leverkusen) sowie ein Länderspiel der U15-Juniorinnen aus Deutschland (mit der späteren Weltmeisterin Fatmire Bajmaraj) und den Niederlanden (1:0 vor 4.000 Besuchern) wurden in der Jahnkampfbahn ausgetragen, die auch immer wieder für regionale Jugend-Pokalendspiele genutzt wird.

Aufgrund des zunehmenden Stadionverfalls, der sich besonders in den 1980ern und 1990ern deutlich zeigte, gründete der Walder Kaufmann Guido Rohn mit neun Mitstreitern 1995 den „Förderkreis Jahnkampfbahn Wald e. V.", der mit Initiativen und Aktivitäten die Sanierung (1996–97) der seit 1994 als „besonderes Zeugnis für die Architektur und Sportstättenplanung der 20er-Jahre" unter Denkmalschutz stehenden Anlage vorantrieb. Zurecht wurde der Förderkreis für sein Engagement bereits mehrfach ausgezeichnet.

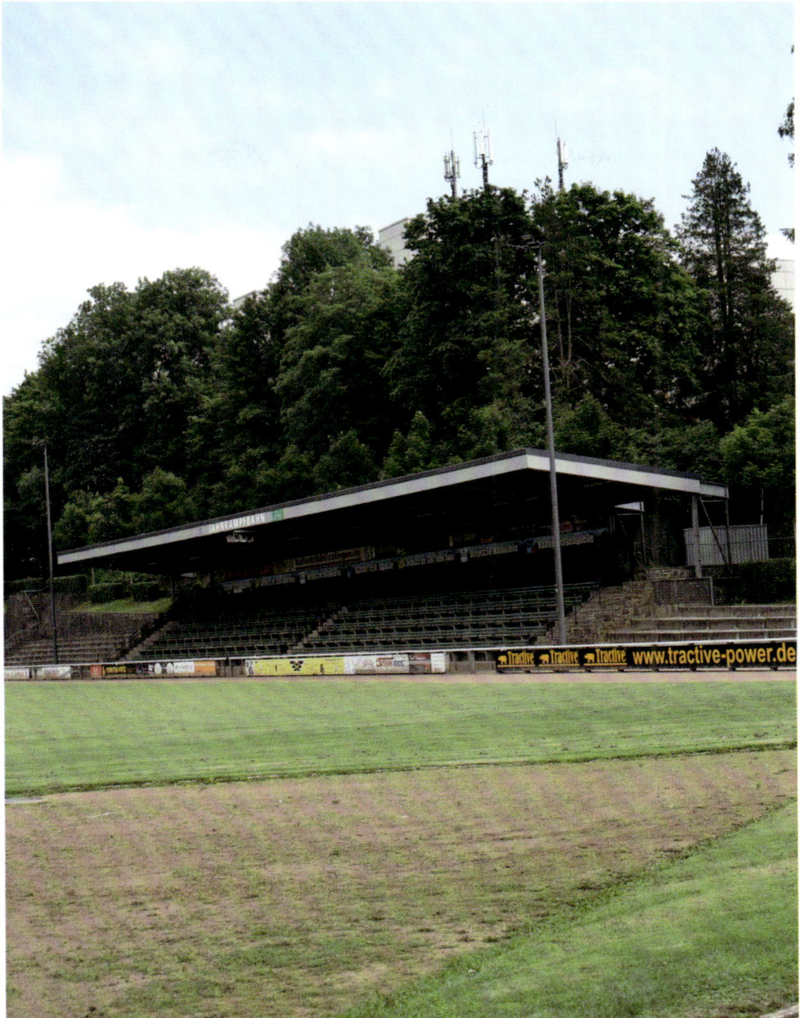

HARTE 4 FAKTEN

Fassungsvermögen Tribüne: 600 Sitzplätze

Aktuelle Gesamtkapazität: 8.000 Zuschauer

Fun Fact: Schauplatz für Dreharbeiten des Films „Turnschuh-Giganten“ (2015)

Weitere Sportarten: Leichtathletik, Rugby

Stadion Römerstraße

Hermanns Geld brachte den Erfolg

Es war gewiss eine desaströse Vorstellung, die Hermann Tecklenburg an diesem Tag im Jahr 1978 von den Gelb-Grünen seines SV Straelen sah, dessen Trikot er selbst einige Jahre trug. 1:12 lautete das Ergebnis des Pokalspiels gegen einen Oberligisten, und Tecklenburg, der von seinem Vater zwei Jahre zuvor eine Baufirma zur selbständigen Leitung erhalten hatte, war bedient. Schnell fasste er den Entschluss, den Verein finanziell so zu unterstützen, dass sich eine solche Schmach nicht noch einmal ereigne. Bis heute hat sich an seiner finanziellen Zuwendung à la Dietmar Hopp (nur nicht in diesen exorbitanten Dimensionen) nichts geändert.

Es dauerte indes noch bis 1996, bevor der Klub von der holländischen Grenze, der bis zum Sponsor-Einstieg des damals 30-jährigen Bauunternehmers lediglich auf lokaler Ebene auflief, mit Spieler Jos Luhukay die Oberliga enterte und sie zwei Jahre darauf eigentlich wieder hätte verlassen müssen. Doch Tecklenburg war auch Lizenzspielleiter beim KFC Uerdingen und veranlasste den Rückzug der KFC-Amateure, so dass der SVS drinblieb. Drei Jahre später hatte er jedoch kein Ass mehr im Ärmel, und es ging für fünf Jahre in die Verbandsliga. Nach einem Zwischenhoch stürzte der Verein bis 2012 in die Landesliga ab und rettete sich erst in der Abstiegsrunde vor dem freien Fall in die siebte Liga.

Kurz vorm 70. Geburtstag seines Mäzens und längst Langzeit-Vorsitzenden berappelte sich der Sportverein aus dem Gelderland und marschierte, auch dank Hermanns Geldbörse, von 2017 bis 2019 in die Regionalliga, in der er nach sofortigem Wiederab- und -aufstieg eines von 23 teilnehmenden Teams der Corona-Mammutsaison war.

Die Heimat hat der SV 1920 im gemütlichen Stadion an der Römerstraße, das einschließlich seiner kleinen Tribüne Platz für insgesamt rund 3.500 Zuschauer bietet. Hier ließen Torwart-Legende Wolfgang Kleff und Abwehrspieler Torsten Wohlert ihre Karrieren ausklingen, schnürten Bundesligaspieler Peter Közle und Holger Aden ihre Schuhe und war Ex-Nationalspielerin Inka Grings die erste Trainerin eines Herren-Teams in den oberen vier Profiligen.

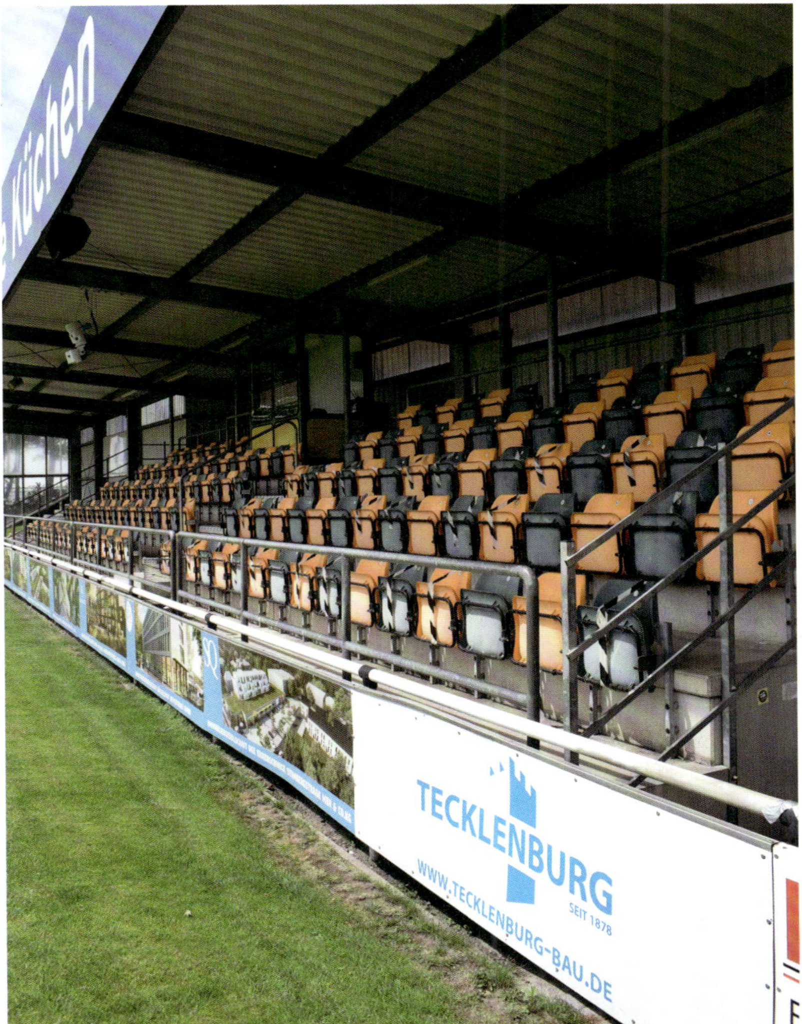

HARTE 4 FAKTEN

Bruderduelle: 2008/09 spielen die Erste und Zweite gemeinsam in der Niederrheinliga

Regionalliga-tauglicher Stadionausbau: 2018

Teilnahme DFB-Pokal: 1. Runde am 29.8.1998 (4:7 gegen Fort. Düsseldorf)

Erst Spieler, dann Trainer beim SVS: Jos Luhukay (1996–2000)

Heidestadion

Drittklassiger Dorfverein

Umgeben von den Ortschaften Nierstraß, Grotenrath, Siepenbusch und Immendorf ist ein weiterer Fußballverein zu Hause, der zweifellos und ohne Herabwürdigung als Dorfklub bezeichnet werden kann. Im mit 2.600 Einwohner größten Geilenkirchener Stadtteil Teveren lassen die blau-gelben Kicker des FC Germania die Bälle durch das Heidestadion rollen und sind für den beschaulichen Ort unweigerlich das sportliche Aushängeschild. Und auch diesem Verein war es vergönnt, sich in die Annalen des höherklassigen Fußballs einzutragen.

Schon relativ früh in der inzwischen über 110-jährigen Historie fand der FC Germania mit dem Sportplatz „Teverner Heide" einen Spielort, an dem heute das modernisierte und 7.000 Zuschauer fassende Heidestadion steht. Bis Mitte der 1980er-Jahre war ein Ausbau und der Bau der kleinen, aber sympathischen Tribüne (ca. 200 Plätze) auch nicht wirklich notwendig, da der Klub lediglich auf Kreisebene antrat.

Nachdem der Kaufmann Hans-Josef Paulus den Vereinsvorsitz übernommen hatte, begann jedoch der sportliche Aufstieg. 1990 in der Landesliga angekommen, legte die Germania zwei Jahre später nach und erreichte die Verbandsliga, in der der Durchmarsch in die drittklassige Oberliga Nordrhein, der höchsten Amateurklasse, gelang. Dort trafen die Himmelsstürmer am 31. Oktober 1993 vor 6.500 Besuchern (bis heute Zuschauerrekord) auf die seinerzeit arg gebeutelte Düsseldorfer Fortuna, die sich dem Dorfverein auch noch mit 0:3 geschlagen geben musste (am Ende der Saison aber dennoch in die 2. Liga zurückkehrte).

Nach zwei weiteren Oberligajahren (inzwischen viertklassig) konnte 1996 die Rückkehr in die dritthöchste deutsche Liga, der Regionalliga West/Südwest, in Teveren gefeiert werden, wo klangvolle Namen (u. a. 1. FC Saarbrücken und Preußen Münster) als Gegner warteten und weitere Ausnahmezustände im Dorf versprachen. Nach zweijährigem Gastspiel ging es zurück in die Ober- und 2003 in die Landesliga, die als mittlerweile nur noch sechste Liga Germanias aktueller Aufenthaltsort ist.

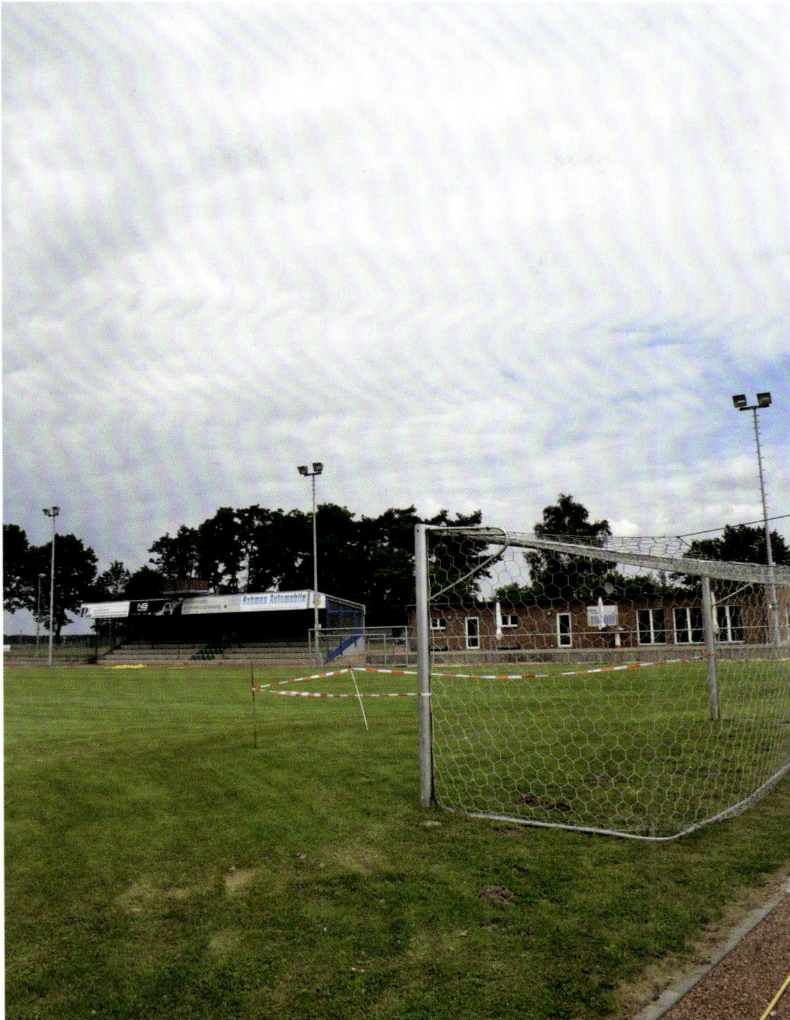

HARTE 4 FAKTEN

Frühere Germania-Spielstätte: Teverner Heide (an gleicher Stelle)

Fusionspartner im Gründungsjahr: FC Concordia Teveren

Bekannte ehemalige Spieler: Jörg Beyel, Thomas Huschbeck

Zuschauerdurchschnitt Regionalliga-Saison 1996/97: 1.871

Aggerstadion

Warten auf den Durchbruch

Die Szenarien ähneln sich immer wieder: In einer Stadt kämpfen (mindestens) zwei Vereine um die fußballerische Hierarchie. Mal ist der eine Klub führend, dann wieder der andere. Kommt es bei beiden zur Stagnation, siegt oftmals die Gewissheit, gemeinsam mehr erreichen zu können.

Auch in Troisdorf, der zwischen Köln und Bonn gelegenen größten Stadt im Rhein-Sieg-Kreis, fanden die Fußball-Aushängeschilder 2013 zueinander. Die Sportfreunde Troisdorf, selbst erst elf Jahre zuvor aus den Sportfreunden Sieglar und dem VfB Troisdorf hervorgegangen, und der viele Jahre tonangebende SSV Troisdorf 05 vereinbarten die Gründung des SF Troisdorf 05, der jedoch gleich in seinem ersten Jahr in die Landesliga abstieg, umgehend in die Bezirksliga durchgereicht wurde und 2018 gar in der A-Liga ankam, in der auch heute noch gekickt wird. Sportlich lässt die Wirkung der Fusion somit also noch sehr auf sich warten.

Die größte Zeit des Fusionspartners SSV datiert aus den 1930er-Jahren, als sich der Spiel- und Sportverein zu einer der stärksten Mittelrhein-Teams aufschwang. Nach dem Aufstieg in die höchste Spielklasse 1930 (Sonderklasse) qualifizierte sie sich 1939 für die erstklassige Gauliga Mittelrhein, wo nur aufgrund des schlechteren Torquotienten der Titel verpasst wurde. Dies gelang dann ein Jahr später, doch wurde das Endspiel um die Mittelrhein-Meisterschaft gegen den Mülheimer SV (Vorgängerverein von Viktoria Köln) verloren. Letzte Erfolge lassen sich im einjährigen Gastspiel in der 2. Liga West (1949/50) und dem Halbfinale um die Amateurmeisterschaft (1951) nachweisen. Nach mehreren Abstiegen war der Klub vor der Fusion in der Kreisliga B gelandet.

Während die Sportfreunde Troisdorf parallel immerhin von 2004–09 der Verbandsliga angehörten, im weitläufigen Aggerstadion jedoch häufig nur eine Handvoll Zuschauer begrüßen konnten, bespielte der SSV die traditionelle Anlage an der Carl-Diem-Straße, die, nach einem Umbau zum Kunstrasenplatz, als Sportplatz „Auf der Heide“ aktuell die Heimstätte des SF 05 ist.

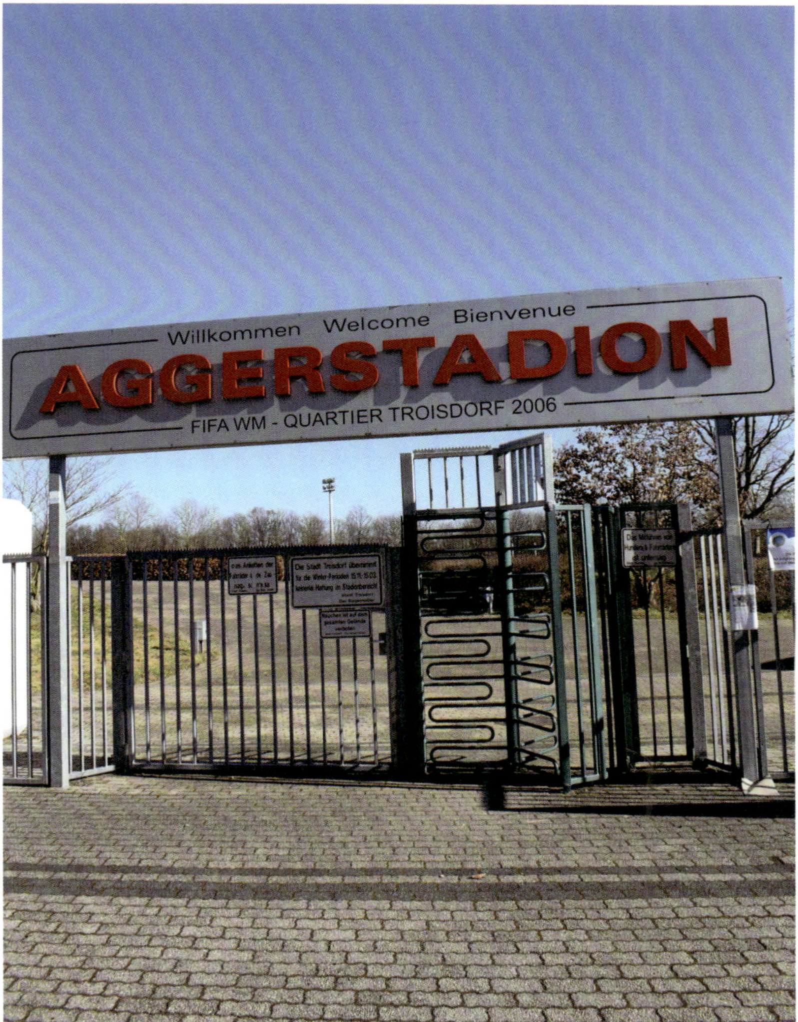

HARTE 4 FAKTEN

Kapazität Aggerstadion: 8–10.000 (Tribüne für 2.000 Gäste)

Aktueller Hauptnutzer: Troisdorf Jets (American Football)

Fassungsvermögen Carl-Diem-Stadion: 2.500

Heimstätte der Jugendteams: Wim-Nöbel-Straße 2 (Nachbar: TuS Oberlar 07)

Stadion Sonnenblume

Schnelles Ende nach 51 Jahren

Seit dem 13. November 2007 hatten die Fans der Sport- und Spielvereinigung (SSVg) 02 Velbert Zeit, sich auf den Abschied aus ihrer jahrzehntelangen Heimat, dem Stadion „Zur Sonnenblume“, vorzubereiten. An diesem Tag beschloss die Stadt den Bau eines modernen Sportzentrums, das neben Halle und Leichtathletikstadion auch ein neues Fußballstadion vorsah. Im August 2020 erfolgte durch Bürgermeister Dirk Lukrafka vor dem Premierenspiel der SSVg gegen den Wuppertaler SV (1:4) schließlich die offizielle Eröffnung, und natürlich bewertete er das moderne, aber wie nahezu alle Neubauten ohne Charme daherkommende Bauwerk als einen „Aufbruch in eine neue Zeit“. Zugleich stellte er ein schnelles Ende der bisherigen Heimstätte in Aussicht, deren Gelände schnellstmöglich für den Wohnungsbau genutzt werden sollte. Im Winter 2021 war dies allerdings noch nicht passiert.

Dennoch endet demnächst wohl nach 51 Jahren die Historie der schmucken Fußballarena, deren Bau im Frühjahr 1969 begann und die bereits nach vier Monaten und 27 Tagen fertiggestellt war. Der imposante Eingangsbereich, der Rasenplatz und die Stehplätze sollten eigentlich später insbesondere durch eine Tribüne und Flutlicht erweitert werden, doch nach dem Eröffnungsspiel gegen den TSV Marl-Hüls (2:0) ging es in der Regionalliga bald schon für die 02er bergab, und nach dem Abstieg hatte sich der Ausbau erübrigt. Unvergessen bleibt aus dieser Zeit jedoch das Derby gegen den WSV, als rund 13.000 Zuschauer den ewig gültigen Rekordbesuch aufstellten und zugleich für ein Verkehrschaos sorgten.

Im Trockenen sitzen konnten die Fans dann mit knapp 40-jähriger Verspätung, als das Stadion, das ab 2012 den unsäglichen, nach einem Sportgerätehersteller benannten Namen „Christopeit Sport-Arena“ erhielt, 2009 fit für die Regionalliga, oder besser: für die Vorgaben des Verbandes, gemacht wurde. 4.700 Gäste durften am Ende noch hinein, doch auch Auftritte von RWE, RWO oder Aachen führten nicht zwangsläufig zu einem ausverkauften Haus.

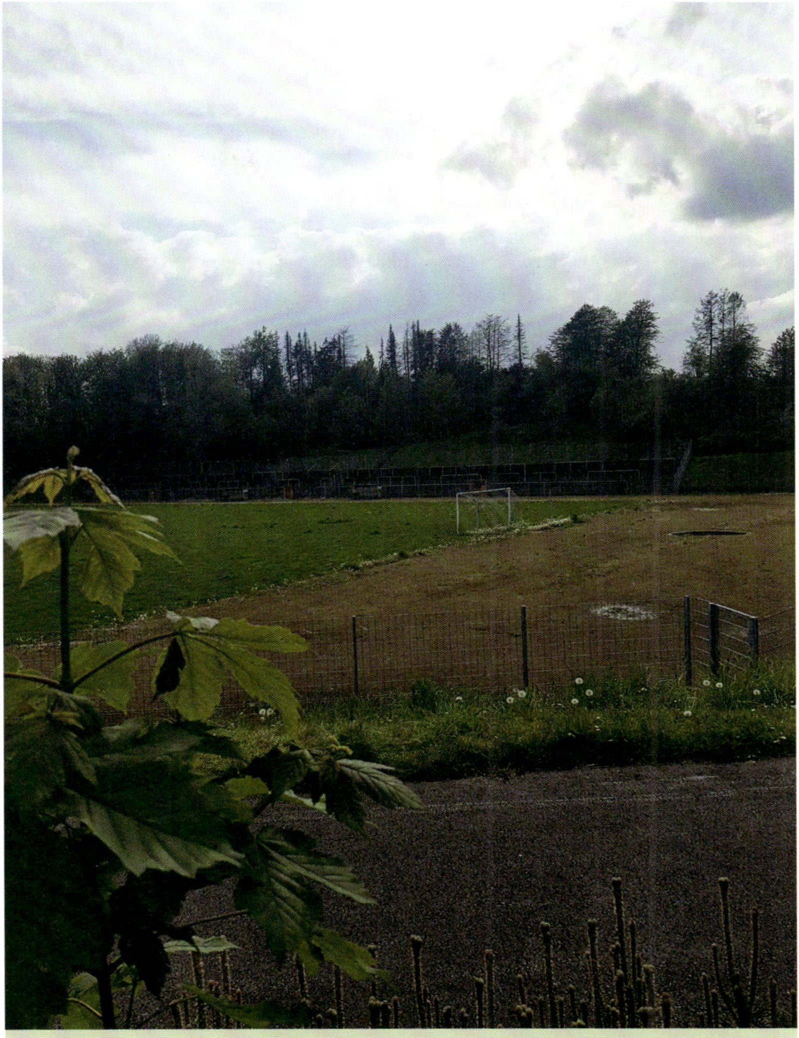

HARTE 4 FAKTEN

Eröffnungsspiel: am 5. Oktober 1969 gegen TSV Marl-Hüls (2:0)

Zuschauerrekord: SSVg. Velbert – Wuppertaler SV (1:3, 19. 10. 1970) mit 13.000 Besuchern

Tribünenbau: 2009

Fassungsvermögen neues Stadion: 2.800 (davon 1.000 überdachte Sitzplätze)

Hoher Busch

Stammgast in der Oberliga

1.018 Besucher zählte der Kassierer des 1. FC Viersen, dem führenden Fußballclub in der nördlich von Mönchengladbach gelegenen Stadt am Niederrhein, durchschnittlich in der Saison 1984/85. Es war die Saison, in der die Rot-Weißen mit dem achten Platz in der Oberliga zugleich ihren sportlichen Zenit erreichten (und zwischendurch sogar mal Spitzenreiter waren). Auch wenn die Kicker vom „Hohen Busch" ansonsten eher mittelmäßigere Platzierungen erreichten, gelten sie mit ihrer über 20-jährigen Zugehörigkeit bis heute als feste und legendäre Größe in der dritthöchsten Liga.

Als die einstigen Kontrahenten VfL Grün-Weiß (bis 1959 als Dauergast im Amateur-Oberhaus die städtische Nummer Eins) und FC Germania 1967 in der Bezirksliga erstmals aufeinandertrafen, schwebte der Gedanke einer Fusion durch die Stadt, die zwei Jahre später vollzogen wurde. Das hiermit verbundene vorrangige Ziel einer Rückkehr in den höherklassigen Fußball wurde bereits nach drei Jahren realisiert; auch die Qualifikation zur 1978 ins Leben gerufenen Oberliga Nordrhein gelang dem Klub in seiner ersten Vereinsdekade. Trotz zweier einjähriger Abstiege blieben die 05er dort bis 1992 Stammgast und ärgerten bisweilen renommierte Clubs wie Wuppertal, Bocholt oder Viktoria Köln mit überraschenden Siegen.

Danach ging es jedoch abwärts, und bis auf ein letztes Gastspiel in der Oberliga (1994/95) blieb die höchste Liga unerreichbar. Stattdessen nistete man sich für mehrere Jahre in der sechsten Liga (zu Zeiten der NRW-Liga Verbands-, danach Landesliga) ein. Dramatik pur dann 2018, als der Verein als Viertletzter nach zwei Entscheidungsspielen (3:4 und 3:3) gegen Bezirksligist FC Blau-Gelb auch diese Klasse verlassen musste, in der abgebrochenen Corona-Saison 2019/20 aber wieder zurückkehrte.

Bis heute imposant ist die 5.000 Zuschauer (Tribüne für 1.500 Leute) fassende Heimstätte des FC 05, in der auch (spätere) Bundesligakicker wie Dietmar Hirsch (141 Spiele für MSV Duisburg) oder Lawrence Aidoo (Bor. Mönchengladbach) aufliefen und Coach Horst Köppel auf der Trainerbank Platz nahm.

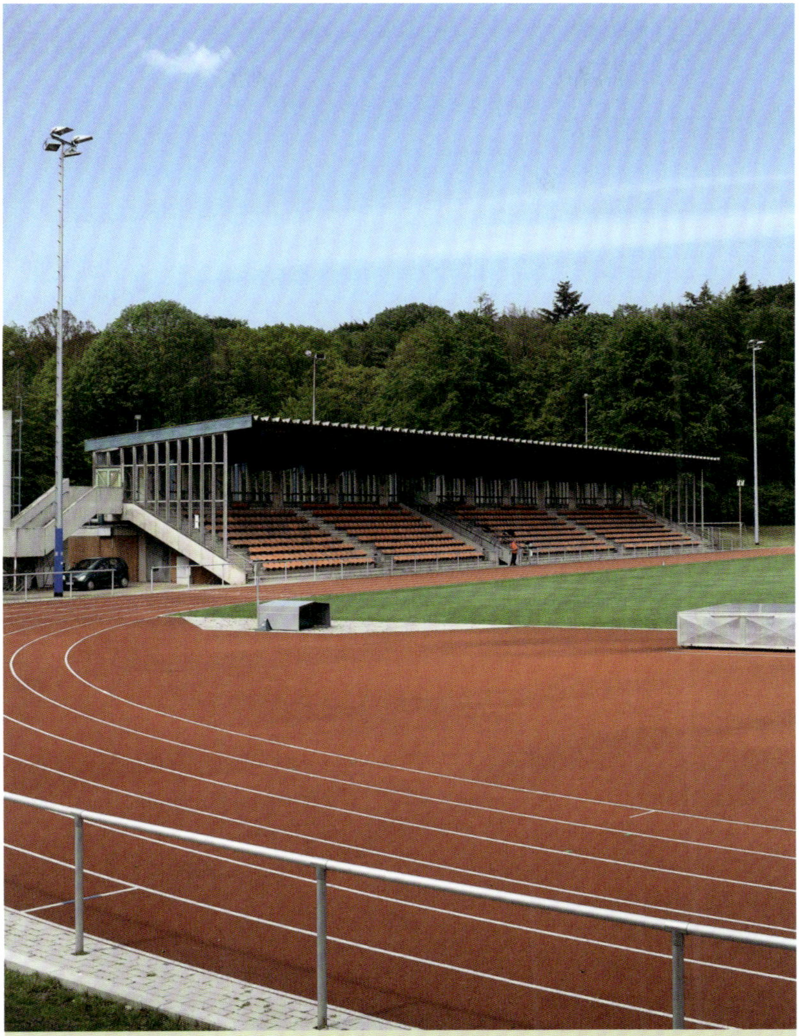

HARTE 4 FAKTEN

DFB-Pokal-Teilnahmen: 1978 und 1981
Einstige Stadionkapazität: 15.000
Hoher Busch: Wanderweg und Kulturbühne
Adresse: Josef-Kaiser-Allee 1

Wegberg 094

Waldstadion

Nicht gestoppt von der Insolvenz

Beeck zählt kaum 3.000 Einwohner, verfügt über Arztpraxen und Gastronomiebetriebe sowie als touristische Ziele ein Flachsmuseum und das Museum für europäische Volkstrachten. Beeck ist auch ein Ortsteil der südwestlich von Mönchengladbach gelegenen Stadt Wegberg im Kreis Heinsberg und grenzt unmittelbar an die Niederlande. Und Beeck ist die Ur-Zelle des FC Wegberg-Beeck, der seit 1996 im höherklassigen Fußball mitwirkt.

Im Zuge des Drangs nach Geselligkeit und sportlicher Betätigung nach dem Ersten Weltkrieg gründete sich 1920 im Dorf Beeck der Sportclub, der nach Anfängen auf einer Wiese am Beeckbach ein Gelände am Waldrand pachtete und dort einen Platz errichtete, dessen Asche bis weit in die 1990er der Spielbelag mehrerer Fußballer-Generationen war. Jahrzehntelang sportlich kaum aufgefallen, marschierten die Grün-Rot-Schwarzen dank großzügiger Geldgeber bis 1996 durch die Ligen mit Ankunft in der Oberliga. Dort wurden sie mit einem neuen Vereinsnamen zum Stadtverein und bauten sich oberhalb des alten Platzes ein gemütliches Stadion, das, passend zur Lage, Waldstadion getauft wurde und seit der Eröffnung 1998 über 2.500 Plätze (Tribüne für rund 400 Besucher) verfügt. Gerne schaut auch der große Nachbar aus Mönchengladbach im Rahmen von Saison-Eröffnungsspielen auf der schmucken Anlage vorbei, erlaubte ihrem Kooperationspartner aber auch, sein Erstrunden-Pokalspiel gegen Alemannia Aachen (1:4) im Borussia-Park zu spielen.

Als einige Sponsoren ihre Zuwendungen einstellten, musste 2002 nach sechsjähriger Oberliga-Zugehörigkeit Insolvenz angemeldet werden, von der sich der Verein jedoch erstaunlich schnell erholte und bereits 2005 zurückkehrte. Seit 2008 ist der FC Wegberg-Beeck Stamm-Mitglied der fünftklassigen Mittelrheinliga, wo Meisterschaften 2015, 2017 und 2020 zu Aufstiegen in die Regionalliga West und damit zu Spielen gegen Traditionsvereine wie RW Essen, Alemannia Aachen oder RW Oberhausen führten.

Ehemalige Bundesliga-Spieler wie Christian Schreier (Bayer Leverkusen) oder Manfred Kubik (Bayer Uerdingen) ließen ihre Karrieren in Beeck ausklingen.

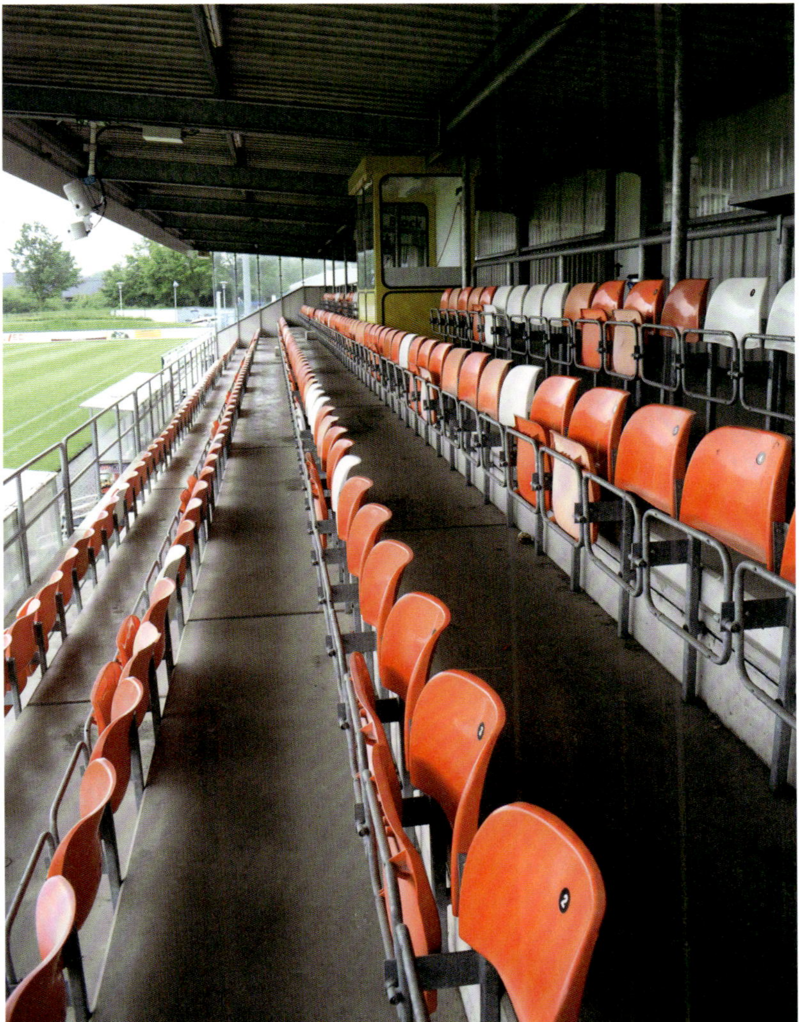

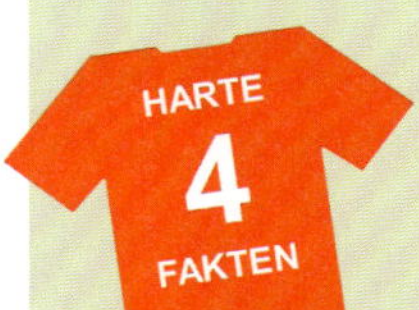

Eingemeindung Beeck zu Wegberg: 1. Oktober 1935
Jährliches Fest: Flachstag (zweites September-Wochenende)
Baukosten Waldstadion: 750.000 Euro
Anzahl Teams: 15 (2 Senioren-, 13 Juniorenmannschaften)

Windeck-Dattenfeld 095

Weco-Arena im Sportpark Germania

Als der Sponsor die Lust verlor

Die Geschichten ähneln sich. Ein kleiner Dorfverein tingelt jahrzehntelang über andere Dorf- und Gemeindeplätze und ist damit zufrieden. Dann hat ein Vorsitzender eine Vision, überzeugt einen finanzstarken Unterstützer von seiner Idee, dessen Gelder einen sportlichen Höhenflug bewirken. Als dieser seine Zuwendungen einstellt, geht es wieder abwärts.

Auch in Dattenfeld, einem Stadtteil der sich unmittelbar an der rheinland-pfälzischen Landesgrenze befindenden Gemeinde Windeck (etwa 20 Kilometer östlich von Hennef), ereignete sich jenes Szenario, das sich dutzendfach durch die deutsche Fußball-Historie zieht. 1910 gegründet, spielte der FC Germania bis in die 1990er nie eine besondere sportliche Rolle.

Dann setzten sich der damalige (und bis heute amtierende) Vorsitzende Heinz Georg Willmeroth und sein Freund Franz-Josef Wernze während eines Portugal-Urlaubs zusammen und schmiedeten große Pläne für den FCG. Mit viel Akribie und insbesondere viel Geld schaffte es der Klub von der Kreisliga C in die viertklassige Regionalliga, wo er 2011 jedoch „aus fiskalischen und technisch-organisatorischen Gründen" (so die Vereins-Webseite) aufs Startrecht verzichtete und statt auf- sogar freiwillig abstieg. Mäzen Wernze hatte die Lust verloren, sah den Verein an seinem Zenit angekommen und wandte sich stattdessen seinem neuen Spielzeug, dem neu gegründeten FC Viktoria Köln, zu, über den er seitdem sein prall gefülltes Füllhorn ausschüttet.

Vorbei waren damit die Zeiten, als Germania, die 2009 trotz einer gescheiterten Fusion (mit dem TSV Dreisel) zur TSV Germania Windeck wurde, mehrmals Mittelrhein-Pokalsieger wurde und dadurch im DFB-Pokal auch auf Schalke und den FC Bayern (jeweils 0:4) traf. Immerhin: Trotz des Sponsor-Rückzugs musste der Verein nicht wieder bis nach ganz unten, sondern hält sich ordentlich in der fünften oder sechsten Liga. Gespielt wird im modernen Sportpark, der inzwischen den Namen der benachbarten „Weco" Feuerwerk GmbH trägt, im Stadtteil Übersetzig.

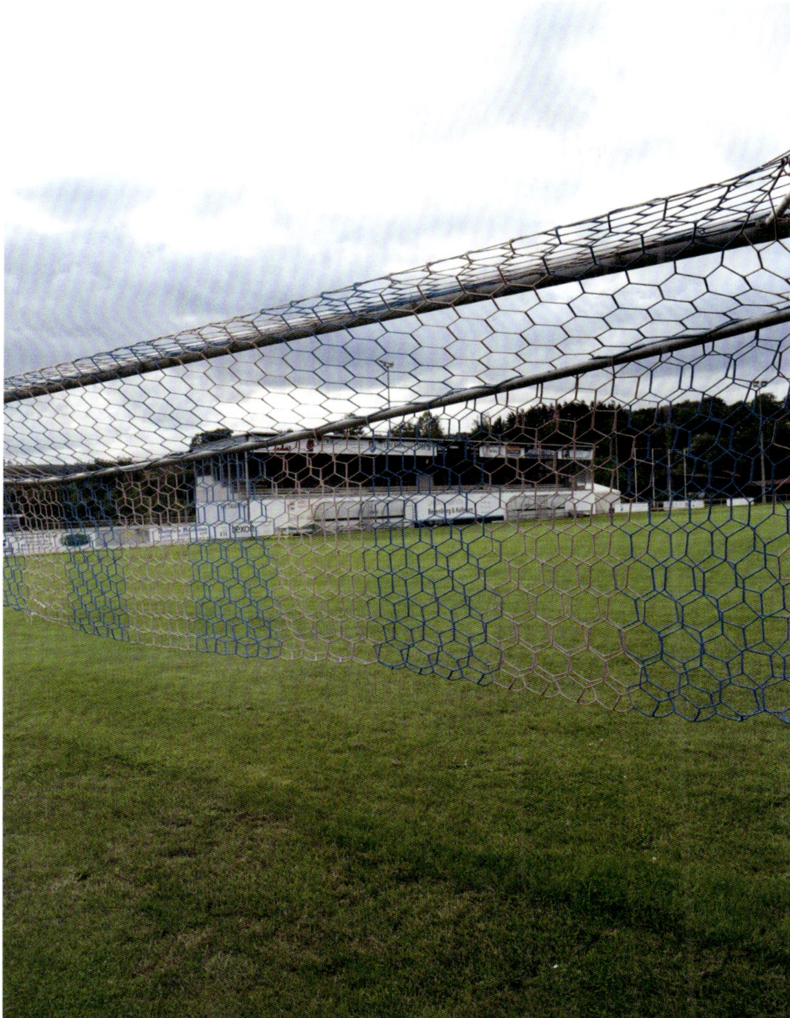

HARTE 4 FAKTEN

Spielort aller DFB-Pokalspiele: Köln (2x Müngersdorf, 1x Höhenberg)

Größte Zuschauerzahl: 41.100 beim DFB-Pokal gegen Bayern München, 16. 8. 2010

Größtes jährliches Weco-Feuerwerk: Kölner Lichter

Fassungsvermögen Tribüne: 320 Sitzplätze

Stadion „Am Lindenplatz“

Ende kurz nach dem Jubiläum?

Das Stadion „Am Lindenplatz“ in Würselen, der knapp 40.000-Einwohner-Stadt nördlich von Aachen, feierte am 21. August 2021 100-jähriges Jubiläum und ist doch bedroht: Nach dem Umzug des führenden Stadtclubs Rhenania ins moderne, nach dem größten Fußballer der Stadt Jupp Derwall benannte Sportzentrum neben dem Freizeitbad Aquana just im Jubiläumsjahr bleibt abzuwarten, wie lange die Traditionsstätte noch existieren darf.

1905 gründete sich der Hauptnutzer des geschichtsträchtigen Fußballplatzes als FC Rhenania. Als oberstes Ziel des 1912 entstandenen Sportvereins wurde die Pflege der Geselligkeit und der Unterhaltung festgeschrieben; dennoch kam auch der Sport nicht zu kurz, und im allerersten Fußballspiel wurde der FC Aldenhoven 2:0 besiegt.

Zunächst auf dem außerhalb gelegenen Sportplatz „Am Kaninsberg“ antretend, entwickelte sich am Lindenplatz ein sportlich erfolgreiches Team, das 1931 nach drei aufeinanderfolgenden Aufstiegen in der höchsten Liga ankam. Nach politisch bedingter Klassen-Neueinteilung ging es 1933 für drei Jahre runter, bevor man sich für mehrere Jahre in der Gauliga wieder niederlassen konnte. Als „schwarze Teufel vom Lindenplatz“ gefürchtet, knüpfte Rhenania (lateinisch für „Rheinland“) auch nach dem Krieg an die erfolgreiche Epoche an und erreichte 1948, jetzt auch mit Fußballheld und späterem Nationaltrainer Jupp Derwall, für zwei Jahre die Oberliga West.

Nach mehreren Jahrzehnten in der Unterklassigkeit feierte die Rhenania in den 1990ern eine Renaissance. Nach Landes- (1990) und Verbandsliga (1993) kam sie 1997 unter Trainer Winnie Hannes (der später Borussia Freialdenhoven überregionale Bekanntheit bescherte) in der höchsten Amateurliga an. Bis drei Spieltage vor Schluss noch Oberliga-Tabellenführer, wurde der Sportverein jedoch „nur“ Vizemeister und -pokalsieger. Sportlich top, finanziell jedoch verzockt, folgte nach den Triumphen der Rückzug und die Insolvenz. Nach einer Fusion mit den Fußballern der DJK Armada Euchen tritt man aktuell in der Kreisliga A als SV Rhenania Würselen/Euchen an.

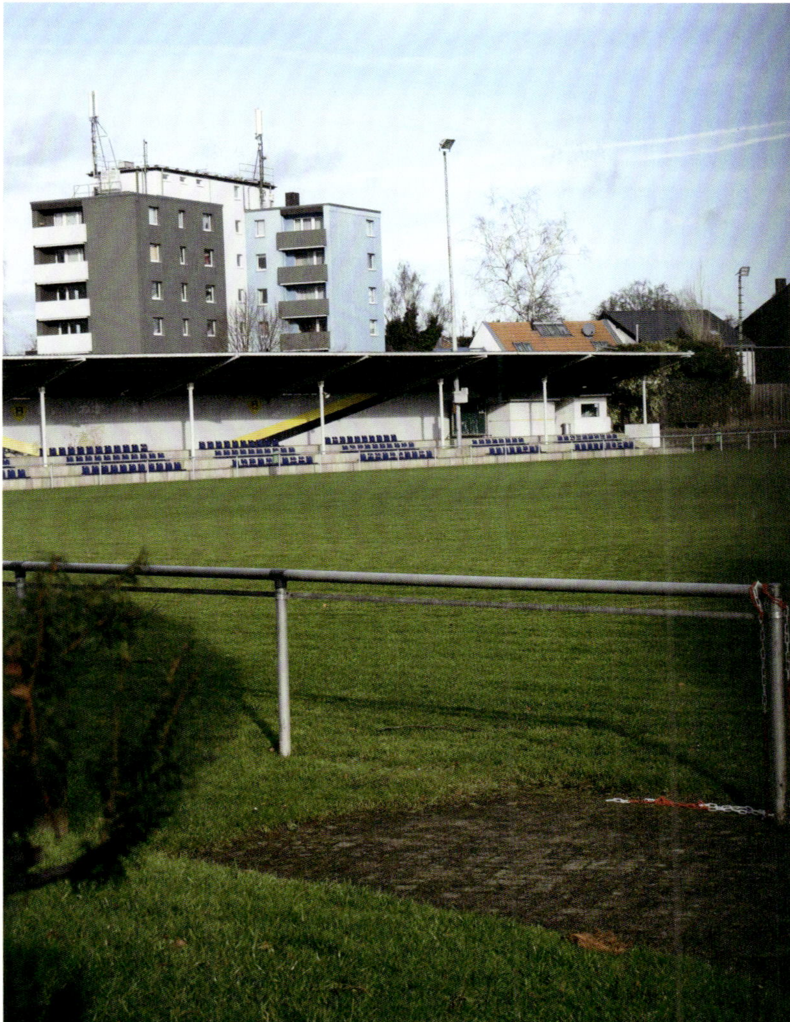

Vereinsfarben: Schwarz-Gelb

Gründungsname: FC Rhenania Würselen

Zuschauerrekord: Spiele gegen Alemannia Aachen 1948 und 1950, je 15.000

Amtszeit Jupp Derwall als Nationaltrainer: 1978–1984

Stadion am Zoo

Denkmalgeschützte Tribünenwand

Was hat dieses Stadion in seiner knapp 100-jährigen Historie doch so alles erlebt: Radrennen, Leichtathletik, Hunderennen, politische Kundgebungen, Freiluftboxen und natürlich eine unendlich große Zahl Fußballspiele; nicht zu vergessen Um- und Neubauten und einen Tribünenbrand.

Imposante Zahlen konnte das am 5. Oktober 1924 eröffnete „Bergische Stadion" schon zu seiner Geburtsstunde vorweisen: Eine 80 Meter lange Tribüne, eine Radrennbahn für die in jener Zeit sehr begehrten Steherrennen (500 Meter lang, 12 Meter breit und mit einer Kurvenerhöhung von acht Metern), eine Stadion-Gaststätte und ein Fassungsvermögen von annähernd 40.000 Plätzen. Bereits eine Woche vorher rollte beim Spiel West- versus Norddeutschland (4:3) vor 20.000 Zuschauern der Ball über den Rasen des in sechs Monaten errichteten Stadions, das nach der Übernahme durch die Stadt „Stadion Elberfeld", von Fans aber bereits damals „Am Zoo" genannt wurde.

Neben den Steher-Wettkämpfen (unter anderem den Bahn-Weltmeisterschaften 1927 und 1954), Leichtathletik-Sportfesten und Wahlkampfreden, etwa des KPD-Vorsitzenden Ernst Thälmann und von NS-Reichspropagandaleiter Joseph Goebbels, lockten hauptsächlich die Spiele des SSV 04 Wuppertal (anfangs Elberfeld) und der TSG Vohwinkel 80, die 1954 zum Wuppertaler SV zusammengingen, die Massen an. Als der WSV 1972 erstklassig wurde, machte die Stadt auch das Stadion fit. Nach aufgedeckten Renn-Manipulationen mit massiv einhergehendem Zuschauerschwund wurde die Radrennbahn nahezu vollständig abgetragen und somit Platz geschaffen.

Als das Stadion in den 1980ern sukzessive verfiel, musste die Stadt handeln. Aufgrund des Denkmalschutzes gestaltete sich der Umbau der einsturzgefährdeten Tribüne (1989 gesperrt) besonders schwierig. Letztlich blieb die alte Schildwand erhalten, vor der ein neues, indes zugiges Bauwerk für über 30 Millionen Euro entstand. Ab 2005 verschwanden auch die alten Kurven, und Stehtribünen entstanden, deren Betonteile von Arbeitslosen gegossen wurden. Die einst charakteristische Radrennbahn ist jedoch immer noch rudimentär erkennbar.

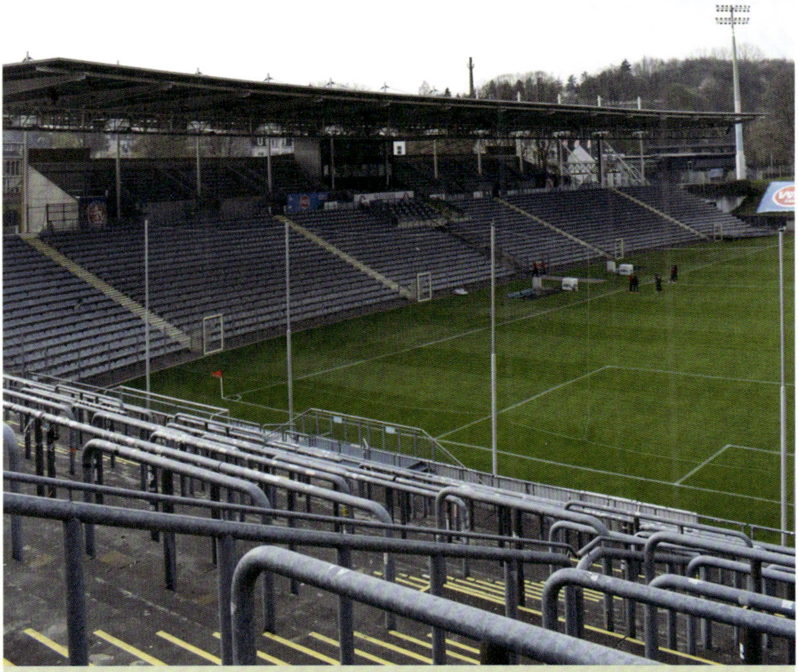

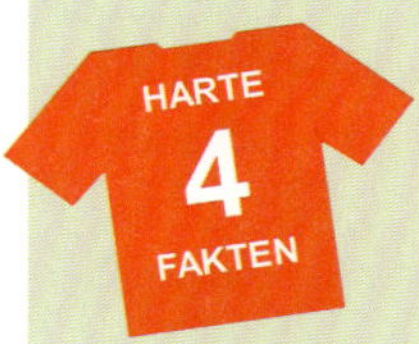

Zuschauerrekord: 50.000, 25. 7. 1948, DM-Halbfinale 1. FC Kaiserslautern – TuS Neuendorf (5:1)

Zerstörung der ersten Tribüne: 14. 2. 1932 durch Brand

Errichtung Flutlicht: 1957

Erstes Länderspiel: 21. 6. 1931, Nationalteam Deutsche Jugendkraft – Röm.-kath. Fußballbund Holland (2:3, 30.000 Zuschauer)

Wuppertal 098

Stadion Barmen

SED sorgt für Zuschauerrekord

Ein grünes Haus mit Spitzdach ist das einzige Relikt, das an der Müngstener Straße (Hausnummer 35) rudimentär an die Existenz des einst zweiten Großstadions in Wuppertal erinnert. In der damals eigenständigen Stadt Barmen, die 1929 mit Elberfeld vereinigt und im Januar 1930 zur Stadt Wuppertal wurde, entstand 1908 auf dem höchsten Punkt der Südhöhen die im darauffolgenden Jahr eröffnete und nach dem nahen Aussichtsturm benannte „Radrennbahn Toelleturm", Diese erlebte 1912 mit der Austragung der Steherrennen-Europameisterschaft ihren ersten sportlichen Höhepunkt.

Nach sturmbedingten Teil-Zerstörungen der Tribüne und der Rennbahn 1916 konnte die Anlage erst nach dem Krieg, nun als „Barmer Stadion", wieder instandgesetzt werden. Wenn auch zunächst außergewöhnliche Massenveranstaltungen unterblieben, so fühlten sich neben den Radsportlern auch Turner, Handballer, Leichtathleten und sogar Pferdesportler (!) hier sehr wohl. Auch Fußballspiele fanden im Stadion statt, wenn etwa gut besetzte Freundschafts- sowie Endrundenspiele einen neutralen Platz benötigten (Heimatverein Schwarz-Weiß Barmen schaute indes nur gelegentlich vorbei). Ein Großereignis war zudem das Spiel am 12. Oktober 1930 von einigen zuvor zu Berufsspielern erklärten Kickern des FC Schalke 04 (unter anderem mit Kuzorra und Szepan) gegen den 1. FC Wuppertal, dessen Erste sich ebenfalls zum „Spielen für Geld" bekannte, vor 20.000 Zuschauern (0:4).

Während das verkehrsgünstiger gelegene Stadion am Zoo dem Barmer Stadion immer mehr den Rang ablief, verfiel dieses zusehends. Ein letztes Aufbäumen ermöglichte der „Aufmarsch der sozialistischen Arbeiterschaft" im Juli 1946, als über 50.000 Menschen bei einer SED-Kundgebung den Reden von Wilhelm Pieck und Otto Grotewohl (später Namenspatron des Stadions im sächsischen Aue) lauschten. Nach dem Verkauf des Stadions an das Land NRW wurde es Stück für Stück abgerissen und durch Gebäude für die Bereitschaftspolizei ersetzt.

2001 errichtete der Bürgerverein Hochbarmen eine Gedenktafel am ehemaligen Standort des Stadions.

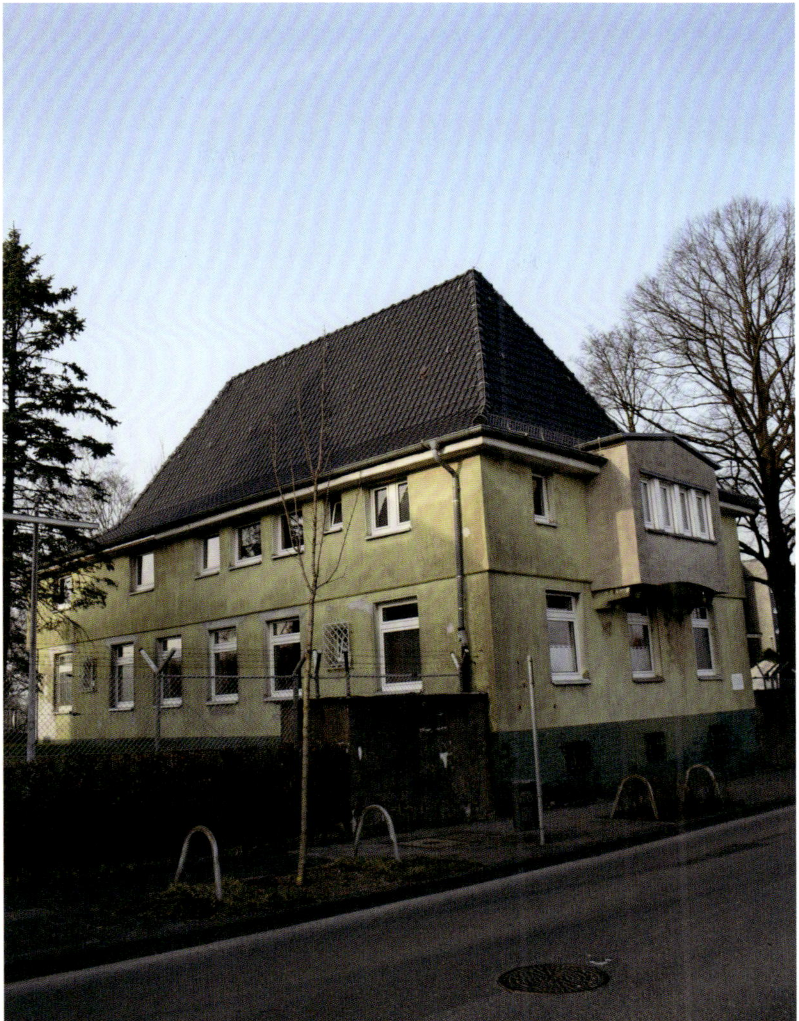

HARTE 4 FAKTEN

Verkauf des Stadions: 1952

Summe Verkaufserlös: 427.000 DM

Heutige Nutzung: u. a. für Polizeidiensthunde und Autobahnpolizei

Einstige offizielle Kapazität: 14.000 (davon 2.000 Sitzplätze)

Sportplatz Nevigeser Straße

Die nicht gelebte Fusion

Lediglich 28 Jahre Existenz waren dem 1976 entstandenen Sport-Verein Borussia Wuppertal vergönnt; dennoch hat er in der größten Stadt des Bergischen Landes sportliche Fußspuren hinterlassen. Geld und den Sportplatz an der Nevigeser Straße brachte einst die 1907 gegründete Germania in den Zusammenschluss mit dem VfL Wuppertal 1912 ein, der wiederum über gute Fußballer verfügte. Zwar knüpfte der neue Verein zunächst an die erfolglose Tradition seiner Vorläufer an, lockte in den 1980ern aber durch „lebenserfahrene" Ex-Profis, Champagner-Werbung und Aktionen wie dem auf einem Kamel reitenden Trainer Peter Drenks Zuschauer, auch aus dem Wuppertaler Milieu, an. Erfolge stellten sich ein, die in der darauffolgenden Dekade dank eines von Trainer Alfonso del Cueto, Sponsor Gerhard Bornemann und Präsident Hans-Gerd Krieger zusammengestellten Teams ihrem Höhepunkt zusteuerten. So blieb die Borussia in der Saison 2000/01 ungeschlagen und sicherte sich mit 18 Punkten Vorsprung den Aufstieg in die viertklassige Oberliga Nordrhein, in der sie auch auf den Lokalmatadoren WSV traf.

Nach drei erfolgreichen Jahren hatte der Verein jedoch seinen Zenit erreicht, und es kam 2004 zu einer formell als Vernunft-Fusion zu bezeichnenden Kräftebündelung, die de facto aber keine war. Offiziell nun zwar als „Wuppertaler SV Borussia" auflaufend, wurde die Verschmelzung in Wahrheit nie gelebt und mit Leidenschaft vollzogen, da weder die blau-gelben Vereinsfarben der Borussia aufgenommen noch das Vereinslogo in irgendeiner Form geändert wurde. Hier blieb alles wie vorher im WSV-Look, und auch die Fans weigerten sich standhaft, den neuen Zusatz im Vereinsnamen zu akzeptieren. Der 24. Mai 2013 wurde schließlich zum endgültigen Todestag der „Fusion", als die „Borussia" wieder aus dem Vereinsnamen gestrichen wurde. Der WSV hatte es somit geschafft, einen einst aufstrebenden Konkurrenten vollständig auszulöschen.

Bestrebungen, den bereits im Juli 2013 neu gegründeten SV Borussia wieder im Spielbetrieb anzumelden, scheitern bis heute an der fehlenden Sportanlage, denn der Verein möchte unbedingt am Ölberg, seiner angestammten Heimat, bleiben.

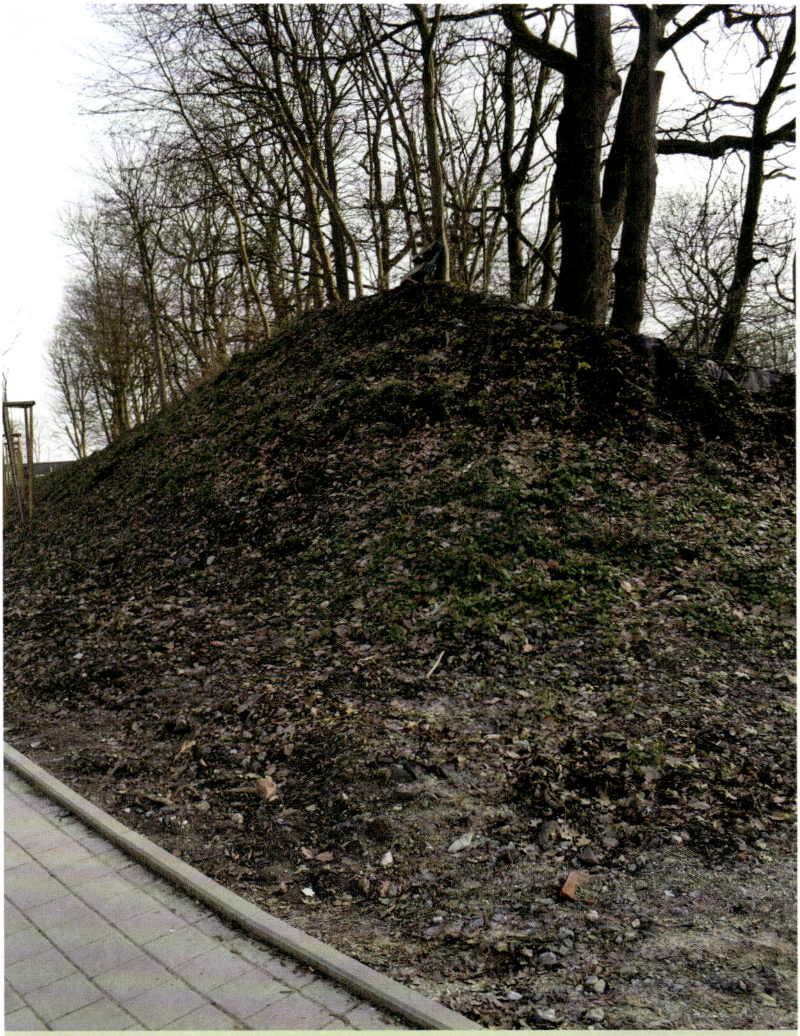

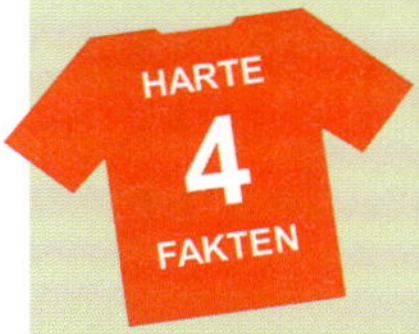

Einstiges Fassungsvermögen: 3.000 Plätze

Früherer Name: EMKA-Leistungszentrum

Heutige Nutzung: Standort eines Supermarkts und einer Sporthalle

Bekanntester Borussia-Spieler: Joachim Hopp

Fürstenbergstadion

Berg- und Talfahrt in der letzten Dekade

Ein grandioser vierter Platz und nur sieben Punkte hinter dem Meister (und späteren Zweitliga-Aufsteiger) Rot-Weiß Oberhausen stand für den TuS Xanten 05/22 am Ende der Oberliga-Saison 1982/83, wodurch es gelang, Traditionsvereine wie den Wuppertaler SV oder SW Essen auf die dahinter liegenden Plätze zu verweisen. Bei einem Zuschauerschnitt nahe der 1.000er-Marke lockte der Turn- und Sportverein seinerzeit auch viele Fußballinteressierte ins 1958 erbaute Fürstenbergstadion, um das Team von Trainer Günter Werschy zu unterstützen. Es sollte indes auch die fußballerische Hoch-Zeit des Vereins bleiben, der 1966 durch die Fusion von TuR Siegfried 05 Xanten und DJK Viktor Xanten (Gründungsjahr: 1922) entstanden war. Schon zwei Jahre später begann mit dem Abstieg in die Verbandsliga ein sportlicher Niedergang, der bis hinunter in die Kreisliga B führte.

Obwohl 1905 der FC Siegfried von begeisterten Fußballpionieren in der Kaiserzeit gegründet wurde, konnte erst der Fusionsclub ab den 1970ern größere Erfolge erzielen. 1971 in der Landes-, fünf Jahre danach in der Verbandsliga angekommen, erreichte der heutige Mehrspartenverein 1978 die drittklassige, just in diesem Jahr neugegründete Oberliga Nordrhein. Unter Werschy, seit 1974 im Amt, qualifizierte sich TuS zudem dreimal für den DFB-Pokal, wo 1979/80 nach einem Sieg gegen Zweitligist Arminia Hannover (2:1) in der zweiten Runde gegen die Bielefelder Arminia aber das Aus folgte (1:8).

Waren die unüberdachten Stehstufen des Fürstenbergstadions während der siebenjährigen Oberligazeit gut gefüllt, leerten sie sich danach sukzessive. Nach zwei aufeinanderfolgenden Abstiegen ab 1985 liefen die TuS-Fußballer 1993 sogar nur noch in der Bezirksklasse auf. In der letzten Dekade verging dann kaum ein Jahr ohne Liga-Wechsel: 2010 und 11 erneut Doppelabstieg bis in die zweittiefste B-Liga, 2013 Kreisliga A, 2015 Bezirksliga, 2016 Kreisliga A, 2018 Kreisliga B, 2019 Kreisliga A, 2020 Bezirksliga. Langweilig ist wahrlich anders.

Bekanntester Spross von TuS Xanten ist Armin Reutershahn, seit Sommer 2021 Co-Trainer bei Borussia Mönchengladbach.

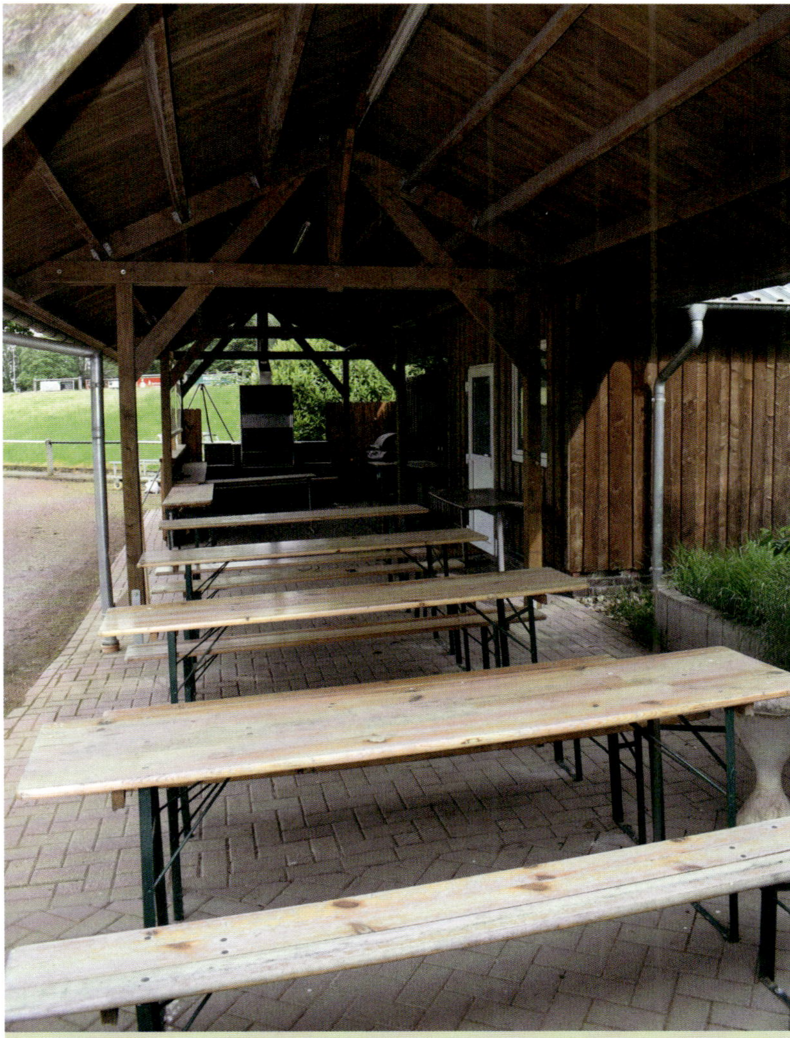

HARTE 4 FAKTEN

Fürstenberg: Hügel südöstlich der Stadt Xanten

Höhe des Fürstenbergs: 71,6 Meter über NN

Kapazität Fürstenbergstadion: 5.000 unüberdachte Plätze

Weitere TuS-Abteilungen: Badminton, Handball, Leichtathletik, Radsport, Tischtennis, Triathlon

Einer geht noch, einer geht noch rein …

Dieser Ort hätte unbedingt noch reingehört?

Verzeihung. Bitte hier eintragen

HARTE 4 FAKTEN

Literaturverzeichnis (Auswahl)

Aretz, Markus: Mythos Bökelberg. Geschichte eines Fußballstadions. Göttingen 2003

Grüne, Hardy/Karn, Christian: Das große Buch der deutschen Fußballvereine. Kassel 2009

Jansen, Olaf: 111 Kölner Fußballorte, die man gesehen haben muss. Köln 2016

Skrentny, Werner (Hrsg.) Das Große Buch der deutschen Fußball-Stadien. Göttingen 2001

Skrentny, Werner: (Hrsg.) Das Große Buch der deutschen Fußball-Stadien. Überarbeitete und aktualisierte Neuauflage des Standardwerks. Göttingen 2010

Skrentny, Werner: Es war einmal ein Stadion. Verschwundene Kultstätten des Fußballs. Göttingen 2015

Internet (Auswahl)

https://11km.de: Der Fußball-Reiseblog

https://www.kuladig.de

www.welt.de

Westdeutsche Zeitung vom 4. Juli 2014

Wikipedia: diverse Artikel

Bildnachweise

Alle Bilder: Holger Hoeck

Außer: Nr. 46 (imago/Eduard Bopp)

Danksagung

Mein Dank gebührt allen Gesprächspartnern und Personen, die mir Fotoaufnahmen der Stadien und Sportplätze ermöglicht haben.
Besonderer Dank geht an: Norbert Peters (SV Straelen), Tim Schülingkamp (1. FC Bocholt), Heinrich Gundlach (TuS Xanten), Wolfgang Vieten (Stadt Krefeld, Fachbereich Sport und Sportförderung), Michael Schnieders (FC Wegberg-Beeck), Michael Verfürth (Stadt Kleve), Erika Hamraths, Dr. Andreas Höfer (Sport- und Olympiamuseum Köln), Tobias Brandtner (Wuppertaler SV), Jochen Simon und Oliver Willutzki (Leverkusener Fan-Dachverband „Nordkurve 12"), Andreas „Paffi" Paffrath (Bayer 04 Leverkusen), Markus Bartz (TSV Germania Windeck), Ralf Schröder (Gemeinde Langerwehe).

Weitere Bände der Reihe Fußballheimat:

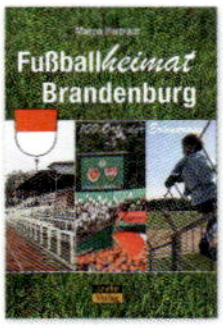

Marco Bertram
Fußballheimat Brandenburg
100 Orte der Erinnerung
216 S., 18,00 €
978-3-96423-032-4

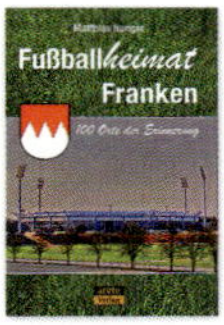

Matthias Hunger
Fußballheimat Franken
100 Orte der Erinnerung
213 S., 18,00 €
978-3-942468-91-6

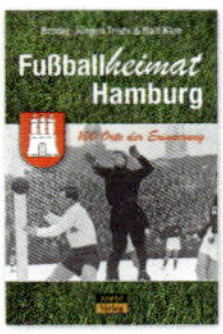

Broder-Jürgen Trede & Ralf Klee
Fußballheimat Hamburg
100 Orte der Erinnerung
216 S., 18,00 €
978-3-96423-038-6

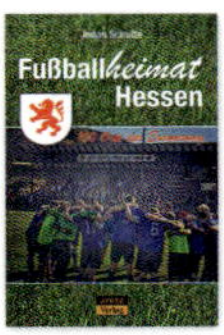

Jonas Schulte
Fußballheimat Hessen
100 Orte der Erinnerung
216 S., 18,00 €
978-3-96423-063-8

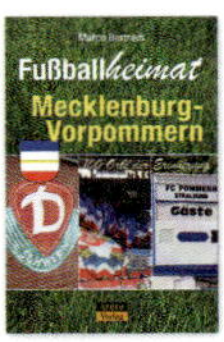

Marco Bertram
Fußballheimat Mecklenburg-Vorpommern
100 Orte der Erinnerung
216 S., 18,00 €
978-3-96423-025-6

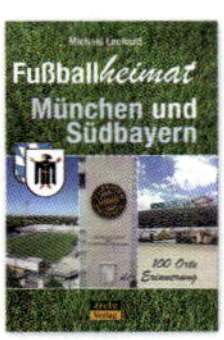

Michael Lenhard
Fußballheimat München und Südbayern
100 Orte der Erinnerung
216 S., 18,00 €
978-3-942468-96-1

Arete Verlag · Osterstr. 31–32 · 31134 Hildesheim · www.arete-verlag.de

Weitere Bände der Reihe Fußballheimat:

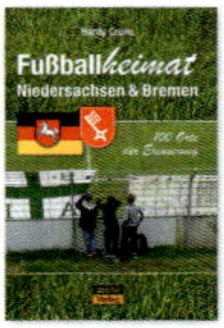

Hardy Grüne
Fußballheimat Niedersachsen & Bremen
100 Orte der Erinnerung
216 S., 18,00 €
978-3-96423-015-7

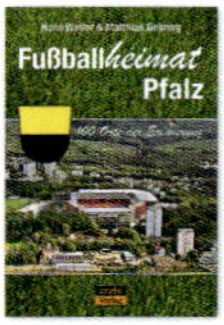

Hans Walter & Matthias Gehring
Fußballheimat Pfalz
100 Orte der Erinnerung
216 S., 18,00 €
978-3-96423-014-0

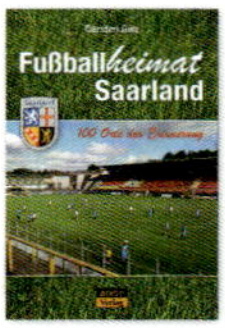

Carsten Gier
Fußballheimat Saarland
100 Orte der Erinnerung
216 S., 18,00 €
978-3-96423-066-9

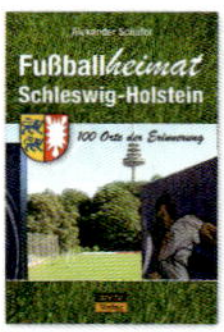

Alexander Schäfer
Fußballheimat Schleswig-Holstein
100 Orte der Erinnerung
216 S., 18,00 €
978-3-96423-041-6

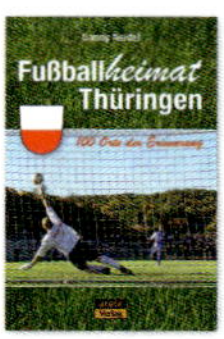

Danny Neidel
Fußballheimat Thüringen
100 Orte der Erinnerung
216 S., 18,00 €
978-3-96423-062-1

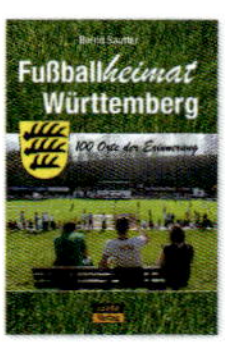

Bernd Sautter
Fußballheimat Württemberg
100 Orte der Erinnerung
216 S., 18,00 €
978-3-96423-013-3

Arete Verlag · Osterstr. 31–32 · 31134 Hildesheim · www.arete-verlag.de